세상을 바꾼
명연설

〔·정치 편·〕

세상을 바꾼

✧ ━━━━━━━━ ✧

명연설

SPEECHES THAT CHANGED THE WORLD

정인성 지음

GEORGE WASHINGTON

ABRAHAM LINCOLN

FRANKLIN DELANO ROOSEVELT

WINSTON CHURCHILL

NELSON MANDELA

JOHN FITZGERALD KENNEDY

RONALD WILSON REAGAN

BARACK HUSSEIN OBAMA

답

들어가는 말

작가로 사는 삶을 생각해본 적 없던 내가 어쩌다 보니 작년 가을에 〈세상을 바꾼 명연설 – 사회편〉을 세상에 내놓게 되었고, 이듬해에는 대선 기간에 맞춰 〈대한민국 대통령〉을, 이제는 세 번째 책을 내놓기 직전이다.

그러는 사이 사회는 많은 변화가 있었다. 끝날 것 같지 않던 팬데믹으로부터 일상이 회복되어가고 있고, 대한민국은 새로운 대통령을 맞이했으며, 국제사회는 전쟁의 여파에 신음하고 있다. 대한민국을 포함한 많은 국가가 경제 위기를 맞이하리라는 것이 기정사실로 되는 풍전등화 같은 상황. 어느 때보다 훌륭한 정치적 리더십이 요구되는 시절을 보내고 있지만, 그런 리더십이 제대로 발휘되고 있는가에 대해서는 확신을 하는 사람이 몇이나 될까?

첫 책인 〈사회 편〉의 경우, 과거의 연설을 소개하고 그것들을 통해 오늘날 현대사회의 다양한 문제들에 관해 문제를 던지고자 했다. 혐오가 가득한 사회에서 자신의 목숨을 걸고 인류애와 연대를 이야기한 사람들의 말을 전달하는 것에서 의미를 찾았다.

이번 〈정치 편〉은 구성이 조금 달라졌다. 인물이 살아온 삶과 연설이 발표된 시대적 배경을 소개하는 부분까지는 이전과 같다. 하지만 글의 마무리는 사회에 던지는 질문보다는 우리가 생각해볼 만한 리더십의 조건들을 다루고 있다.

참고로 본편에서 여성 정치가들의 연설을 넣을 것인지에 대해 고민을 많이 했다. 여성이 참정권을 인정받거나 사회 구성원으로서 참여하기 시작한 역사가 길지 않았기에 정치의 영역에서 세상을 바꿀 기회 자체가 많이 주어지지 않았다. 그렇다고 지도자 반열에 오른 여성의 연설을 한두 가지 찾아서 집어넣는다는 것이 다소 억지스럽게 느껴질 수도 있을 것 같다는 판단이 들었다. 따라서 위대한 여성 리더들의 연설은 〈사회 편〉, 〈정치 편〉에 이어 준비 중인 〈여성 편〉을 통해 소개하기로 했다.

명연설은 발표하는 사람이 어떤 철학을 가졌는지를 보여주고, 그 당시의 시대적 과제가 무엇이고 그것을 해결하기 위한 비전을 제시하며, 시공간을 초월하는 메시지를 던진다고 했다. 역사의 변곡점에는 종종 명연설이 존재해왔고, 그러한 연설들이 세계사의 흐름을 바꾸어놓기도 했다.

그런데도 우리는 '연설'이라는 단어와 그리 가깝게 지내지 못하고 있다. 연설은 영어로 speech다. 우리는 스피치의 중요성이 커지는 사회에 살고 있지만, 좋아하는 연설이 있냐고 물으면 대다수가 선뜻 대답하지 못한다.

연설이라는 장르가 우리 사회에서 생소한 이유는 여러 가지가 있을 것이다. 우선, 우리 교육과정에서 연설을 중요하게 다루기는커녕 소개조차 잘 안 하려 한다. 그것이 비효율적이라 여기기 때문일 수도 있고, 정치적 편향성에 대한 우려 때문일 수도 있다. 그러다 보니 작가의 처지에서 어떻게 하면 좀 더 쉽게 이해될 수 있도록 할지에 대한 고민을 항상 갖고 있었다. 그래서 연설부터 소개하기보다는 인물과 배경을 먼저 소개하고 연설을 뒤에 소개하는 방식으로 책을 구성했다.

이 책이 조금이나마 더 많은 분이 연설과 친해질 수 있는 다리를 놓아주기를 바라고, 독자분들이 명연설들 속에서 우리가 필요로 하는 리더십에 대해서도 고민을 해볼 수 있었으면 좋겠다.

끝으로, 이 책이 세상에 나올 수 있도록 나를 지지해준 사랑하는 가족들과 '도서출판 답'에 진심으로 감사하다는 말씀을 드린다.

2023년 3월 5일
탐앤탐스 정자 카페거리점에서

차례

Table of Contents

CHAPTER 1

The
Farewell Speech

조지 워싱턴

George Washington
1732. 2. 22. ~ 1799. 12. 14.

조지 워싱턴. 퇴임 연설
THE FAREWELL SPEECH
물러날 때를 아는 리더십. 미국의 건국이념을 지켜내다.

1796년 9월 19일. 한 통의 편지가 미국의 일간지 American Daily Advertiser에 실린다. 연설의 형식으로 작성된 편지는 당시 미국 대통령 조지 워싱턴이 보낸 것으로 자신이 재선 임기를 끝으로 대통령직에서 물러난다는 충격적인 내용을 담고 있었다. 극단으로 치닫는 정치 갈등을 워싱턴이라는 인물을 내세워 억지로 봉합하고 있던 미국 정국은 혼란에 빠졌다.

조지 워싱턴. 미국혁명을 승리로 이끈 혁명군 총사령관. 미국 제헌의회 의장. 미국의 초대 대통령. 미화 1달러 지폐의 얼굴. 미국 수도의 이름 등등 미국 건국의 아버지들뿐 아니라 역대 대통령 중에서도 가장 존경받는 인물 중 하나다.

워싱턴은 1732년 2월 22일 영국 젠트리 출신의 버지니아주 농장주의 5자녀 중 막내로 태어났다. 지역에서 가장 부유한 축에 끼지는 못했지만, 나름 중산층 집안에서 자란 워싱턴은 11살 때 아버지를 여의고 초등교육밖에 이수하지 못한 상태에서 생업에 뛰어들어야 했다. 성공에 대한 욕구가 강했던 워싱턴은 특유의 부지런함으로 독학을 통해 측량 기술을 터득하였는데, 당시에는 측량기사가 꽤 괜찮은 전문직업군에 속했다. 훗날 대통령직에서 물러난 후에도 측량 일을 했으니 그가 얼마나 일에 대한 애착이 있고 부지런한 사람이었는지 알 수 있는 대목이다.

측량기사로서의 경력을 쌓아가던 워싱턴은 이복형의 주선으로 식민 의용군에 합류했다. 북미 대륙의 패권을 둘러싸고 영국과 프랑스의 갈등이 심화하던 가운데 합류한 워싱턴은 프렌치-인디언 전쟁[1]에서 전투 경험을 쌓으며 영국군의 승리에 일조했다. 하지만 식민지 출신이라는 이유로 정규군 경력을 가질 수 없었고 급여도 정규군과 비교해 적게 받는 등의 차별을 당해야 했다. 성공에 대한 욕구가 강했던 워싱턴은 좌절했다. 하지만, 군에서의 경험은 그에게 영국군에 대한 이해와 독립에 대한 명분, 강한 중앙정부의 필요성에 대한 인식을 심어주었다.

사회적 성공을 갈망했기에 정치에도 관심이 컸던 워싱턴에게 성공은 의외의 곳에서 찾아왔다. 1759년 부유한 대농장주이자 과부였던 마사 커티스Martha D. Curtis와 결혼을 하게 된 것이다. 11세 때 아버지가 죽으면서 물려준 11명의 노예가 있었지만 먹고 살기 위해서 부지런히 살아야 했던 그가 결혼을 통해 버지니아에서 가장 부유

---

1) 프렌치-인디언 전쟁. 7년 전쟁으로도 불린다. 오스트리아의 왕위 계승 전쟁에서 패배한 오스트리아 합스부르크가가 프로이센에 빼앗긴 영토를 수복하기 위해 시작된 전쟁으로 거의 모든 유럽 열강들이 참전하며 확대된 전쟁. 오스트리아 진영에는 프랑스, 스웨덴, 러시아 등이 참여하였고, 프로이센 진영에는 영국과 하노버가 참여했다. 영국과 프랑스는 북미 대륙을 전장으로 하여 각자 원주민 세력을 규합해 오하이오 강 주변에서 전쟁을 벌였으며, 영국의 관점에서 프랑스가 인디언들과 연합해 영국령을 침공한 것으로 규정해 이를 프렌치-인디언 전쟁으로 명명했다. 이 전쟁에서 영국이 승리해 북미 대륙에서의 패권을 공고히 하였고, 프랑스는 북미 대륙 중부의 식민지를 스페인에 양도하게 되었다.

한 사람 중 한 사람이 되었다. 사실, 당시에 워싱턴은 친구 조지 윌리엄George William의 와이프 샐리 페어팩스Sally Fairfax와 사랑에 빠져있는데, 역시 결혼은 현실이다. 이 결혼으로 워싱턴이 318명의 노예와 70,000에이커약 8,600만 평에 달하는 농장을 소유하게 되었으니 그것을 기반으로 발휘할 수 있는 정치적 영향력까지 고려하면 그의 삶을 논함에 있어 결혼을 빼놓고 이야기할 수 없다.

전쟁영웅이자 지역에서 가장 부유한 유지 중 하나가 된 워싱턴은 자연스럽게 버지니아에서 큰 영향력을 가진 인물로 떠올랐다. 그리고 그의 관심은 이미 자신의 성공에 발목을 잡은 바 있는 영국을 향했다. 당시 영국은 세계 각지의 식민지를 운영하고, 프랑스와의 7년 전쟁 등을 진행하면서 쌓인 국가 채무를 메우기 위해 무리하게 식민지에 높은 세금을 부과하기 시작했다. 부자가 되면 세금에 민감해지기 마련이다. 이런 세금 정책은 미국혁명의 도화선이 되는데, 안 그래도 군에서 차별당한 경험이 있던 워싱턴으로서는 자신의 수입에 직격탄을 맞게 되었다.

영국에 대한 반대 정서는 워싱턴만 갖고 있던 것이 아니었다. 당시 미국의 상황에 대해서는 〈세상을 바꾼 명연설 – 사회 편〉을 인용하고자 한다.

당시 미국인들은 스스로 정체성을 찾아가는 시기에 있었다. 이민자의 수보다 미국 내 출생자 수가 늘어 인구가 급증하면서 스스로 미국인으로 인지하는 풍토가 조성되고 있었고, 지리적 요인으로 인해 자치제도가 발달하고 있었다. 하지만 아직 국가라는 개념이 자리 잡지는 못하고 있었고, 자신의 뿌리 또는 정체성을 영국에서 찾는 이들도 상당했다. 자신들의 뿌리가 영국에 있다고 믿는 보수주의자들은 국왕파 혹은 왕당파Loyalist로 불렸고, 여기에 저항한 독립운동 세력은 애국파Patriot라고 불렸다.

그렇다고 이를 우리나라의 20세기 초 상황에 대입해서 생각하는 것은 맞지 않는다. 왕당파든 애국파든 서로를 '배신자'로 생각할 나름의 명분이 있었고, 각자의 목표를 실현해야 할 복잡한 이해관계도 얽혀 있었다. 하지만 힘의 균형이 점차 미국 인민들 쪽으로 넘어가는 상황에서 영국 왕실의 무리한 조세정책과 미국 인민들에 대한 억압이 이어지면서 애국파가 대중의 인기를 얻어가고 있었다.

중략

영국의 탄압에 못 이겨 건너온 청교도들이 정착해 세운 매사추세츠주의 대표적 도시 보스턴은 상업과 교육이 발달하였기에 영국에 대해

상대적으로 비판적이었고, 자치 제도가 발달했으며, 세금 문제에 대해 상당히 예민할 수밖에 없었다. 시위도 빈번하게 이루어졌는데, 1770년 3월 5일 벌어진 '보스턴 학살사건Boston Massacre'[2]과 1773년 12월 16일에 벌어진 '보스턴 차 사건'이 대표적이다. 이중 보스턴 차 사건은 스스로 '자유의 아들들Sons of Liberty'이라 부르는 급진주의자 130여 명이 인디언으로 분장하고 보스턴 항에 정박하여 있는 영국 선박에 올라 차 342박스를 바다에 던져버린 사건[3]으로 미국혁명의 직접적 도화선이 된다.

보스턴 차 사건에 분개한 영국 정부는 미국인들 입장에서 이른바 '참을 수 없는 법Intolerable Acts'들의 제정을 통해 매사추세츠에 대한 강력한 보복 조치를 한다. 보스턴 차 사건으로 인한 손해를 배상할 때까지 보스턴 항을 폐지한다는 내용의 '보스턴 항법Boston Port Act', 매사추세츠주의 거의 모든 공직을 영국에서 임명한 주지사나 영국 왕, 영국 의회가 임명한다는 '매사추세츠 정부 법Massachusetts Government Act', 군인이나 관리의 재판을 영국 본토나 미국 이외의 식민지에서 연다는 내용의 '사법행정 법Administration of Justice Act', 미국 내 영국군들이 필요할 때 언제든 민간 주택에서 숙박을 할 수 있도록 하는 '병영 법Quartering Acts' 등이 그것이다.

---

2) 1770년 3월 5일, 보스턴시에 주둔한 영국군과 시민들이 우발적으로 충돌한 사건으로 위협을 느낀 영국 병사들이 장교의 명령 없이 발포하며 시민 5명이 사망하고 6명이 다친 사건.

3) 1773년 영국 정부가 미국 식민지 상인들의 차 밀매를 금지하고, 동인도회사에 독점권을 부여한 것이 원인이 되었다.

보스턴에서 벌어진 일련의 사건은 미국 전역에 큰 충격을 안겨주었다. 그 누구도 안전할 수 없다는 두려움과 영국 왕실에 대한 배신감과 분노는 공동 대응을 요구하는 목소리로 이어졌다. 이에 앞장선 것은 헨리가 속한 버지니아주였다. 버지니아의 정치 지도자들은 보스턴 인민들과의 연대를 선언하는 한편, 미국 13개 주의 대표단을 소집하는 대륙회의Continental Congress의 개최를 결의한다.

워싱턴은 이 대륙회의에 버지니아 대표로 선출되었다. 제1차 대륙회의 이후인 1775년, 렉싱턴과 콩코드에서 영국군과의 전투가 벌어진 상황에서 제2차 대륙회의가 열렸고, 워싱턴은 이 자리에 군복을 입고 나타났다. 자신은 혁명전쟁을 수행할 준비가 되었다는 것을 보여준 일종의 퍼포먼스였다. 영국과의 전투가 주로 북부를 위주로 벌어지고 있는, 버지니아를 비롯한 남부의 혁명 전선 합류가 절실했던 상황에서 실제 전투 경험이 있는 워싱턴은 더할 나위 없는 총사령관 후보였다. 대륙회의는 즉각 워싱턴을 혁명군 총사령관으로 임명했고, 워싱턴은 혁명군을 이끌고 프랑스와 함께 1781년 7월 버지니아주 요크타운 전투를 끝으로 영국군과의 전쟁을 승리로 이끈다.

전쟁의 승리에도 불구하고, 완전한 독립이 이루어지는 데에는 더 많은 시간이 필요했다. 미국에 26,000여 명의 영국군이 남아있었는데, 1783년 파리조약을 통해 영국으로부터 미국 내 주둔군의 철수와 독립을 인정받아내면서 비로소 평화가 찾아왔다. 미국 시민들을 비롯한 유럽 열강들의 시선은 이제 미국에서 가장 강력한 힘을 가진 혁명군 총사령관 워싱턴을 향했다. 여전히 그는 혁명군 총사령관이었고, 전 국민적 신임을 얻고 있었다. 이 때문에 많은 이들이 워싱턴이 미국이라는 새로운 국가의 왕에 오를 것이라 예상했고, 당시의 상식으로 그것이 전혀 이상하지도 않았다.

그러나 모두의 예상을 깨고 워싱턴은 역사에 길이 남을 결정을 내린다. 파리조약의 체결과 동시에 군 통수권을 반환하고 버지니아의 농장으로 돌아간 것이다. 그것도 아무런 대가도 요구하지 않고 자신의 모든 권력을 내려놓았다. 일부 역사학자들은 이를 워싱턴의 가장 위대한 업적으로 꼽기도 하고, 적국인 영국의 왕 조지 3세도 이를 두고 워싱턴에 대해 현존하는 가장 위대한 인물이라며 극찬했다. 워싱턴의 결정으로 미국은 자신들만의 독창적인 국가를 세우는 기틀을 마련할 수 있었고, 그 작업을 필라

델피아 제헌 회의Philadelphia Convention를 통해 진행했다.

제헌 회의의 헌법제정으로 탄생한 연방의회는 초대 대통령에 워싱턴을 만장일치로 선출했다. 세계 최초의 '대통령president'이 탄생하는 순간이었다. 그가 국민 영웅이라는 점, 제헌의회 의장으로 탁월한 균형감각을 보여주었다는 점, 남부 출신이자 연방주의자라는 점 등 힘의 균형을 맞출 수 있는 최적의 인물로 워싱턴만 한 인물이 없었다. 워싱턴도 자신의 역할은 국민의 통합과 안정을 추구하는 것이라 믿었기에 대외적으로는 중립국의 지위를 중시했고, 대내적으로는 탕평인사를 중용하며 통합을 꾀했다. 내각을 구성하면서 재무장관에 대표적인 연방주의자인 알렉산더 해밀턴Alexander Hamilton을, 국무장관에는 대표적 반연방주의자인 토머스 제퍼슨Thomas Jefferson을 임명한 것이 대표적인 예다. 연설에서도 드러나지만, 워싱턴은 정당이라는 존재 자체가 국론 분열과 갈등을 조장한다며 반대할 정도로 통합을 중시했다.

하지만 국가를 어떻게 운영하고 이끌어갈 것인지를 두고 갈등의 골은 깊어져만 갔다. 워싱턴이 아무리 중립을 추구한다고 하더라도 워싱턴 자신도 연방주의자였고, 국정은 사실상 연방주의자들이 이끌어갔다. 결국 반연방주의자들의 불만은 커졌고 정치적 갈등은 워싱턴이 그렇게 우려하던 정당의 탄생으로 이어졌다. 반연방주의자들은 워싱턴의 귀족적 삶을 꼬집으며 워싱턴이 대통령이 아닌 왕이 되려 한다고 비난하기에 이르렀다.

그런데도 연방주의자들과 반연방주의자들은 워싱턴을 만장일치로 재선시켰는데, 이는 워싱턴만큼 전 국민적으로 신망받는 인물이 없었을 뿐 아니라 그나마 표면적으로라도 중립을 지키려는 워싱턴이 물러나면 한쪽 정파를 대표하는 인물이 대통령이 되어야 했기 때문이다. 연설에도 드러나지만, 워싱턴은 첫 임기를 끝으로 물러나고자 했다. 연설의 원본도 1792년 제임스 매디슨James Madison의 도움을 받아서 작성되었다. 영국과의 전쟁 직후에도 보여주듯 그는 자신이 권력을 내려놓는 것에 미련이나 주저함이 없었으며, 자신의 이해관계보다 공공성에 더 큰 가치를 두고 있었다.

워싱턴이 원한다면 종신 대통령도 가능했을지 모른다. 대통령이라는 자리 자체도 세상에 없던 자리를 연방의회가 세계 최초로 만들어낸 것이었기에 그것이 어떤 의미를 갖는지는 사실상 워싱턴의 손에 달려있었다. 워싱턴은 자신이 그 어떤 대가 없이 물러나는 선례가 남아야 국민과 함께 피 흘리며 무너뜨린 폭압의 정치가 다시 돌아오지 않을 것이라 믿었다. 여기에 더해 연방주의자들과 반연방주의자들의 갈등이 극에 치닫는 상황에서 연방주의자인 자신이 반연방주의자들에게 기회를 주지 않는 것은, 무책임한 것이라 여겼다는 기록도 있다. 진정한 민주주의자였다.

물론, 워싱턴에 대해 비판적인 시각으로 본다면 이 모든 것들을 달리 볼 수 있다. 그가 권력에서는 미련이 없었더라도 돈에 관해서는 그렇지 않았다. 호화로운 삶을 즐겼고 그 삶을 유지하는 것을 매우 중시했다. 미국혁명을 이끌면서 자신의 연봉을 상당히 높게 책정했고, 배우자의 이동경비 등 굳이 청구하지 않아도 되는 모든 비용을 의회에 청구했는데 이미 전쟁으로 버거워하던 의회에 더 큰 부담을 주었다. 퇴임도 건국 초기에 열악한 수도 필라델피아를 벗어나 자신이 왕처럼 살 수 있는 농장으로 돌아가고 싶어 했기 때문이라는 주장도 있고, 같은 맥락으로 미국혁명을 승리로 이끌고 통수권을 넘겨준 것은 반란을 일으키고 싶어도 그만한 병력을 사비로 먹여 살리고 싶지 않았기 때문이라는 주장도 있다.

　　그럼에도 불구하고, 워싱턴의 국가의 미래에 대한 진정성이나 균형감각, 책임감은 의심할 여지가 없다. 퇴임 연설에서도 이러한 리더십이 드러나는데, 우선 자신의 잘못을 변명하려 들거나 자신의 업적을 홍보하려 들지 않았다. 철저하게 겸손하고 절제된 문체로 자신이 지키고자 하는 헌법적 가치와 그것을 지킴에 있어서 자신이 느끼는 우려, 자신의 한계에 대한 반성, 시민의 한 사람으로 돌아가는 것에 대한 감회 등을 적고 있다. 또한, 통합과 안정을 강조한 그의 정치철학이 묻어나는데, 정치적 당파의 위험성에 대한 경고와 중립국의 지위를 유지하여 다른 나라를 적으로 돌리지 말 것을 강조했다.

　　그리고 가장 결정적으로 워싱턴은 물러날 줄 아는 리더십을 보여주었다. 권력의 정점에서 스스로 물러나는 것은 '나 아니면 안 된다.'라는 오만함에 빠지지 않는 절제와 용기가 있어야만 가능하다. 좋은 선례를 남기는 것이 더 중요함을 이해하는 지혜와 자기 절제, 헌법에 대한 존중과 신뢰 등이 모두 갖추어졌기에 미국은 세계 최초의 대통령제를 탄생시키고 유지할 수 있었다. 그렇게 보면 세계 최초 대통령의 탄생은 워싱턴의 취임이 아닌, 퇴임의 순간에 완성된 것인지 모른다. 물론 단순 비교하기는 어렵겠지만, 우리도 초대 대통령이 스스로 절제하고 권력을 내려놓을 줄 아는 모습을 보여주었다면, 그리고 그 아름다운 선례가 존중받을 수 있었다면 우리 역사가 어떻게 바뀌었을지 상상해보게 된다.

THE FAREWELL SPEECH
연설

친구들과 동포 시민 여러분

Friends and Citizens:

미국 행정부를 이끌 한 시민을 뽑을 시기가 멀지 않았고, 여러분에게 그 막중한 신임을 받을 사람이 누가 될 것인지를 고민해야 할 시간이 실제로 도달한 지금이야말로 제가 그 대상이 될 사람 중 하나가 되지 않을 것이라는 저의 결심을 여러분께 전달하는 것이 공공의 목소리를 더욱 분명히 하는 데 특별히 기여할 수 있다고 생각합니다.

The period for a new election of a citizen to administer the executive government of the United States being not far distant, and the time actually arrived when your thoughts must be employed in designating the person who is to be clothed with that important trust, it appears to me proper, especially as it may conduce to a more distinct expression of the public voice, that I should now apprise you of the resolution I have formed, to decline being considered among the number of those out of whom a choice is to be made.

아울러 이러한 결심이 책임 있는 시민의 한 사람으로서 국가에 갖는 모든 관계적 요소를 숙고한 후에 내려진 것이라는 것을 헤아려주시길 간곡히 부탁드립니다. 저의 침묵을 통해 퇴임을 짐작한 분들도 계실 것입니다. 저의 결정은 여러분이 얻을 미래의 이익에 대한 열정이 줄어서도, 여러분이 지금까지 제게 보내주신 애정에 대한 감사와 존중이 부족해서도 아닙니다. 오히려 저의 퇴임이 이에 부합하는 행위라 확신하기 때문입니다.

I beg you, at the same time, to do me the justice to be assured that this resolution has not been taken without a strict regard to all the considerations appertaining to the relation which binds a dutiful citizen to his country; and that in withdrawing the tender of service, which silence in my situation might imply, I am influenced by no diminution of zeal for your future interest, no deficiency of grateful respect for your past kindness, but am supported by a full conviction that the step is compatible with both.

여러분이 두 번씩이나 투표를 통해 제게 맡겨주신 대통령직을 겸허히 수락하고 지금까지 수행해온 것은 모두 국가에 대한 의무를 다하라는 여러분의 요구에 따라 제 뜻을 접은 결과였습니다. 지금보다 더 일찍 퇴임하고자 일관되게 희망해왔지만, 여러분의 뜻을 거스를 수 없어 불가피하게 뜻을 접을 수밖에 없었습니다. 퇴임하고자 하는 저의 의지 때문에 지난 대선 전에 여러분께 드릴 고별 연설도 준비했었으나, 당시의 복잡하고 중대한 외교적 상황과 주변의 한결같은 만류를 심사숙고한 끝에 뜻을 접었습니다.

The acceptance of, and continuance hitherto in, the office to which your suffrages have twice called me have been a uniform sacrifice of inclination to the opinion of duty and to a deference for what appeared to be your desire. I constantly hoped that it would have been much earlier in my power, consistently with motives which I was not at liberty to disregard, to return to that retirement from which I had been reluctantly drawn. The strength of my inclination to do this, previous to the last election, had even led to the preparation of an address to declare it to you; but mature reflection on the then perplexed and critical posture of our affairs with foreign nations, and the unanimous advice of persons entitled to my confidence, impelled me to abandon the idea.

이제는 제가 퇴임하더라도 그것이 국가에 대한 의무를 저버리거나 부적절한 처사라 여겨지지 않을 정도로 국내외 상황이 완화되었습니다. 그리고 작금의 상황에서 제가 할 일이 일부 남아있다 하더라도 여러분께서 제 결정을 반대하지 않으리라고 확신합니다.

I rejoice that the state of your concerns, external as well as internal, no longer renders the pursuit of inclination incompatible with the sentiment of duty or propriety, and am persuaded, whatever partiality may be retained for my services, that, in the present circumstances of our country, you will not disapprove my determination to retire.

이 막중한 책무를 처음 맡게 되었을 때의 감회는 적절한 자리에서 이미 말씀드린 바 있습니다. 이제 그 책임을 내려놓으면서 여러분께 제가 선의를 갖고 정부의 조직과 운영에 최선의 노력을 다했으나 그 과정에서 매우 잘못된 판단을 내렸을 수 있다는 말씀을 전하고자 합니다. 저의 능력 부족을 모르는 것은 아니었으나, 국정을 직접 수행하면서 그 부족함을 더욱 절감하게 되었고 이는 여러분의 눈에는 더욱 선명하게 보였을 것입니다. 또한 해가 지날수록 저의 부족함에 대한 자책감의 무게가 커지면서 급기야 퇴임은 더 이상 피할 수 없는 상황이 되었으니 여러분도 이해하리라 믿습니다. 제 임기가 조금이나마 도움이 되었다면 그것으로 충분히 만족하며, 정계를 떠나고자 하는 제 선택과 숙고가 애국심의 잣대에 비추어서도 그릇되지 아니함을 위안 삼고자 합니다.

The impressions with which I first undertook the

arduous trust were explained on the proper occasion. In the discharge of this trust, I will only say that I have, with good intentions, contributed towards the organization and administration of the government the best exertions of which a very fallible judgment was capable. Not unconscious in the outset of the inferiority of my qualifications, experience in my own eyes, perhaps still more in the eyes of others, has strengthened the motives to diffidence of myself; and every day the increasing weight of years admonishes me more and more that the shade of retirement is as necessary to me as it will be welcome. Satisfied that if any circumstances have given peculiar value to my services, they were temporary, I have the consolation to believe that, while choice and prudence invite me to quit the political scene, patriotism does not forbid it.

제 공직 생활을 종료하는 시점을 앞두고, 사랑하는 조국이 제게 준 수많은 영예와, 저를 지지해준 확고한 신뢰, 제 열의에 비해 도움이 되지 못했음에도 충직하고 끈질기게 직무를 수행하여 조국에 대한 애정을 표현할 기회를 제공해주셨음에 감사하다는 말씀 전하고자 합니다. 저의 공직 수행이 국익에 조금이나마 도움이 되었다면 이는 결코 저의 공이 아니며, 서로 다른 열정과 성공에 대한 갈망으로 인해 흔히 일어날 수 있는 실망스러운 상황의 변화에 대하여 비난의 화살을 퍼부을 수도 있는 불안한 상황 속에서, 국민 여러분께서 저에게 일관된 지지를 보냄으로써 대통령과 행정부의 노력을 지지하고 이를 통해 국민 스스로 성과를 일궈낸 교훈적 사례로 역사에 기록되어야 마땅합니다. 이러한 생각을 바탕으로, 신의 가호가 국민 여러분과 함께하고 국민 여러분의 결속과 형제애가 영원하며 국민 여러분의 손으로 만든 자유헌법이 신성하게 보존되고, 헌법의 집행이 모든 부처에서 현명하고 가치 있게 이루어지며, 자유의 보호 아래에서 자유의 축복을 소중히 지키고 신중하게 사용하여 아직 자유를 알지 못하는 모든 국가로 하여금 자유를 찬미하고, 사랑하고, 또 얻을 수 있도록 함으로써 미합중국 국민의 행복이 완전해지기를 바라는 간절한 마음을 무덤까지 가져가고자 합니다.

In looking forward to the moment which is intended to terminate the career of my public life, my feelings do not permit me to suspend the deep acknowledgment of that debt of gratitude which I owe to my beloved country for the many honors it has conferred upon me; still more for the steadfast confidence with which it has supported me; and for the opportunities I have thence enjoyed of manifesting my inviolable attachment, by services faithful and persevering, though in usefulness unequal to my zeal. If benefits have resulted to our country from these services, let it always be remembered to your praise, and as an instructive example in our annals, that under circumstances in which the passions, agitated in every direction, were liable to mislead, amidst appearances sometimes dubious, vicissitudes of fortune often discouraging, in situations in which not unfrequently want of success has countenanced the spirit of criticism, the constancy of your support was the essential prop of the efforts, and a guarantee of the plans by which they were effected. Profoundly penetrated with this idea, I shall carry it with me to my grave, as a strong incitement to unceasing vows that heaven may continue to you the choicest tokens of its beneficence; that your union and brotherly affection may be perpetual; that the free Constitution, which is the work of your hands, may be sacredly maintained; that its administration in every department may be stamped with wisdom and virtue; that, in fine, the happiness of the people of these States, under the auspices of liberty, may be made complete by so careful a preservation and so prudent a use of this blessing as will acquire to them the glory of recommending it to the applause, the affection, and adoption of every nation which is yet a stranger to it.

어쩌면 이쯤에서 고별사를 맺는 것도 좋을 듯싶습니다. 그러나 제 목숨이 다할 때까지 멈출 수 없는 국민 여러분의 복리에 대한 염려와, 그러한 염려에 자연스럽게 수반되는 위험에 대한 걱정으로 인하여, 국민 여러분의 행복이 영원하기 위하여 더없이 중요하다고 판단되는 몇 가지 소견을 심사숙고 끝에 여러분께 밝히고자 합니다. 이를 국민 여러분께서 신중하게 고려해 주시기 바랍니다. 저의 이러한 소견은 여러분의 곁을 떠나는 마당에 다른 사적인 의도로 여러분의 판단을 흐리게 할 이유가 전혀 없는 벗으로서 아무런 부담과 사심도 없이 드리는 충언입니다. 또한 다른 자리였지만 이전에도 나의 소견을 너그

러이 받아주셨던 일을 기억하고 용기를 내어 드리는 말씀
이기도 합니다.

Here, perhaps, I ought to stop. But a solicitude for
your welfare, which cannot end but with my life, and
the apprehension of danger, natural to that solicitude,
urge me, on an occasion like the present, to offer to
your solemn contemplation, and to recommend to your
frequent review, some sentiments which are the result of
much reflection, of no inconsiderable observation, and
which appear to me all-important to the permanency
of your felicity as a people. These will be offered to you
with the more freedom, as you can only see in them
the disinterested warnings of a parting friend, who can
possibly have no personal motive to bias his counsel. Nor
can I forget, as an encouragement to it, your indulgent
reception of my sentiments on a former and not dissimilar
occasion.

여러분의 마음속에 이미 자유에 대한 사랑이 깊이 뿌
리내리고 있기 때문에, 굳이 제가 이를 확인하거나 강화

하기 위해 어떤 말씀을 드릴 필요는 없습니다.

Interwoven as is the love of liberty with every ligament of your hearts, no recommendation of mine is necessary to fortify or confirm the attachment.

여러분을 한 국민으로 구성케 하는 통일된 정부는 지금 여러분에게 소중합니다. 통일된 정부는 진정한 독립의 전당에서 여러분이 누리는 국내의 평온, 대외 화친, 안전과 평화, 그리고 여러분이 매우 소중하게 여기는 자유를 떠받치는 하나의 큰 기둥이 되기 때문입니다. 그러나 이 같은 진실에 대한 여러분의 확신을 약화하기 위한 여러 진영의 시도가 있을 것이며, 많은 책략을 동원할 것이 쉽게 예견될 뿐 아니라, 국내외 적들의 공격이 끊임없이 적극적으로때로는 은밀하고도 교활하게 집중될 정치적 보루의 급소이기 때문입니다. 따라서 여러분이 국민의 행복에 대한 국민총화의 무한히 큰 가치를 올바르게 평가해야 하고, 그 가치에 대해 늘 마음으로부터 우러나는 부동한 애착심을 품으면서, 스스로를 정치적 안정과 번영의 수호자로 늘 생각하며 말하는 습관을 기르고, 경각심을 가지면서 계속 감시하고, 어떻게든 파기될지도 모른다는 의구심을 보여주는 모든 것에 반대하고, 또 우리나라의 일부 지역을 여타 지역들과 소원케 하거나 혹은 현재 여러 지역을 하나로 연결하는 신성한 결속을 약화시키려는 기도에 대해 분연히 반대의 뜻을 표시해야 하는 것이 굉장히 중요합니다.

The unity of government which constitutes you one people is also now dear to you. It is justly so, for it is a main pillar in the edifice of your real independence, the support of your tranquility at home, your peace abroad; of your safety; of your prosperity; of that very liberty which you so highly prize. But as it is easy to foresee that, from different causes and from different quarters, much pains will be taken, many artifices employed to weaken in your minds the conviction of this truth; as this is the point in your political fortress against which the batteries of internal and external enemies will be most constantly and actively though often covertly and insidiously directed, it is of infinite moment that you should properly estimate the immense value of your national union to your collective and individual happiness; that you should cherish a cordial, habitual, and immovable attachment to it; accustoming yourselves to think and speak of it as of the palladium of your political safety and prosperity; watching for its preservation with jealous anxiety; discountenancing whatever may suggest even a suspicion that it can in any event be abandoned; and indignantly frowning upon the first dawning of every attempt to alienate any portion of our country from the rest, or to enfeeble the sacred ties which now link together the various parts.

이를 위해 여러분은 동정과 관심을 불러일으켜야 할 충분한 이유가 있습니다. 여러분은 출생 혹은 선택으로 같은 나라의 시민이 되었으며, 이 나라를 사랑할 의무를 갖습니다. 여러분이 지니고 있는 미국인이란 호칭은 언제나 지방의 차이에 기인하는 어떠한 명칭보다도 더 의로운 애국적 긍지를 높여주어야 합니다. 일부 차이는 있으나, 여러분은 동일한 종교와 예절, 관습, 정치의 원칙을 갖고 있습니다. 여러분은 공통의 대의 하에 함께 싸워 승리했습니다. 여러분이 누리는 독립과 자유는 공동 회의와 공동 노력, 공통된 위험과 고난과 성공의 소산입니다.

For this you have every inducement of sympathy and interest. Citizens, by birth or choice, of a common country, that country has a right to concentrate your affections. The name of American, which belongs to you in your national capacity, must always exalt the just pride of patriotism more than any appellation derived from local discriminations. With slight shades of difference, you have the same religion, manners, habits, and political principles. You have in a common cause fought and triumphed together; the independence and liberty you possess are the work of joint counsels, and joint efforts of common dangers, sufferings, and successes.

그러나 이러한 사실이 국민 여러분의 이성에 아무리 강력한 호소력을 가진다고 할지라도, 국민 여러분의 이익에 직결되는 문제 앞에서는 크게 압도될 수밖에 없습니다. 바로 이 점 때문에 연방을 구성하는 각 지역이 연방을 수호하고 유지하고자 더욱 노력하여야 하는 것입니다.

But these considerations, however powerfully they address themselves to your sensibility, are greatly outweighed by those which apply more immediately to your interest. Here every portion of our country finds the most commanding motives for carefully guarding and preserving the union of the whole.

북부는 정부의 평등한 법률로 보호받는 가운데 남부와의 자유로운 교류를 통하여 남부의 산물로부터 해상업과 무역업에 필요한 추가적인 자원과 제조업에 사용되는 귀중한 소재를 확보하고 있습니다. 남부 역시 활발한 공업 활동이 이루어지는 북부와의 자유로운 교류를 통하여 농업이 성장하고 상업이 확대되는 효과를 거두고 있습니다. 이와 관련하여, 북부의 해운업은 기존 항로를 남부와의 교류에 일부 활용함으로써 해상 운송량이 증가하는 효과를 거두고 있으며, 이것이 전국적인 해상운송의 총량을 증가시키는 데 다양한 방식으로 기여하고 있으나, 한편으로는 불리한 여건에 있는 해상력을 보호받기를 희망하고 있습니다. 동부 역시 서부와의 자유로운 교류를 통하여 국내 육상교통과 수상교통이 점진적으로 개선됨에 따라 해외에서 수입하거나 국내 업체에서 생산된 제품을 판매할 귀중한 시장을 이미 확보하고 있으며 시장의 규모는 갈수록 더 커질 것입니다. 서부는 동부로부터 성장과 편의에 필요한 제품을 공급받고 있는데, 이보다 더 중요한 점은 한 국가로서 분리할 수 없는 공동체의 이해관계 속에 대서양 연안의 힘, 영향력, 미래의 해상력에 힘입어 서부의 생산물을 판매할 수 있는 귀중한 시장을 확보하고 있다는 점입니다. 이에 비하면 서부 그 자체의 역량이나 외국과의 부자연스러운 연계를 통하여 얻을 수 있는 이점은 근본적으로 빈약할 수밖에 없다고 할 것입니다.

The North, in an unrestrained intercourse with the South, protected by the equal laws of a common government, finds in the productions of the latter great additional resources of maritime and commercial enterprise and precious materials of manufacturing industry. The South, in the same intercourse, benefiting by the agency of the North, sees its agriculture grow and its commerce expand. Turning partly into its own channels the seamen of the North, it finds its particular navigation invigorated; and, while it contributes, in different ways, to nourish and increase the general mass of the national navigation, it looks forward to the protection of a maritime strength, to which itself is unequally adapted. The East, in a like intercourse with the West, already finds, and in the progressive improvement of interior communications by land and water, will more and more find a valuable vent for the commodities which it brings from abroad, or manufactures at home. The West derives from the East supplies requisite to its growth and comfort, and, what is perhaps of still greater consequence, it must of necessity owe the secure enjoyment of indispensable outlets for its own productions to the weight, influence, and the future maritime strength of the Atlantic side of the Union, directed by an indissoluble community of interest as one nation. Any other tenure by which the West can hold this essential advantage, whether derived from its own separate strength, or from an apostate and unnatural connection with any foreign power, must be intrinsically precarious.

그렇다면 우리나라의 모든 지역이 이같이 연방에 대해 즉각적이고도 특수한 관심을 갖는 한, 연방 하에 결속된 여러분의 모든 지역은 수단과 노력을 한데 뭉침으로써, 더욱 큰 힘, 더욱 훌륭한 기략, 따라서 외부 위험으로부터의 더욱 큰 안보, 국내 평화에 대한 외국 간섭의 축소를 어김없이 이룩할 수 있습니다. 그리고 더 중요한 점은, 각 지방이 연방을 지킴으로써 그들 상호 간에 분쟁과 전쟁을 일으키는 일이 없도록 해야 한다는 것입니다. 한 정부 밑에 뭉쳐 있지 못한 이웃 나라들은 번번이 이런 분쟁과 전쟁의 재난을 겪고 있습니다. 이러한 분쟁은 서로 적대시하기만 해도 일어나기 마련이며, 또 외세와의 동맹, 결탁 또는 음모는 이러한 분쟁을 자극하고 격화시키게 될 것입니다. 그러므로 연방을 지켜나가면 각 지방은 지나치게 큰 군부가 필요 없게 될 것입니다. 지나치게 큰 군부는 어떤 정부하에서건 자유를 위해 이롭지 못하며, 특히 공화정적 자유를 위해서는 해로운 것으로 간주하여야 할 것입니다. 이러한 목적으로 여러분의 연방은 여러분 자유의 대들보로 간주해야 하며, 여러분의 연방에 대한 사랑은 여러분에게 자유 보존의 가치를 고양해야 합니다.

While, then, every part of our country thus feels an immediate and particular interest in union, all the parts combined cannot fail to find in the united mass of means and efforts greater strength, greater resource, proportionably greater security from external danger, a less frequent interruption of their peace by foreign nations; and, what is of inestimable value, they must derive from union an exemption from those broils and wars between themselves, which so frequently afflict neighboring countries not tied together by the same governments, which their own rival ships alone would be sufficient to produce, but which opposite foreign alliances, attachments, and intrigues would stimulate and embitter. Hence, likewise, they will avoid the necessity of those overgrown military establishments which, under any form of government, are inauspicious to liberty, and which are to be regarded as particularly hostile to republican liberty. In this sense it is that your union ought to be considered as a main prop of your liberty, and that the love of the one ought to endear to you the preservation of the other.

이러한 생각은 깊은 사려와 덕을 갖춘 모든 국민들에게 연방의 지속이 최고의 애국임을 주장합니다. 통합된 정부가 그런 넓은 영역을 감당할 수 있는지 일말의 의구심이 있습니까? 경험을 통해 그 의구심이 자연스레 풀리도록 합시다. 단순한 추측에 귀를 기울이는 것은 범죄와 다를 바 없습니다. 정부 내 각 부문을 보조하는 각 부처와 더불어 정부를 전체적으로 잘 조직하면 이러한 계획이 좋은 결과가 나올 것임을 우리는 충분히 희망할 수 있습니다. 이는 공정하고 완전하게 계획할 충분한 가치가 있는 일입니다. 연방을 향한 강력하고 분명한 동기가 우리나라 모든 지역에 미치고 있다면, 경험을 통해 연방이 실효성 없는 것으로 증명되는 일이란 있을 수 없겠지만, 어느 지역에서나 연방의 유대를 약화시키려는 자들이 주장하는 애국심을 불신할 이유는 항상 있다 하겠습니다.

These considerations speak a persuasive language to every reflecting and virtuous mind, and exhibit the continuance of the Union as a primary object of patriotic desire. Is there a doubt whether a common government can embrace so large a sphere? Let experience solve it. To listen to mere speculation in such a case were criminal. We are authorized to hope that a proper organization of the whole with the auxiliary agency of governments for the respective subdivisions, will afford a happy issue to the experiment. It is well worth a fair and full experiment. With such powerful and obvious motives to union, affecting all parts of our country, while experience shall not have demonstrated its impracticability, there will always be reason to distrust the patriotism of those who in any quarter may endeavor to weaken its bands.

우리의 연방을 해칠 수도 있는 명분들을 살펴보면, 남부와 북부, 대서양 연안과 서부 등 지리적 차이를 구실로 삼아 파벌을 조장하려 한다는 점이 심각한 우려의 대상이 되고 있습니다. 이러한 구실을 고안한 자들은 각 지역 간에 이해관계와 견해에 큰 차이가 있다고 믿도록 충동질할 수 있습니다. 특정 지역에서 영향력을 획득하려는 세력이 쓰는 편법 중에는 다른 지역의 의견과 목표를 왜곡하는 수법이 있습니다. 이러한 왜곡에서 비롯되는 시기와 원한에 대해서는 아무리 경계해도 지나치지 않습니다. 이러한 시기와 원한은 형제애로 함께 뭉쳐야 할 사람들을 서로 남남으로 만드는 경향이 있습니다. 이와 관련하여, 서부 지역 주민들은 최근 좋은 교훈을 얻었습니다. 그들은 연방 행정부가 스페인과 조약 체결을 위한 협상을 성실하게 진행하고, 상원이 이를 만장일치로 비준하고, 합중국 전체가 이를 만족스럽게 받아들인 데서, 서부에 팽배해 있던 의구심, 즉 연방 정부와 대서양 연안 각 주가 미시시피에 대한 서부 각 주의 이해관계에 비우호적인 정책을 가지고 있을 것이라는 의심이 얼마나 근거가 없는 것이었는지 그 결정적 증거를 보았습니다. 서부 주민들은 또한 대외관계에 있어서 서부 각 주가 그 번영을 확고히 하기 위해 원하는 모든 것들을 확보해 준 두 개의 조약, 즉 영국과 스페인과의 조약이 체결되는 것도 목격했습니다. 이러한 이익을 지키기 위해 그 이익을 확보해 준 연방에 의존하는 것이 지혜로운 일이 아니겠습니까? 형제들과의 관계를 단절시키면서 이방인들과 연결할 것을 조언하는 자들의 말에 이제부터는 귀를 닫아야 하지 않겠습니까?

In contemplating the causes which may disturb our Union, it occurs as matter of serious concern that any ground should have been furnished for characterizing parties by geographical discriminations, Northern and Southern, Atlantic and Western; whence designing men may endeavor to excite a belief that there is a real difference of local interests and views. One of the expedients of party to acquire influence within particular districts is to misrepresent the opinions and aims of other districts. You cannot shield yourselves too much against the jealousies and heartburnings which spring from these misrepresentations; they tend to render alien to each other those who ought to be bound together by fraternal affection. The inhabitants of our Western country have lately had a useful lesson on this head; they have seen, in the negotiation by the Executive, and in the unanimous ratification by the Senate, of the treaty with Spain, and in the universal satisfaction at that event, throughout the United States, a decisive proof how unfounded were the suspicions propagated among them of a policy in the General Government and in the Atlantic States unfriendly to their interests in regard to the Mississippi; they have been witnesses to the formation of two treaties, that with Great Britain, and that with Spain, which secure to them everything they could desire, in respect to our foreign relations, towards confirming their prosperity. Will it not be their wisdom to rely for the preservation of these advantages on the Union by which they were procured? Will they not henceforth be deaf to those advisers, if such there are, who would sever them from their brethren and connect them with aliens?

연방의 효능과 영속을 위해서는 통합정부가 절대로 필요합니다. 지역 간의 동맹은 그것이 아무리 단단하더라도 통합정부를 적절하게 대신할 수 없습니다. 이 같은 동맹은 모든 동맹체가 어느 시대에서나 겪은 협정 위반과 해체를 불가피하게 경험할 것이 틀림없습니다. 이 중요한 진실을 잘 인식한 여러분은 친밀한 병합과 공동 관심사의 효과적인 관리를 위해, 과거의 것보다 더 잘 구상된 정부에 관한 헌법을 채택함으로써 여러분의 첫 시도의 결과를 개선했습니다. 본 정부는 우리가 어떠한 영향도 받지 않고 어떠한 압력에도 굴하지 않고, 충분한 연구 조사와 신중한 숙고 하에 채택한 것이며, 그 원칙들이 완전히 자유롭게 정해졌고, 권력이 자유롭게 분산되고, 안보와 힘을 결합하고, 자체 내에 자체의 개정 규정을 포함하고 있는 바, 이 같은 본 정부는 여러분의 신임과 지지를 마땅히 받을만합니다. 그 권위를 존중하고 그 법을 준수하고 그 조처에 순종하는 것은 진정한 자유의 기본 원리에 따라 부과되는 의무입니다. 우리 정치 제도의 기본은 국민들이 그들의 정부 기구를 만들고 변경하는 권리에 있습니다. 그러나 모든 국민들에 의한 명백하고도 인증된 조치에 의해 수정될 때까지 존재하는 이 헌법은 모든 사람들에게 신성한 의무를 부과합니다. 정부를 설치할 수 있는 국민의 권한과 권리에 관한 개념 그 자체는 그렇게 설치된 정부에 순종해야 하는 모든 개인의 의무를 전제로 합니다.

To the efficacy and permanency of your Union, a government for the whole is indispensable. No alliance, however strict, between the parts can be an adequate substitute; they must inevitably experience the infractions and interruptions which all alliances in all times have experienced. Sensible of this momentous truth, you have improved upon your first essay, by the adoption of a constitution of government better calculated than your former for an intimate union, and for the efficacious management of your common concerns. This government, the offspring of our own choice, uninfluenced and unawed, adopted upon full investigation and mature deliberation, completely free in its principles, in the distribution of its powers, uniting security with energy, and containing within itself a provision for its own amendment, has a just claim to your confidence and your support. Respect for its authority, compliance with its laws, acquiescence in its measures, are duties enjoined by the fundamental maxims of true liberty. The basis of our political systems is the right of the people to make and to alter their constitutions of government. But the Constitution which at any time exists, till changed by an explicit and authentic act of the whole people, is sacredly obligatory upon all. The very idea of the power and the right of the people to establish government presupposes the duty of every individual to obey the established government.

법 집행에 대한 단체나 협회의 모든 방해는 그 구실이 얼마나 그럴듯하더라도 실제로는 제정된 권위의 일상적 숙고와 행동을 유도, 통제, 방해 혹은 두렵게 하려는 의도를 가진 것이며 이는 근본적인 원칙과 중대한 경향을 파괴하는 것입니다. 그들은 당파를 조직해 국가를 대표하는 의지에 반하여 한 파벌의 의지를 강조하는 인위적인 힘을 행사합니다. 이들은 종종 공동체의 작지만 교활하고 모험적 소수이고, 공동회의를 통해 숙고하고 상호이익에 의해 수정된 지속적이고 전체적인 계획안을 수립하기보다는, 다른 파벌과 번갈아 승리하며 공공행정이 각 파벌의 모순된 계획들을 반영하게끔 합니다.

All obstructions to the execution of the laws, all combinations and associations, under whatever plausible character, with the real design to direct, control, counteract, or awe the regular deliberation and action of the constituted authorities, are destructive of this fundamental principle, and of fatal tendency. They serve to organize faction, to give it an artificial and extraordinary force; to put, in the place of the delegated will of the nation the will of a party, often a small but artful and enterprising minority of the community; and, according to the alternate triumphs of different parties, to make the public administration the mirror of the ill-concerted and incongruous projects of faction, rather than the organ of consistent and wholesome plans digested by common counsels and modified by mutual interests.

위에서 설명해 드린 조직과 단체가 때때로 대중의 이익에 부합할지 몰라도, 시간이 흐르면 교활하고 야망에 차고 원칙이 없는 사람들이 국민의 권력을 전복시키고 그들 스스로 정부의 지배권을 강탈하고자 하며, 자신들을 부당한 통제에 올려놓았던 그 동력을 궁극적으로 파괴하는 강력한 동력이 되고 말 것입니다.

However combinations or associations of the above description may now and then answer popular ends, they are likely, in the course of time and things, to become potent engines, by which cunning, ambitious, and unprincipled men will be enabled to subvert the power of the people and to usurp for themselves the reins of government, destroying afterwards the very engines which have lifted them to unjust dominion.

여러분의 정부를 유지하고 현재의 행복을 지속시키려면, 여러분이 인정된 정부 권한에 대한 변칙적인 반대에 꾸준하게 대처할 뿐 아니라, 정부 원칙을 변경하려는 태도에 대해서 그 구실이 아무리 그럴듯하더라도 주의 깊게 저항하는 것을 선행조건으로 삼아야 합니다. 한 가지 공격 방법은 우리 제도의 활력을 손상시킬 헌법개정의 형태를 취하며, 이는 직접적으로는 전복할 수 없는 것을 서서히 약화할 수 있습니다. 여러분은 어떤 변화에 참여하도록 요청받았을 때는, 정부의 진정한 성격을 정하기 위해서는 다른 인간제도의 기회와 마찬가지로 최소한 시간과 관습이 필요조건이라는 점, 한 나라의 현존구조의 진정한 경향을 시험하는 데는 경험이 가장 확실한 표준이라는 점, 그리고 단순한 가설과 견해만을 믿고 손쉽게 변경하면, 한없이 많은 가설과 견해로 인해 끝없는 변경을 하게 된다는 점을 명심해야 하며, 또 우리나라같이 광대한 국가에서 공동 관심사를 효과적으로 관리하기 위해서는 자유의 완전한 확보에 적합할 만큼 활력에 찬 정부가 절대로 필요하다는 점을 특히 명심해야 합니다. 권력이 적절하게 분산되고 조정되어 있는 정부에서 자유 그 자체는 그 정부에 대한 가장 확실한 수호자가 됩니다. 사실 정부가 너무나 허약해서 파당적 시도에 견딜 수 없고, 사회의 각 구성원을 법이 제정하는 제한 속에 가두어 놓을 수 없고, 또 모두가 인권과 재산을 안전하고도 조용한 가운데 계속 누릴 수 없게 된다면, 그 정부는 명목 이상의 아무것도 아닙니다.

Towards the preservation of your government, and the permanency of your present happy state, it is requisite, not only that you steadily discountenance irregular oppositions to its acknowledged authority, but also that you resist with care the spirit of innovation upon its principles, however specious the pretexts. One method of assault may be to effect, in the forms of the Constitution, alterations which will impair the energy of the system, and thus to undermine what cannot be directly overthrown. In all the changes to which you may be invited, remember that time and habit are at least as necessary to fix the true character of governments as of other human institutions; that experience is the surest standard by which to test the real tendency of the existing constitution of a country; that facility in changes, upon the credit of mere hypothesis and opinion, exposes to perpetual change, from the endless variety of hypothesis and opinion; and remember, especially, that for the efficient management of your common interests, in a country so extensive as ours, a government of as much vigor as is consistent with the perfect security of liberty is indispensable. Liberty itself will find in such a government, with powers properly distributed and adjusted, its surest guardian. It is, indeed, little else than a name, where the government is too feeble to withstand the enterprises of faction, to confine each member of the society within the limits prescribed by the laws, and to maintain all in the secure and tranquil enjoyment of the rights of person and property.

저는 각 주 파벌의 위험을 이미 말씀드린 바 있는데, 특히 지리적 차이를 구실로 파벌을 만드는 것의 위험을 예로 들었습니다. 이제 더 포괄적인 견해를 통해 파벌주의의 폭넓은 파괴적 효과에 대해 가장 엄숙한 방법으로 여러분께 경고하고자 합니다.

I have already intimated to you the danger of parties in the State, with particular reference to the founding of them on geographical discriminations. Let me now take a more comprehensive view, and warn you in the most solemn manner against the baneful effects of the spirit of party generally.

불행하게도 파벌주의는 인간 정신에서 가장 강한 열정에 뿌리를 내리고 있어, 이를 우리 천성에서 분리할 수가 없습니다. 이는 모든 정부에서 다소 억눌리거나, 통제되거나, 억제된 가운데 여러 가지 모습으로 나타나고 있지만, 특히 가장 민주적인 형태의 정부에서 가장 악한 모습으로, 민주주의 최대의 적으로 나타납니다.

This spirit, unfortunately, is inseparable from our nature, having its root in the strongest passions of the human mind. It exists under different shapes in all governments, more or less stifled, controlled, or repressed; but, in those of the popular form, it is seen in its greatest rankness, and is truly their worst enemy.

파벌이 서로 번갈아 권력을 잡는 것은 그 자체가 무서운 독재이며, 파벌 간의 반목에 자연스럽게 수반되는 복수심으로 인해 그 반목이 더욱 첨예해져 여러 시대와 국가에서 끔찍한 일들을 자행해 왔습니다. 그러나 이보다 더 무서운 것은 이것이 결국 더욱더 공식적이고 영구적인 독재로 귀결된다는 점입니다. 여기에서 파생되는 혼란과 불행은 점차 사람의 마음을 움직여 한 개인의 절대적 권력을 통해서라도 안전과 휴식을 바라는 성향을 보이게 만듭니다. 따라서 경쟁 파벌보다 세력이 크거나 운이 좋은 다수 파벌의 수장은 조만간 이러한 성향을 이용하여 국민의 자유를 무너뜨리고 그 위에 자신을 세우게 됩니다.

The alternate domination of one faction over another, sharpened by the spirit of revenge, natural to party dissension, which in different ages and countries has perpetrated the most horrid enormities, is itself a frightful despotism. But this leads at length to a more formal and permanent despotism. The disorders and miseries which result gradually incline the minds of men to seek security and repose in the absolute power of an individual; and sooner or later the chief of some prevailing faction, more able or more fortunate than his competitors, turns this disposition to the purposes of his own elevation, on the ruins of public liberty.

현명한 국민이라면 이러한 종류의 극단 상황그럼에도 완전히 근절되지는 않겠지만까지 가지 않더라도, 파벌주의가 초래하는 공통적이고 지속적인 폐해만 보고서도, 이러한 파벌주의를 억제하고 저지하는 것을 국민의 의무로 삼게 될 것입니다.

Without looking forward to an extremity of this kind which nevertheless ought not to be entirely out of sight, the common and continual mischiefs of the spirit of party are sufficient to make it the interest and duty of a wise people to discourage and restrain it.

파벌주의는 항상 연방의회의 관심을 딴 곳으로 돌리고 연방 행정부를 약화합니다. 파벌주의는 근거 없는 시기와 그릇된 경계심으로 공동체를 동요시키고, 다른 파벌을 향한 한 파벌의 적개심에 불을 붙이며, 때로 폭동과 반란도 조장합니다. 파벌주의는 외세의 영향력과 부패에 문을 열어 주는데, 외세와 부패는 파벌의 열정이라는 경로를 통해 손쉽게 정부에 발을 들일 수 있습니다. 이렇게 되면 한 나라의 정책과 의지가 다른 나라의 정책과 의지에 종속되게 됩니다.

It serves always to distract the public councils and enfeeble the public administration. It agitates the community with ill-founded jealousies and false alarms, kindles the animosity of one part against another, foments occasionally riot and insurrection. It opens the door to foreign influence and corruption, which finds a facilitated access to the government itself through the channels of party passions. Thus the policy and the will of one country are subjected to the policy and will of another.

자유 국가에서 정당은 정부의 행정을 견제하고 또 자유의 정신을 계속 살아있게 하는 데 유익하다는 의견이 있습니다. 그것은 어느 정도까지는 아마 진실일 것입니다. 그리고 군주주의 형태의 정부에서는 애국심이 파당 정신에 찬성하지는 않을지라도, 그것을 관대하게 간주할지도 모릅니다. 그러나 대중적 성격을 갖는 정부에서, 즉 순수하게 선거를 통하는 정부에서는 고무되어서는 안 되는 정신입니다. 그러한 정부의 자연적 경향 때문에 찬양할만한 목적이 있을 때마다 언제나 그 같은 정신이 과다하게 나오고, 또 확실히 과열될 위험이 끊임없이 존재합니다. 그러므로 여론의 힘을 빌려 완화하려고 노력해야 합니다. 불을 꺼지게 해서는 안 됩니다. 불은 따뜻이 열을 내되 꺼지지 않도록, 갑자기 타오르지 않게끔 꾸준히 경계해야 합니다.

There is an opinion that parties in free countries are useful checks upon the administration of the government and serve to keep alive the spirit of liberty. This within certain limits is probably true; and in governments of a monarchical cast, patriotism may look with indulgence, if not with favor, upon the spirit of party. But in those of the popular character, in governments purely elective, it is a spirit not to be encouraged. From their natural tendency, it is certain there will always be enough of that spirit for every salutary purpose. And there being constant danger of excess, the effort ought to be by force of public opinion, to mitigate and assuage it. A fire not to be quenched, it demands a uniform vigilance to prevent its bursting into a flame, lest, instead of warming, it should consume.

마찬가지로 중요한 것은, 자유 국가에서는 통치를 위임받은 사람들이 한 부서의 권력 행사가 다른 부서를 잠식하지 않도록 하면서 허용된 헌법상의 영역 내에 국한하도록 조심하는 사고의 습관을 지녀야 한다는 것입니다. 잠식을 좋아하는 기질은 모든 부서의 권한을 하나로 통합하여, 통치형태가 다를지 모르나 사실상의 전제정치를 만들어 내는 경향이 있습니다. 만약 헌법적 권한의 배분이 어떤 특정 면에서 잘못이라는 국민의 여론이 나온다면, 헌법 규정에 따른 개정을 통해 시정되어야 합니다. 그러나 권리 침해에 의한 변경을 허용해서는 안 됩니다. 그런 일은 선의 도구가 될 기회도 있으나, 자유 정부를 파괴하는 통상적인 무기가 됩니다. 그런 선례는 어느 때도 나올 수 있는 부분적인, 또는 과도적인 혜택이 영구적인 악에 의해 틀림없이 크게 압도될 것입니다.

It is important, likewise, that the habits of thinking in a free country should inspire caution in those entrusted with its administration, to confine themselves within their respective constitutional spheres, avoiding in the exercise of the powers of one department to encroach upon another. The spirit of encroachment tends to consolidate the powers of all the departments in one, and thus to create, whatever the form of government, a real despotism. A just estimate of that love of power, and proneness to abuse it, which predominates in the human heart, is sufficient to satisfy us of the truth of this position. The necessity of reciprocal checks in the exercise of political power, by dividing and distributing it into different depositaries, and constituting each the guardian of the public weal against invasions by the others, has been evinced by experiments ancient and modern; some of them in our country and under our own eyes. To preserve them must be as necessary as to institute them. If, in the opinion of the people, the distribution or modification of the constitutional powers be in any particular wrong, let it be corrected by an amendment in the way which the Constitution designates. But let there be no change by usurpation; for though this, in one instance, may be the instrument of good, it is the customary weapon by which free governments are destroyed. The precedent must always greatly overbalance in permanent evil any partial or transient benefit, which the use can at any time yield.

정치적 번영으로 이끄는 모든 자질과 관습 중에서 종교와 도덕은 없어서는 안 되는 지주가 됩니다. 인간의 행복을 위한 이 커다란 지주, 인간과 시민의 의무를 가장 확고하게 떠받치는 이 지주를 무너뜨리려고 하는 사람은, 아무리 애국의 공덕을 외치더라도 공염불로 끝날 것입니다. 순수한 정치가들은 성직자에 못지않게 종교와 도덕을 존중하고 소중히 해야 합니다. 종교, 도덕과 개인 및 국민의 행복 간의 모든 연관 관계는 한 권의 책으로도 다 기술할 수 없습니다. 그러나 여기서 간단히 따져 봅시다. 만약 법원의 심리 방편이 되는 선서에서 종교적 의무감이 영원히 작용하지 않게 된다면, 재산과 명성과 생명의 안전을 어디에서 구하겠습니까? 도덕이 종교 없이 유지될 수 있다는 가정을 허용할 때는 신중히 해야 합니다. 특이한 재능을 갖는 사람들에 대한 차원 높은 교육의 모든 영향을 인정한다고 할지라도, 우리의 이성과 경험은 종교원칙을 제외한 국민 도의의 앙양을 기대할 수 없게 합니다.

Of all the dispositions and habits which lead to political prosperity, religion and morality are indispensable supports. In vain would that man claim the tribute of patriotism, who should labor to subvert these great pillars of human happiness, these firmest props of the duties of men and citizens. The mere politician, equally with the pious man, ought to respect and to cherish them. A volume could not trace all their connections with private and public felicity. Let it simply be asked: Where is the security for property, for reputation, for life, if the sense of religious obligation desert the oaths which are the instruments of investigation in courts of justice ? And let us with caution indulge the supposition that morality can be maintained without religion. Whatever may be conceded to the influence of refined education on minds of peculiar structure, reason and experience both forbid us to expect that national morality can prevail in exclusion of religious principle.

미덕 또는 도덕이 대중 정치의 필요한 원천이 된다는 것은 본질적인 진실입니다. 도덕은 힘 강약의 차이는 있을지 모르나 모든 범주의 자유 정부들을 지배합니다. 자유 정부의 성실한 동조자라면 누가 이 정부의 기초를 흔들려는 시도를 냉담한 눈으로 볼 수 있겠습니까?

It is substantially true that virtue or morality is a necessary spring of popular government. The rule, indeed, extends with more or less force to every species of free government. Who that is a sincere friend to it can look with indifference upon attempts to shake the foundation of the fabric?

그러므로 일차적 중요성을 지닌 목적으로써, 지식을 전국적으로 보급하는 제도를 촉진해야 합니다. 한 정부 구조가 여론에 힘을 주는 만큼, 여론의 계몽이 매우 중요해집니다.

Promote then, as an object of primary importance, institutions for the general diffusion of knowledge. In proportion as the structure of a government gives force to public opinion, it is essential that public opinion should be enlightened.

힘과 안전의 중요한 원천으로써 국민의 신뢰를 소중히 하십시오. 신뢰를 보존하는 한 가지 방법은 국민의 신뢰를 가능한 한 아껴서 사용하는 것입니다. 평화를 조성함으로써 지출을 피하고, 위험에 대비하여 적시에 지출함으로써 위험을 격퇴하기 위한 훨씬 더 큰 지출을 막을 수 있는 경우가 많다는 점도 기억해야 합니다. 마찬가지로 누적되는 부채를 피하려고 단순 지출을 줄이는 것뿐만 아니라, 불가피한 전쟁으로 발생할 수 있는 부채를 갚기 위해 평화로운 시기에 열심히 노력하여 부채의 누적을 피해야 할 것입니다. 마땅히 우리가 스스로 감당해야 할 부담을 비열하게 후세에 떠넘겨서는 안 됩니다. 이러한 원칙을 실천하는 것은 여러분의 대표자들에게 달려있지만, 이는 국민 여론의 협조가 꼭 필요한 일입니다. 국민의 대표자들이 의무를 쉽게 수행할 수 있도록 하려면, 부채를 갚기 위해서는 수입이 있어야 하고, 수입이 있기 위해서는 세금이 있어야 하며, 정도의 차이는 있겠으나 국민의 불편이나 불만 없이 거둘 수 있는 세금이 없다는 점을 국민 여러분이 명심해야 합니다. 어려운 일이지만, 적절한 과세 대상 선택에 필수적으로 수반되는 불만이 있더라도 그러한 결정을 내린 정부의 의도를 이해할 수 있는 단호한 의지를 보여주어야 하며, 공공의 필요에 따라 언제든 요구될 수 있는 세수 확보의 수단으로서 인정하고 따르는 정신이 필요합니다.

As a very important source of strength and security, cherish public credit. One method of preserving it is to use it as sparingly as possible, avoiding occasions of expense by cultivating peace, but remembering also that timely disbursements to prepare for danger frequently prevent much greater disbursements to repel it, avoiding likewise the accumulation of debt, not only by shunning occasions of expense, but by vigorous exertion in time of peace to discharge the debts which unavoidable wars may have occasioned, not ungenerously throwing upon posterity the burden which we ourselves ought to bear. The execution of these maxims belongs to your representatives, but it is necessary that public opinion should co-operate. To facilitate to them the performance of their duty, it is essential that you should practically bear in mind that towards the payment of debts there must be revenue; that to have revenue there must be taxes; that no taxes can be devised which are not more or less inconvenient and unpleasant; that the intrinsic embarrassment, inseparable from the selection of the proper objects which is always a choice of difficulties, ought to be a decisive motive for a candid construction of the conduct of the government in making it, and for a spirit of acquiescence in the measures for obtaining revenue, which the public exigencies may at any time dictate.

모든 국가에 대해 선의와 정의를 유지해야 합니다. 모든 국가와의 평화와 화친을 조성해야 합니다. 종교와 도덕은 그것을 요구합니다. 그리고 훌륭한 정책 역시 똑같이 요구하지 않겠습니까? 그러한 일은 이미 숭고한 정의와 자비에 의해 인도되고 있는 국민들이 인류에게 관대하고도 매우 고상한 모범을 보여주도록, 자유롭고 계몽되고 또 머지않은 시기에 위대하게 될 국민에게 어울리는 과업인 것입니다. 시간이 흐르고 사안들이 진행되는 과정에서, 그런 계획을 꾸준히 고수함으로써 잃어버릴 수 있는 일시적인 이익을 충분히 보상할 수 있음을 누가 의심하겠습니까? 국가가 영원한 행복을 누리려면, 섭리와 더불어 미덕을 연결 지어야 하지 않겠습니까? 적어도 이러한 시도는 인간성을 높이는 모든 감성에 권장됩니다. 그러나 국가의 부도덕한 행위로 인해 이러한 일들이 불가능해질 수도 있지 않겠습니까?

Observe good faith and justice towards all nations; cultivate peace and harmony with all. Religion and morality enjoin this conduct; and can it be, that good policy does not equally enjoin it – It will be worthy of a free, enlightened, and at no distant period, a great nation, to give to mankind the magnanimous and too novel example of a people always guided by an exalted justice and benevolence. Who can doubt that, in the course of time and things, the fruits of such a plan would richly repay any temporary advantages which might be lost by a steady adherence to it? Can it be that Providence has not connected the permanent felicity of a nation with its virtue? The experiment, at least, is recommended by every sentiment which ennobles human nature. Alas! is it rendered impossible by its vices?

그런 계획을 수행하기 위해서는, 특정 국가들에 대해서는 항구적이고도 완고한 혐오감, 또는 다른 국가를 향한 열정적인 애착심을 갖는 태도를 배제하고, 대신 모든 국가들에 대해서 공정하고도 우호적인 감정을 키워나가는 것이 중요합니다. 타국에 대해 습관적 증오나 혹은 습관적인 호의를 품는 국민은 증오심이나 애착심의 노예이며, 그러한 마음은 어느 때나 국민으로 하여금 그들의 의무와 이익으로부터 빗나가게 합니다. 한 나라의 타국에 대한 반목은 사소한 불의의 분규가 생겨도 각국은 상대국을 모욕하고 상처를 주고, 사소한 불쾌 원인을 악용하고 또 오만하고 고집불통이 되게 하기 쉽습니다. 여기서 흔한 충돌, 고집, 독설, 피비린내 나는 경쟁이 벌어집니다.

악의와 반감의 충동을 받은 국가는 최선의 정책과는 반대로 정부를 전쟁으로 몰아갑니다. 정부는 국민의 성향에 참가해 열정을 통해 이성을 거부할 것입니다. 다른 경우에는 정부가 국민을 자부심, 야망, 그리고 여타 불길하고 유해한 동기들에 의해 선동된 불길한 사업에 몰아넣습니다. 평화, 때로는 자유가 희생양이 되었습니다.

In the execution of such a plan, nothing is more essential than that permanent, inveterate antipathies against particular nations, and passionate attachments for others, should be excluded; and that, in place of them, just and amicable feelings towards all should be cultivated. The nation which indulges towards another a habitual hatred or a habitual fondness is in some degree a slave. It is a slave to its animosity or to its affection, either of which is sufficient to lead it astray from its duty and its interest. Antipathy in one nation against another disposes each more readily to offer insult and injury, to lay hold of slight causes of umbrage, and to be haughty and intractable, when accidental or trifling occasions of dispute occur. Hence, frequent collisions, obstinate, envenomed, and bloody contests. The nation, prompted by ill-will and resentment, sometimes impels to war the government, contrary to the best calculations of policy. The government sometimes participates in the national propensity, and adopts through passion what reason would reject; at other times it makes the animosity of the nation subservient to projects of hostility instigated by pride, ambition, and other sinister and pernicious motives. The peace often, sometimes perhaps the liberty, of nations, has been the victim.

이처럼 한 나라의 다른 나라에 대한 정열적인 애착심도 각종 불행을 낳습니다. 좋아하는 나라에 대한 동정은 진정한 공동이익이 존재하지 않는 기회에도 공동이익의 환상을 갖기 쉽게 합니다. 또 한 나라가 다른 나라에 경의를 품게 함으로써, 전자로 하여금 적당한 오해나 이유 없이 후자의 분쟁과 전쟁에 공연히 관여하게 합니다. 또한, 좋아하는 국가에 타국에는 거부하고 있는 특권을 양도케 하는데, 그것은 양보하는 국가로 하여금 관계를 유지해야 할 나라와 불필요하게 헤어짐으로써, 평등한 특권을 보류당한 국가들의 시기, 악의 및 복수심을 자극함으로써 부차적인 피해를 받기 쉽습니다. 그리고 야심적이고, 부패했거나 소외된 시민들편파적인 국가에 헌신하는에게 혐오감 없이, 가끔 인기까지 얻으며 자국의 이해관계를 배신하거나 희생시킬 방편을 줍니다. 덕목 있는 의무감, 그럴듯한 여론의 존중, 혹은 공공선을 위한 훌륭한 열의의 모습으로 꾸며져 야심, 부패, 혹은 현혹의 근거를 줍니다.

So likewise, a passionate attachment of one nation for another produces a variety of evils. Sympathy for the favorite nation, facilitating the illusion of an imaginary common interest in cases where no real common interest exists, and infusing into one the enmities of the other, betrays the former into a participation in the quarrels and wars of the latter without adequate inducement or justification. It leads also to concessions to the favorite nation of privileges denied to others which is apt doubly to injure the nation making the concessions; by unnecessarily parting with what ought to have been retained, and by exciting jealousy, ill-will, and a disposition to retaliate, in the parties from whom equal privileges are withheld. And it gives to ambitious, corrupted, or deluded citizens who devote themselves to the favorite nation , facility to betray or sacrifice the interests of their own country, without odium, sometimes even with popularity; gilding, with the appearances of a virtuous sense of obligation, a commendable deference for public opinion, or a laudable zeal for public good, the base or foolish compliances of ambition, corruption, or infatuation.

수많은 방법으로 외세에 통로를 제공하는 그런 애착심은, 진정 깨어있고 독립적인 애국자에게는 특별한 경각심을 세우게 합니다. 그들이 국내 파벌들을 매수하고, 유혹의 기술을 실현하고, 여론을 오도하며 연방의회를 움직이거나 감동하게 할 기회는 얼마나 많은지요! 작거나 약한 국가가 크고 강한 국가에 그렇게 애착심을 느끼게 되면 약소국은 강대국의 위성국가가 될 수밖에 없습니다.

As avenues to foreign influence in innumerable ways, such attachments are particularly alarming to the truly enlightened and independent patriot. How many opportunities do they afford to tamper with domestic factions, to practice the arts of seduction, to mislead public opinion, to influence or awe the public councils. Such an attachment of a small or weak towards a great and powerful nation dooms the former to be the satellite of the latter.

외세의 음흉한 농간에 대항하는 자유민의 빈틈없는 경계심은 언제나 유지되어야 합니다. 왜냐하면 역사와 경험은 외세가 공화정치의 가장 유해한 적 중의 하나임을 입증하기 때문입니다. 그러나 빈틈없는 경계심도 쓸모 있는 것이 되자면 공정하고 사사로움 없어야 합니다. 그렇지 않으면 외세를 막아내지 않고, 피해야 할 바로 그 외세를 불러들이게 됩니다. 어느 한 외국에 대한 과도한 편애, 다른 어느 외국에 대한 과도한 혐오는 사람들로 하여금 오직 한쪽의 위험만 보여주거나, 은폐하고 또 다른 영향력을 행사하게 합니다. 편파주의에 사로잡힌 바보들은 민중의 갈채와 신임을 부당하게 차지하려다 국가의 이익을 희생하지만, 편파주의자들의 술책을 거부하는 진정한 애국자들은 의심과 미움을 받게 되기 일쑤입니다.

Against the insidious wiles of foreign influence I conjure you to believe me, fellow-citizens the jealousy of a free people ought to be constantly awake, since history and experience prove that foreign influence is one of the most baneful foes of republican government. But that jealousy to be useful must be impartial; else it becomes the instrument of the very influence to be avoided, instead of a defense against it. Excessive partiality for one foreign nation and excessive dislike of another cause those whom they actuate to see danger only on one side, and serve to veil and even second the arts of influence on the other. Real patriots who may resist the intrigues of the favorite are liable to become suspected and odious, while its tools and dupes usurp the applause and confidence of the people, to surrender their interests.

외국에 대한 우리 행동의 대원칙은 외국과 상업 관계를 확대하면서, 정치적인 관계를 가능한 한 적게 가져야 합니다. 이미 우리가 맺어 놓은 계약에 한해서는 완전한 신의를 지키고 그 계약을 수행합시다. 이 정도에서 그칩시다. 유럽은 우리와는 전혀 무관하거나 혹은 거리가 매우 먼 일련의 중요한 이해관계를 가지고 있습니다. 그래서 빈번하게 유럽의 논란에 개입해야 하는데, 근본적으로 미국의 관심사와는 동떨어진 것들입니다. 그러므로 우리가 인위적 유대로 미국을 유럽 정치의 일상적 성쇠, 우호 관계, 적대적인 일상적 결합, 유착에 연루시키는 것은 절대 현명한 일이 아닙니다.

The great rule of conduct for us in regard to foreign nations is in extending our commercial relations, to have with them as little political connection as possible. So far as we have already formed engagements, let them be fulfilled with perfect good faith. Here let us stop. Europe has a set of primary interests which to us have none; or a very remote relation. Hence she must be engaged in frequent controversies, the causes of which are essentially foreign to our concerns. Hence, therefore, it must be unwise in us to implicate ourselves by artificial ties in the ordinary vicissitudes of her politics, or the ordinary combinations and collisions of her friendships or enmities.

고립되고 멀리 떨어진 우리의 상황은 우리에게 다른 길을 추구할 기회를 줍니다. 우리가 효율적인 정부 아래에서 한 국민으로 남아있으면, 머지않아 외부의 괴롭힘으로부터 중대한 피해를 보지 않도록 스스로를 지킬 수 있을 것이며, 항상 중립적인 입장에서 결정을 내리는 태도를 취할 때 이를 철저하게 존중받을 수 있을 것이며, 호전적인 국가들이 우리를 삼키겠다는 불가능한 망상을 가지고 우리에게 섣불리 도발할 수 없게 될 것이며, 우리가 정의와 우리의 이익에 따라 전쟁과 평화를 스스로 결정할 수 있게 될 것입니다.

Our detached and distant situation invites and enables us to pursue a different course. If we remain one people under an efficient government. the period is not far off when we may defy material injury from external annoyance; when we may take such an attitude as will cause the neutrality we may at any time resolve upon to be scrupulously respected; when belligerent nations, under the impossibility of making acquisitions upon us, will not lightly hazard the giving us provocation; when we may choose peace or war, as our interest, guided by justice, shall counsel.

이러한 특별한 상황의 이점을 왜 포기합니까? 우리의

명분을 버리고 외국의 명분을 따를 이유가 무엇입니까? 무엇 때문에 우리의 운명을 유럽의 운명과 얽히게 함으로써 우리의 평화와 번영이 유럽의 야심, 경쟁, 이해관계, 일시적 기분 혹은 변덕에 말려들게 할 것입니까?

Why forego the advantages of so peculiar a situation? Why quit our own to stand upon foreign ground? Why, by interweaving our destiny with that of any part of Europe, entangle our peace and prosperity in the toils of European ambition, rivalship, interest, humor or caprice?

우리가 현재처럼 자유로이 회피할 수 있는 한에 있어서, 외부 세계의 어느 지역과도 영구적인 동맹을 피하려는 것이 우리의 진정한 정책입니다. 이렇게 말하는 것은 우리가 기존 계약들에 대한 배신행위를 장려할 힘이 있는 것으로 오해받지 않으려고 하기 때문입니다. 정직이 언제나 최선의 방책이라는 격언은 개인에 있어서나 마찬가지로 공사에도 적용될 수 있는 것이라고 저는 생각합니다. 거듭 말하거니와, 이들 계약을 그 순수한 바탕에서 준수하도록 합시다. 하지만 내 소견으로는 그 계약을 확대하는 일은 불필요하고도 현명치 못할 것입니다.

It is our true policy to steer clear of permanent alliances with any portion of the foreign world; so far, I mean, as we are now at liberty to do it; for let me not be understood as capable of patronizing infidelity to existing engagements. I hold the maxim no less applicable to public than to private affairs, that honesty is always the best policy. I repeat it, therefore, let those engagements be observed in their genuine sense. But, in my opinion, it is unnecessary and would be unwise to extend them.

적절한 군비로 우리의 방위 태세를 남이 넘보지 못하게 유지하도록 항상 배려한다면, 우리는 비상시에 대비한 잠정적 동맹에 의지해도 무방할 것입니다.

Taking care always to keep ourselves by suitable establishments on a respectable defensive posture, we may safely trust to temporary alliances for extraordinary emergencies.

정책상으로 보나 인간성과 이해관계로 보나 모든 나라들과 화평하고 자유로이 교제하는 것이 바람직합니다. 그러나 우리의 교역 정책은 평등하고 공평무사해야 하며, 독점적인 혜택이나 특혜는 바라지도 말고 혹은 주지도 말아야 할 것입니다. 또한, 순리를 따라야 할 것이며, 온건한 방법으로 상업의 흐름을 넓히고 다변화하되, 무엇이든 강제해서는 안 됩니다. 또한, 교역의 안전한 길을 닦아 주고, 우리 상인들의 권리를 확정해 주고, 정부가 상인들을 뒷받침할 수 있도록 주어진 권력으로 관례적인 교류원칙을 수립해야 할 것입니다. 이러한 교역원칙은 현 정세와 상호 의견이 허용하는 최선의 것이 되어야 하지만, 잠정적인 것이며, 경험과 상황에 따라서 때때로 포기 혹은 변경될 수도 있어야 합니다. 한 국가가 타국으로부터 사심 없는 혜택을 구하는 일은 어리석은 짓이며, 그러한 성격의 혜택은 무엇이든 간에 독립성의 일부를 지불하는 것입니다. 그리고 이러한 혜택의 수락하는 것은, 자국이 명목상 호의에 대한 대가를 지불했음에도 더 많이 주지 않았다는 이유로 배은망덕하다는 비난까지 받게 될 수 있다는 것을 명심해야 합니다. 국가 간에 진정한 선심을 기대하거나 예측하는 일보다 더 큰 과오는 있을 수 없습니다. 그러한 기대는 경험이 깨우쳐 주게 되는, 자존심이 내버려야 하는 환상입니다.

Harmony, liberal intercourse with all nations, are recommended by policy, humanity, and interest. But even our commercial policy should hold an equal and impartial hand; neither seeking nor granting exclusive favors or preferences; consulting the natural course of things; diffusing and diversifying by gentle means the streams of commerce, but forcing nothing; establishing with powers so disposed, in order to give trade a stable course, to define the rights of our merchants, and to enable the government to support them conventional rules of intercourse, the best that present circumstances and mutual opinion will permit, but temporary, and liable to be from time to time abandoned or varied, as experience and circumstances shall dictate; constantly keeping in view that it is folly in one nation to look for disinterested favors from another; that it must pay with a portion of its independence for whatever it may accept under that character; that, by such acceptance, it may place itself in the condition of having given equivalents for nominal favors, and yet of being reproached with ingratitude for not giving more. There can be no greater error than to expect or calculate upon real favors from nation to nation. It is an illusion, which experience must cure, which a just pride ought to discard.

국민 여러분을 사랑하는 오랜 벗으로서 이러한 충언을 드림에 있어, 저는 이 충언이 국민 여러분께 내가 바라는 만큼 강하고 지속적인 인상을 남길 것으로는 감히 기대하지 않습니다. 저의 충언이 열정의 흐름을 막거나, 우리 국가가 지금까지 여러 나라의 운명을 결정해 온 길을 걷는 것을 막을 것이라고는 기대하지 않습니다. 그러나 저 스스로를 위안하기 위해서라도, 저의 충언이 조금이라도 국민 여러분께 이로운 바가 있거나, 되풀이되는 당에 대한 분노를 누그러뜨리거나, 외세 책략의 폐해를 경고하거나, 거짓 애국심의 협잡을 경계하는 바 있다면, 그 자체로써 국민 여러분의 복리에 대한 염려에서 나온 나의 충언에 더할 나위 없는 보답이 될 것입니다.

In offering to you, my countrymen, these counsels of an old and affectionate friend, I dare not hope they will make the strong and lasting impression I could wish; that they will control the usual current of the passions, or prevent our nation from running the course which has hitherto marked the destiny of nations. But, if I may even flatter myself that they may be productive of some partial benefit, some occasional good; that they may now and then recur to moderate the fury of party spirit, to warn against the mischiefs of foreign intrigue, to guard against the impostures of pretended patriotism; this hope will be a full recompense for the solicitude for your welfare, by which they have been dictated.

제가 대통령직을 사임하는 일이 저의 원칙에 얼마만큼 입각하여 이루어진 것인지는, 공적인 기록과 저의 행동에 따른 증거들이 여러분과 세계에 증언할 것입니다. 적어도 스스로 양심을 걸고 저는 그러한 원칙에 따라 행동하였다는 확신을 두고 있습니다.

How far in the discharge of my official duties I have been guided by the principles which have been delineated, the public records and other evidences of my conduct must witness to you and to the world. To myself, the assurance of my own conscience is, that I have at least believed myself to be guided by them.

유럽에서 지속 중인 전쟁과 관련하여 1793년 4월 22일 자 포고령은 저의 계획을 대변하는 지표입니다. 여러분과 상하 양원에 있는 여러분의 대표자들이 찬성함으로써 비준된 이 조치의 정신이 나를 지배해 왔으며, 이로써 이를 단념시키거나 관심을 돌리려는 어떠한 시도에도 굴복하지 않을 수 있었습니다.

In relation to the still subsisting war in Europe, my proclamation of the twenty-second of April, 1793, is the index of my plan. Sanctioned by your approving voice, and by that of your representatives in both houses of Congress, the spirit of that measure has continually governed me, uninfluenced by any attempts to deter or divert me from it.

가용한 최선의 정보의 도움을 받아 신중하게 검토한 후, 저는 우리나라가 어떠한 정황 하에서도 중립적 입장을 취할 권리가 있고, 중립적 입장을 취하는 것이 의무이자 우리나라의 이익에 부합하는 길이라는 확고한 판단을 내렸습니다. 중립적 입장을 취한 이상, 제 힘이 닿는 한 이를 절제, 인내 그리고 결연한 의지로 유지할 것을 결정했습니다.

After deliberate examination, with the aid of the best lights I could obtain, I was well satisfied that our country, under all the circumstances of the case, had a right to take, and was bound in duty and interest to take, a neutral position. Having taken it, I determined, as far as should depend upon me, to maintain it, with moderation, perseverance, and firmness.

이러한 행동을 취할 권리를 뒷받침하는 고려사항들을 이 자리에서 자세히 설명할 필요는 없을 것입니다. 제가 이 사안에 대해 이해한 바에 따르면, 이러한 권리는 어떠한 적대세력도 부인하지 않았으며, 실질적으로 모두가 인정한 권리입니다.

The considerations which respect the right to hold this conduct, it is not necessary on this occasion to detail. I will only observe that, according to my understanding of the matter, that right, so far from being denied by any of the belligerent powers, has been virtually admitted by all.

중립적 입장을 취해야 할 의무는 굳이 다른 이유를 덧붙이지 않더라도, 국가가 자유롭게 행동할 수 있다면 다른 국가와의 평화와 우호의 신성한 관계를 유지하기 위하여 정의와 인간성이 모든 국가에 부과하는 의무에서 자연스럽게 유추될 수 있는 의무입니다.

The duty of holding a neutral conduct may be inferred, without anything more, from the obligation which justice and humanity impose on every nation, in cases in which it is free to act, to maintain inviolate the relations of peace and amity towards other nations.

국가가 이러한 처신을 계속할 동기는 국민 여러분 자기 생각과 경험으로 가장 잘 판단할 수 있을 것입니다. 저의 경우에는 아직 미숙한 우리나라의 제도를 정착시키고 성숙시킬 시간을 벌고, 사람에 빗대어 말씀드리면, 우리나라가 그 운명을 스스로 결정할 힘과 일관성을 가지게 될 때까지 중단 없이 전진해야 한다는 동기가 가장 크게 작용했습니다.

The inducements of interest for observing that

conduct will best be referred to your own reflections and experience. With me a predominant motive has been to endeavor to gain time to our country to settle and mature its yet recent institutions, and to progress without interruption to that degree of strength and consistency which is necessary to give it, humanly speaking, the command of its own fortunes.

행정부에서 일어난 일들을 검토해 볼 때 저는 고의적인 과오는 생각나는 것이 없지만, 저는 저의 결함들을 너무나 잘 알고 있기 때문에 많은 과오를 범했을지 모른다고 생각합니다. 과오가 어떤 것들일지라도, 저는 전지전능한 신에게 제 과오가 악이 되는 일을 피할 수 있게, 혹은 완화해 주시기를 간절히 간청하는 바입니다. 저는 우리나라가 과오를 너그러이 봐주는 일을 언제까지라도 중단하지 않을 것이며, 제가 열심히 봉사한 45년간의 근무 생활 이후에 머지않아 휴식을 위한 저택으로 갈 수밖에 없듯이, 무능함에 연유한 과오들도 망각으로 넘겨질 것이라는 희망을 품고 있습니다.

Though, in reviewing the incidents of my

administration, I am unconscious of intentional error, I am nevertheless too sensible of my defects not to think it probable that I may have committed many errors. Whatever they may be, I fervently beseech the Almighty to avert or mitigate the evils to which they may tend. I shall also carry with me the hope that my country will never cease to view them with indulgence; and that, after forty five years of my life dedicated to its service with an upright zeal, the faults of incompetent abilities will be consigned to oblivion, as myself must soon be to the mansions of rest.

다른 일들에서와 마찬가지로 이 점에서도 저는 우리 국가의 친절함에 의지하고 있으며, 몇 세대 동안 걸친 선조들의 향토에 대해 애향심을 갖는 사람들의 열렬한 애국심에 자극을 받았습니다. 그렇기에 저는 은퇴하면 자유 정부하에서 선한 법률들의 인자한 영향을, 저의 국민들 속에 끼어서 국민들과 함께 향유하는 기쁨을 순수하게 실현하겠노라고 즐거운 마음으로 기대합니다. 이 자유 정부는 항상 제가 염원해 온 것이며, 우리들이 서로 돌보고 서로 애쓰고, 서로 위험에 부딪혀 왔던 결과인 복된 보답인 것으로 저는 믿습니다.

Relying on its kindness in this as in other things, and actuated by that fervent love towards it, which is so natural to a man who views in it the native soil of himself and his progenitors for several generations, I anticipate with pleasing expectation that retreat in which I promise myself to realize, without alloy, the sweet enjoyment of partaking, in the midst of my fellow-citizens, the benign influence of good laws under a free government, the ever-favorite object of my heart, and the happy reward, as I trust, of our mutual cares, labors, and dangers.

CHAPTER 2

The Gettysburg Address

에이브러햄 링컨

Abraham Lincoln
1809. 2. 12 ~ 1865. 4. 15

에이브러햄 링컨. 게티즈버그 연설
THE GETTYSBURG ADDRESS

민주주의 실천이념. "국민의, 국민에 의한, 국민을 위한"

1863년 11월 19일. 미국의 남북전쟁이 한창 진행되고 있을 무렵. 제복을 입은 군인들이 숙연한 모습으로 장례를 치르고 있다. 숙연한 분위기에서 검은 정장을 입은 키 큰 남자가 무겁게 입을 뗀다. 'Four score and seven years ago...'라 운을 뗀 남자는 군인들에게 그들이 무엇을 위해 싸우고 있는지를 상기시키고 그 가치는 전 세계 민주주의를 표방하는 모든 국가의 모토가 된다.

미국에서 가장 존경받는 대통령 Top3 안에 언제나 거론되는 대통령. 조지 워싱턴과 함께 우리나라에서도 가장 많이 알려진 대통령. 노예 해방의 아이콘. 5불짜리 지폐의 얼굴. 워싱턴 DC에 있는 거대한 석상의 주인공. 수염 난 키다리 아저씨. 계속하자면 계속할 수 있을 정도로 너무나도 위대한 인물이다. 그의 연설 중에서도 세계적으로 가장 울림이 있었던 연설. '국민의, 국민에 의한, 국민을 위한'이라는 문구로 유명한 게티즈버그 연설을 소개해 보고자 한다.

1809년 2월 12일 켄터키주의 작은 오두막집에서 태어난 링컨은 어려서부터 가난한 부모 밑에서 자랐다. 작은 농장을 일구며 살던 토마스Thomas 와 낸시 행크스 링컨 Nancy Hanks Lincoln 부부는 토지분쟁으로 농장의 상당 부분을 잃자 1816년 노예제가 허용되지 않던 인디애나주로 건너가 새로이 농지를 개척하며 생계를 꾸렸다.

당시 개척 농민들의 삶이 그러했듯, 링컨도 어려서부터 농장 일에 참여했는데, 또래들보다 키도 크고 힘도 셌기에 도끼질 같은 일을 잘했다. 하지만 그다지 육체노동을 좋아하지 않아서 힘든 일을 피해 책을 읽고 사색을 즐졌다. 이를 두고 아버지를 비롯한 친척들은 그를 게으르다 여겼지만, 다르게 보면 이때부터 남다른 학구열을 보였다고도 볼 수 있다.

또 다른 노예제 금지 주인 일리노이주로 가족과 함께 이주한 링컨은 아버지로부터 독립해 무역상에 취업했다. 배를 타고 미시시피강을 따라 미국 남부의 뉴올리언스주로 물건을 실어 나르는 임무를 수행했는데 그곳에서 노예제의 참상을 처음 목격하게 된다.

미국 노예제에 대한 설명으로 〈세상을 바꾼 명연설 – 사회편〉을 인용하고자 한다.

1776년 건국 이전부터 미국에는 노예제가 존재하였다. 북부와 남부는 노예제에 대한 태도가 상이하였는데, 상공업이 발달한 북부에서는 노예제를 폐지하려는 흐름이 있었고, 노예 인력에 의존한 플랜테이션 농업이 발달한 남부에서는 노예제를 반드시 유지하고자 하였다. 갈등의 골은 제정헌법을 구성할 때부터 나타나기 시작했는데, 노예를 '사람'으로 인정할 수 있는가에 대한 것이 쟁점이 되었다. 주마다 균등한 인원이 배정된 연방 상원 의회와는 달리 하원 의회는 각 주의 인구수에 비례하여 의석수가 배분되었고, 당시에는 대통령도 의회에서 선출하였기 때문에 각 주는 최대한 많은 의회 대표를 확보하기 위해 치열하게 싸웠다. 결과적으로 아이러니하게도 노예를 사람 취급하지 않는 남부는 노예를 인구에 포함해야 한다고 주장하였고, 북부에서는 노예가 인구에 포함되면 안 된다고 주장하는 상황이 벌어졌다.

결국 노예 한 명을 3/5명으로 취급하여 하원의원 수를 결정하는 제정 헌법이 합의·통과되었다. 제정헌법에는 1808년 1월 1일 이전에 연방 정부가 노예의 수입을 금지하는 어떠한 조치도 취할 수 없도록 하는 조항이 포함되었고, 노예제를 채택한 주에서 도망간 노예들의 신분을 자유인 신분으로 해방해 줄 수 없으며 기존 농장주들에게 돌려주어야 한다는 조항도 포함되어 있었다.

중략

역사상 그 어떤 나라도 미국의 노예제와 같은 수준의 처참한 인간성 파괴의 현장을 제도화해 운영한 적이 없을 정도다. 인간이 상상할 수 있는 온갖 종류의 폭력을 가해짐은 물론 죽고 싶어도 죽지 못하게 하였고, 개체수를 늘리기 위해 강제교미도 시켰다. 몇몇 사례들을 보면 동물도 그렇게 다루지 않을 것이라는 생각이 들 정도다. 그리고 이 모든 것이 제도적으로 정당성이 부여되어 보호받고 있었다.

　　링컨이 이런 노예제의 참상을 소문으로만 듣다가 실제로 목격했을 때의 충격은 상당했을 것이다

23세가 되던 1832년 그는 동업자들과 함께 빚을 내서 뉴 세일럼에 가게를 하나 인수하는데 장사에는 소질이 없어 머지않아 지분을 팔았다. 그해 3월, 제대로 된 교육 받지 못했고, 돈도, 인맥도 없었던 그는 타고난 연설 능력과 193cm의 훤칠한 키에서 뿜어져 나오는 아우라로 인기를 끌며 일리노이주 의회 선거에 출마하며 정계에 입문했다. 4명을 뽑는 선거에서 13명 중 8위로 낙선했지만 희망은 있었다. 자신이 주소로 둔 뉴 세일럼에서만큼은 300표 중 277표를 얻는 기염을 토했기 때문이다.

낙선 이후 일리노이주 우체국장으로 일하며 변호사가 되기로 결심한 링컨은 독학으로 법을 공부하기 시작했다. 공부를 이어가던 중 1834년 주의회 선거에 휘그당Whig 후보로 재도전해 당선되었고, 1836년에 변호사 시험에 합격하여 변호사 활동도 겸직했다. 엄청난 학구열과 연설 능력을 겸비한 그는 두 분야 모두에서 성공 가도를 달렸다. 변호사로서는 최후변론과 반대 심문에 능하다는 평판을 얻었고, 일리노이주 하원에서는 내리 4선을 하며 주의 실력자로 자리매김하였다. 일리노이주 하원에서 그는 농장주가 아닌 백인들에게 참정권을 확대하는 것을 법제화하였고, 노예제의 완전 폐기를 주장하였는데, 훗날 그의 이러한 주장은 공화당 탄생의 기본 이념이 된다.

자신의 지역구에서의 활약과는 달리 링컨은 중앙정치와 연이 잘 닿지 못했다. 1946년 단 한 차례의 임기를 공약으로 내걸고서야 연방 하원의원에 당선될 수 있었다. 연방 하원의 유일한 일리노이주 휘그당 의원이었던 그는 휘그당 당론 설파의 선봉장을 자처하며 노예 해방 전선에 앞장선 것은 물론 당시 멕시칸-아메리칸 전쟁Mexican-American War [4]을 밀어붙이던 민주당 대통령 제임스 K. 포크James K. Polk 에 맞섰다. 1848년에는 내각 참여를 기대하고 자당의 재커리 테일러Zachary Taylor 를 지원하여 당선시켰으나 내각 구성에서 배제되며 정계를 떠나게 되었다.

정계를 떠나 변호사업에 복귀한 링컨은 닥치는 대로 일을 받아서 처리했다. 앞서 언급한 대로 탁월한 언변과 엄청난 학구열을 기반으로 사건을 처리했고, 매사에 편법을 쓰지 않고 정직하게 일을 했기 때문에 '정직한 에이브Honest Abe '라는 별칭을 얻기도 했다. 일리노이주에서 활

---

4) 멕시칸-아메리칸 전쟁(Mexican-American War). 스페인에서 독립한 멕시코로부터 분리 독립한 텍사스 공화국(Republic of Texas)이 1845년 영토 확장에 나선 미국에 합병되면서 1846년부터 2년간 멕시코와 미국 사이에 발생한 군사 분쟁이다.

발한 변호사 활동을 통해 자신의 지지기반을 닦은 그는 캔자스-네브래스카 법Kansas-Nebraska Act[5]의 제정에 반대하기 위하여 1854년 정계에 복귀하기로 마음먹었다.

하지만 휘그당은 이번에도 링컨을 외면했다. 애초에 휘그당은 존재 자체가 반反민주당 세력의 이합집산이었을 뿐 어떤 중심 가치나 철학이 존재한 정당이 아니었다. 링컨이 내건 노예 해방에 대해서 뜨뜻미지근했고, 1954년 연방 상원의원에 도전한 링컨에게 공천을 주지 않았다. 실망한 것은 링컨뿐이 아니었다. 휘그당의 애매한 정체성과 무능함에 실망한 지지자들의 대규모 탈당이 이루어졌고, 곧바로 링컨의 인생과 미국 역사에 큰 획을 긋는 사건이 발생한다.

바로 공화당의 탄생이다.

---

5) 캔자스-네브래스카 법(Kansas-Nebraska Act). 캔자스와 네브래스카를 주를 창설하면서 각 주가 노예제 채택 여부를 스스로 결정할 수 있도록 허용한 법으로 북위 36도 30분 이북에 노예주를 설치하지 않는다는 1820년 미주리 합의를 어기는 조치였다. 이 조치로 인해 미국 정치는 휘그당의 해체와 공화당의 창설, 남부민주당의 등장으로 이어졌으며, 내전의 도화선이 된 결정적 사건으로 기록된다.

공화당. 위대하고 오래된 정당이라는 의미의 Grand Old Party, 줄여서 GOP라 불리기도 하는데, 자신의 뿌리가 토머스 제퍼슨이 세운 미국의 첫 정당인 '민주공화당 Democratic-Republican Party'에 둔다고 주장하고 있기 때문에 미국에서 가장 오래된 정당이라는 의미에서 그러한 표현을 쓰는 것이다. 하지만, 실제로 공화당이 창당된 것은 1854년이고, 이를 주도한 이들은 노예 해방운동가들이었다.

노예 해방이라는 아젠다는 19세기 초까지 당시 주류 정당이던 민주당과 휘그당에서 크게 신경 쓰지 않고 있었다. 두 정당 모두 전국정당을 표방하며 노예제에 관하여 허용하는 태도였는데, 휘그당은 주로 북부의 상공업인들을 대변하였고 민주당은 남부의 대지주들을 대변하였다. 하지만 북부는 미국 건국 때부터 노예제에 반대해 왔기에 전국정당을 표방하며 노예제 철폐에 소극적이었던 휘그당 지도부와 당원들 간에 갈등의 골이 깊어져 갔다. 결국, 1854년 선거를 기점으로 링컨을 비롯한 당내 노예 해방주의자들의 불만이 터지면서 오늘날까지도 남아있는 미국 양당제의 한 축인 공화당의 탄생으로 이어졌다.

초창기 공화당이 내건 가치는 "Free Labor, Free Land,

Free Men"이었다. 우리말로는 '노동을 자유롭게, 토지를 자유롭게, 사람을 자유롭게' 정도가 될 것 같다. 상당히 진보적이고 혁신적인 슬로건이 아닐 수 없는데, 노동의 자유는 노예를 해방하자는 내용이고, 토지의 자유는 대지주들이 토지를 마구잡이로 사들이면서 소작농들이 늘어나던 상황에서 토지개혁을 외친 것이다. 이를 통해 모두가 자유로운 세상을 만든다는 것이 그들인 내건 기치였다.

공화당은 1858년 연방 상원의원 후보로 링컨을 공천하였는데, 링컨은 노예제를 채택한 주와 폐지한 주로 나누어진 연방은 바로 설 수 없다는 연설과 함께 상대 후보 스티븐 A. 더글러스Stephen A. Douglass 와의 대결에 나섰다. 미국 역사에 길이 남는 링컨-더글러스 토론을 통해 전국적으로 이름을 알린 링컨은 정작 선거에서는 패배했다. 당시 공화당이 전국적으로 득표는 많이 했지만, 미국 특유의 선거제도로 인해 의석수에서 밀려 의회는 노예제에 찬성하는 민주당에 장악되었다. 참고로 당시에는 각 주의 의회에서 상원의원을 선출하는 간접선거를 채택하고 있었다. 어쨌든 링컨은 1854년 정계에 복귀하고서 선거에서 번번이 패하며 정치 인생의 위기를 맞이한 것이다.

연방 상원 진출에 두 번 연속으로 실패한 링컨은 패배의 상처에 굴하지 않고 곧바로 1860년 공화당 대선후보로 나설 준비를 하였다. 링컨은 보호관세 옹호와 노예제 이슈에서 당의 급진파들에 비해 온건한 태도를 보였는데, 오히려 이런 온건한 면이 당원들의 마음을 사로잡아 재야 인사로서 당의 대선후보로 선출되는 이변의 주인공이 된다. 이때 민주당은 북부민주당과 남부민주당으로 분열하여 두 명의 후보, 스티븐 A. 더글러스와 존 C. 브레킨리지 John C. Breckinridge를 내세우게 된다. 3파전으로 이루어진 선거에서 링컨은 북부와 서부를 장악해 승리하였고, 공화당은 창당 6년 만에 대통령을 배출하는 데 성공한다.

노예 해방론자인 링컨이 당선되자 남부의 주들은 즉각 반발하며 취임하기도 전부터 연방에서의 탈퇴를 추진하였다. 1860년 12월 20일, 사우스캐롤라이나주가 탈퇴한 것을 시작으로 1861년 2월 1일까지 플로리다, 미시시피, 앨라배마, 조지아, 루이지애나, 텍사스가 연방을 탈퇴하였다. 이들은 새로운 헌법을 제정하고 새로운 연합국인 Confederate States of America를 수립해 제퍼슨 데이비스 Jefferson Davis를 대통령으로 선출했다. 링컨은 취임사에서 자신은 남부의 노예제를 직권으로 폐지할 의향이 없다는

것을 표명하고 평화협상을 이어가는 등 갈등을 봉합하고
자 했지만, 1861년 4월 12일 사우스캐롤라이나주의 섬터
요새Fort Sumter에서 남부군이 북부군을 공격한 것을 시작
으로 미국은 내전의 소용돌이에 휩싸이게 된다.

　전쟁이 한창 진행되던 링컨은 이참에 미합중국에서 노
예제를 완전히 폐지해야겠다는 결심을 하게 되었다. 하지
만 당시 헌법으로 연방정부가 주정부에 노예 해방을 강요
할 권한이 없었기 때문에 의회를 움직여야 했다. 의회는
1862년 미국연방에서 노예제를 전면적으로 금지하는 법
안을 통과시켰고, 1863년 1월 1일부로 효력이 발생하는
대통령의 선언을 통해 연방을 탈퇴한 모든 주의 노예도
해방한다는 것을 선포한다. 그것이 그 유명한 '노예 해방
선언Emancipation Proclamation'이다.

　당시 남부군은 초반의 위세를 이어 나가지 못하고 수
세에 몰리고 있었는데, 남부군을 이끌던 명장 로버트 E.
리Robert E. Lee 장군은 수세를 타개하기 위해 도박을 감행
하였다. 수도를 포위하기 위한 총공격을 감행한다는 전략
을 세운 것이다. 리 장군은 초반에 포토맥 전투에서 북부
군의 최정예 군단을 대파하며 순조롭게 진군해 나갔는데,

펜실베이니아주 게티즈버그에서 명운을 건 결전을 맞이했다. 1863년 7월 1일부터 3일까지 이어진 전투에서 전쟁 전체를 통틀어 가장 많은 5만여 명의 사상자가 발생했고, 결과는 연방군의 승리였다. 이 전투를 계기로 남부군은 힘을 잃었고, 연방군은 승기를 잡게 되었다. 하지만 워낙 많은 사상자를 낸 전투였기에 묘지와 충혼탑이 건립되었는데, 이 챕터에서 다루는 게티즈버그 연설은 전사자들을 묘지에 재안장시키는 행사에서 발표되었다.

약 2분간의 짧은 연설, 272개의 단어로 구성된 게티즈버그 연설은 민주주의 정신을 가장 간결하고 명확하게 표현하였을 뿐 아니라, 국민들에게 어떤 국가를 만들기 위해 전쟁을 치르는 것인지를 알렸다. 그 짧은 연설에서 미국이 어떤 나라였고, 어떤 나라이며, 어떤 나라일 수 있는지를 모두 보여준 것이다.

사실 링컨은 당시에 천연두 전조 증세를 보여 컨디션이 좋지 않았고, 연설에 대해서도 어차피 잊힐 연설이라 여겼다고 한다. 그런데도 게티즈버그로 향하는 열차 안에서 수차례 수정을 해가며 연설을 준비했다. 아무리 열심히 글을 쓰고 수정했다 하더라도 이렇게 짧은 연설에서 그토록 풍부한 내용을 담을 수 있었던 것은 그가 그만큼 민주주의 실천 이념에 대한 조예가 깊고 확실한 국가 비전이 있었기 때문일 것이다.

그렇다고 링컨에 대한 비판지점도 없는 것이 아니다. 그는 노예제에는 반대했지만, 유색인종을 백인과 동등한 인격체로 여기지는 않았다. 남북전쟁도 불가피한 선택이긴 했지만, 노예제 폐지라는 명분 뒤에는 북부 산업의 소비자 확보와 해방 노예들을 공화당 지지 세력으로 확보해 남부 민주당을 고립시키는 한편, 공화당의 영구집권을 꾀하는 정치적 계산이 있었다는 학자들의 주장도 있다. 노예 해방 운동가 프레드릭 더글러스도 '백인들의 대통령'이라 비판했는데, 모두 이와 비슷한 맥락일 것이다.

그런데도 그가 미국에 남긴 유산은 오늘날 미국이 세계 패권국이자 자유 진영의 맹주로서 자리 잡는 데 결정적인 역할을 했다. 우선 링컨은 미국이 하나의 국가임을 재확인하였다. 건국 당시부터 이어지던 북부와 남부의 위험한 동거는 언젠가는 연방을 분열시킬 수밖에 없었을 것이고, 링컨이 아니었다면 미합중국은 하나의 국가로서 존재하지 못했을지 모른다. 또한, '87년 전Four scores and seven years ago'라는 유명한 문구로 시작되는 연설에서 그는 미국 독립기념일로부터 내려오는 미국의 법통과 정통성을 재확인하며 연방을 탈퇴한 주들의 정당성을 부정하였다. 그래서 링컨은 'The United States are'로 시작되는 복수형 문장을 'The United States is'의 단수형 문장으로 바꾼 인물로도 불린다.

게티즈버그 연설은 미국뿐 아니라 전 세계적인 울림이 있었다. 프랑스 헌법에는 "국민의, 국민에 의한, 국민을 위한gouvernement du peuple, par le peuple et pour le peuple"이라는 문구가 있는데, 이 또한 게티즈버그 연설에서 인용된 것이다. 쑨원의 삼민주의도 이 연설에서 영감을 받았고, 마틴 루터 킹의 〈I Have a Dream〉 연설도 이 연설의 일부를 차용하였다.

국민의, 국민에 의한, 국민을 위한 정부. 너무나도 당연하고 진부한 이야기일 수 있다. 하지만, 이런 기본적인 명제일수록 우리는 끊임없이 되물어봐야 한다. 우리가 정말 이런 사회에 살고 있는가? 우리가 이런 사회에 살기 위해서 더 잘 할 수 있는 것들은 없을까? 이러한 질문을 많이 던지는 시민이 이 땅에 살아갈 때, 정치가들은 시민의 눈치를 볼 수밖에 없다. 민주주의는 시민의 관심을 먹고 사는 생명체라는 것을 잊어서는 안 된다.

끝으로, 링컨의 삶과 공화당의 탄생은 '자유'라는 의미에 대해서도 다시 생각해보게 한다. 링컨과 공화당이 내세운 자유는 원칙을 바로 세움으로써 공정한 사회를 만들어 더 많은 이들에게 자유가 돌아가도록 한 것이었다. 이런 점에서 진정한 의미의 '자유주의'가 가장 급진적인 것일 수 있다. 하지만 오늘날 자유의 가치를 내건 정치집단에서는 이런 목적지향 없이 시장경제에서 정부의 역할로부터의 자유만을 강조하는 경우가 대부분이다. 그러다 보니 결국 소수의 자유만이 강조되고, 기득권이 강화되는 결과로 이어지는 경우가 다반사다. 자유의 원칙을 바로 세우는 것은 어떤 의미가 있고, 어떤 목적을 지향해야 하는가에 대해서 링컨과 공화당의 역사, 그리고 게티즈버그 연설을 통해 다시 한번 생각해보았으면 한다.

THE GETTYSBURG ADDRESS
연설

지금으로부터 87년 전, 우리의 선조들은 이 대륙에 자유 속에 잉태되고 만인이 평등하다는 명제에 봉헌된 한 국가를 탄생시켰습니다.

Four score and seven years ago our fathers brought forth on this continent, a new nation, conceived in Liberty, and dedicated to the proposition that all men are created equal.

우리는 지금 그렇게 잉태되고 봉헌된 국가가 존속할 수 있는지를 시험하는 거대한 내전에 휩싸여있습니다. 우리는 그 전쟁의 위대한 싸움이 펼쳐진 곳에 모였습니다. 우리는 이 전장의 일부를 이 나라의 존속을 위해 목숨을

바친 이들의 마지막 안식처로 헌납하고자 합니다. 우리가
이렇게 함은 지극히 마땅하고 적절한 것입니다.

Now we are engaged in a great civil war, testing
whether that nation, or any nation so conceived and so
dedicated, can long endure. We are met on a great battle-
field of that war. We have come to dedicate a portion of
that field, as a final resting place for those who here gave
their lives that the nation might live. It is altogether fitting
and proper that we should do this.

그러나 더 큰 의미에서 이 땅을 봉헌하고, 축성하고,
신성하게 하는 것은 우리가 아닙니다. 이 자리에서 싸워
생존하거나 사망한 용감한 사람들이 이미 우리가 감히 보
태거나 뺄 수 없을 정도로 신성하게 만들었습니다. 세상
은 우리가 여기 모여 무엇을 했는지 혹은 어떤 말을 했는
지에 대해서 별로 주목하지도, 오래 기억하지도 않겠지
만, 그 용사들의 업적은 영원히 기억할 것입니다. 그들이
싸움을 통해 그토록 고결하게 전진시킨, 그러나 미완으로
남긴 과업을 다하기 위해 이 자리에 바쳐져야 하는 것은
살아남은 우리들 자신입니다. 우리는 그 명예롭게 산화

한 이들로부터 더 큰 헌신의 힘을 얻어 그들이 마지막 신명을 다 바쳐 지키고자 한 대의에 우리 자신을 바침으로써 그들의 죽음이 절대 헛되지 않도록 할 것을 굳게 다짐합니다. 이로써 신의 가호 아래 이 나라는 새로운 자유의 탄생을 맞이할 것이며, 국민의, 국민에 의한, 국민을 위한 정부는 이 지상에서 절대 사라지지 않을 것입니다.

But, in a larger sense, we can not dedicate — we can not consecrate — we can not hallow — this ground. The brave men, living and dead, who struggled here, have consecrated it, far above our poor power to add or detract. The world will little note, nor long remember what we say here, but it can never forget what they did here. It is for us the living, rather, to be dedicated here to the unfinished work which they who fought here have thus far so nobly advanced. It is rather for us to be here dedicated to the great task remaining before us — that from these honored dead we take increased devotion to that cause for which they gave the last full measure of devotion — that we here highly resolve that these dead shall not have died in vain — that this nation, under God, shall have a new birth of freedom — and that government of the people, by the people, for the people, shall not perish from the earth.

CHAPTER 3

The
First Inaugural Address

프랭클린 D. 루스벨트

Franklin Delano Roosevelt
1882. 1. 30 ~ 1945. 4. 12

프랭클린 D. 루스벨트

THE FIRST INAUGURAL SPEECH

위기의 순간, 운명의 순간

암울했던 대공황에서 미국이 허우적대던 1933년 3월 4일, 미국은 최악의 위기에 빠진 나라를 이끌어갈 새로운 대통령을 맞이하는 취임식을 거행했다. 지팡이에 의지해 다리를 절며 연단에 오른 남자는 엄숙하게 취임 연설을 시작한다. 그리고 확신에 찬 목소리로 두려움에 떨고 있는 국민들에게 말했다. "우리가 두려워할 것은 두려움 그 자체입니다."

프랭클린 델라노 루스벨트. 미국을 두 차례 역사적 위기에서 구한 사람. 전무후무한 대통령 4선에 성공한 사람. 뉴딜의 아버지. 워싱턴, 링컨과 함께 미국에서 가장 존경받는 대통령 Top3 안에 꼽히는 사람. 위대한 인물인 만큼 위대한 연설도 많이 남겨서 그중 어떤 것을 소개할까 고민이 들게 했던 사람이기도 하다.

1882년 1월 30일 뉴욕주 하이드파크Hyde Park에서 부유한 사업가 집안에서 태어났다. 아버지 제임스 루스벨트James Roosevelt와 어머니 사라 앤 델라노Sarah Ann Delano 모두 부유한 이민자 집안 출신이었는데 아버지는 네덜란드, 어머니는 프랑스에 뿌리를 두고 있었다. 덕분에 그는 15세가 될 때까지 매년 유럽을 방문하였고, 독일어와 프랑스어를 유창하게 구사할 수 있었다. 사격, 폴로, 테니스, 승마, 골프, 요트 등 귀족 스포츠를 어려서부터 즐겼는데, 16세가 되던 해에 요트를 선물 받아 이름을 '뉴 문New Moon'이라 지었다. 학교는 당시 귀족학교라 할 수 있는 고튼스쿨Gorton School에 다녔는데, 같은 학년 21명의 학생 중 2명을 제외한 나머지 학생들과 마찬가지로 하버드 대학에 진학하였다. 정말 금수저도 이런 금수저가 없다.

여기에 더해 하버드 재학시절에는 사촌형이라 할 수 있는 시어도어 루스벨트가 미국 제26대 대통령에 취임했는데, 이때부터 사촌형을 롤모델 삼아 정치에 대한 꿈을 키웠다고 한다. 1903년 하버드를 졸업한 루스벨트는 1904년 컬럼비아 법학전문대학원에 입학해 1907년 뉴욕주 변호사 시험에 합격했다. 대학원생이던 1905년 3월 17일 먼 친척이기도 했던 엘리노어 루스벨트와 결혼하였는데, 이 모든 것을 이루었을 때의 나이가 25세였으니 집안의 도움으로 탄탄대로를 걷기는 했지만, 본인도 상당한 능력이 있긴 했던 것 같다.

공화당 대통령 시어도어와는 달리 프랭클린은 민주당 당적을 유지했는데, 28세가 되던 해인 1910년 뉴욕주의회 상원의원에 출마했다. 출마지역이 1856년 줄곧 공화당을 지지해온 뉴욕이었던 데다, 어린 청년이 겁도 없이 뛰어들자 민주당에서는 그가 루스벨트 가문이라는 이유로 그를 공천해주었다. 그 누구도 기대하지 않았던 선거에서 의외로 시어도어의 지지자들이 프랭클린을 지지했고, 민주당이 선거에서 돌풍을 일으키는 분위기까지 겹치며 프랭클린은 정계에 성공적으로 진출하게 되었다.

뉴욕 상원의원이 된 프랭클린은 바로 권위주의적 정당 운영에 반발하는 소장파의 리더가 되었다. 소장파를 이끌고 74일간의 긴 투쟁을 이어가며 1911년 연방 상원의원 후보로 당 지도부가 밀던 윌리엄 F. 쉬한William F. Sheehan을 낙마시키고, 제임스 A. 오고먼James A. O'Gorman을 합의 추대하는 데 성공했다. 이 사건으로 뉴욕 언론은 만평과 기사 등을 통해 '루스벨트의 재림'이라며 프랭클린을 띄워주었고, 루스벨트는 뉴욕 정가의 라이징 스타가 되었지만, 민주당 주류로부터는 위험인물로 찍히게 되었다.

루스벨트는 승리가 안겨준 인기를 기반으로 저항을 이어갔다. 1912년 민주당 대통령 후보 경선에서는 주류가 밀던 챔프 클라크Champ Clark의 상대 우드로 윌슨Woodrow Wilson을 지원하고 나선 것이다. 윌슨이 경선에서 승리하면서 민주당 후보로 본선에 나가게 되었는데, 상대는 우리나라에서 가쓰라-태프트 밀약[6]으로도 유명한 당시 현직 대통령 윌리엄 하워드 태프트William Howard Taft와 공화

---

6) 가쓰라-태프트 밀약(The Katsura-Taft Agreement). 1905년 7월 29일에 일본의 내각총리대신이자 임시외무대신 가쓰라 다로와 미국의 육군장관 윌리엄 태프트 사이에 맺어진 비밀 협약. 이 협약을 통해 미국은 필리핀, 일본은 대한제국에 대한 지배를 상호 인정하게 되었다. 참고로, 이때 당시 대통령이 시어도어 루스벨트다.

당을 탈당해 제3의 후보로 출마한 사촌형 시어도어 루스벨트였다. 사실상 2:1 구도였기 때문에 윌슨이 선거에서 손쉽게 승리했고, 프랭클린은 윌슨 정권 창출의 일등공신으로 권력의 중심에 한 걸음 더 다가서게 된다. 이 과정에서 시어도어가 아닌 윌슨을 지원한 것 때문에 몇몇 가족 구성원들과 불화를 겪기도 했지만 정작 시어도어는 프랭클린의 선택을 존중했다고 한다.

윌슨 정권이 들어서고 루스벨트는 1913년 해군 차관 Assistant Secretary of Navy에 임명되었는데 1914년 제1차 세계대전이 발발하면서 장교는 아니지만, 전쟁의 지휘 통제 경험을 쌓게 된다. 그는 잠수함의 전술적 활용을 주장하였고, 해군 예비군을 창설하였으며, 해군의 항공 전력 운영을 전폭적으로 지지했다. 1918년 전쟁이 마무리되고, 당 지도부와도 화해한 루스벨트는 민주당에서 실력자까지는 아니지만, 유망주로 부상하게 되었다.

1920년 대선에서는 38세의 젊은 나이에 민주당 후보 제임스 M. 콕스James M. Cox의 러닝메이트로 깜짝 선출되었고, 전국적으로 이름을 알릴 수 있게 되었다. 당에서는 전국적으로 인기 있는 가문의 이름과 윌슨 정부 지지자들의 지원을 노린 것이다. 하지만 당시 월슨 정부의 대중적 인기가 워낙 떨어졌기에 공화당 워런 G. 하딩Warren G. Harding에 대패하였고, 루스벨트는 뉴욕에 돌아와 변호사업에 전념하게 된다.

변호사의 삶을 시작한 지 얼마 되지 않은 1921년 8월, 그는 인생의 큰 시련 중 하나를 맞이하게 된다. 소아마비에 걸린 것이다. 이로 인해 하반신을 사용할 수 없게 되었고, 그는 생업과 관련된 일이 아니고서는 사람을 만나는 것을 꺼릴 정도로 우울감에 빠졌다. 정치와 담을 쌓은 것은 물론, 자신이 하반신 마비에 걸렸다는 사실 자체도 받아들이지 않으려 했다. 다시 걸을 수 있고, 다시 걸어야만 한다는 의지 때문에 사람들의 눈을 피해 재활에 힘썼는데, 피나는 노력 끝에 지팡이에 의지해 다리를 절면서 아주 짧은 거리를 걸을 수 있을 정도까지는 회복했다. 이것을 회복이라고 볼 수 있는지는 모르겠으나 이 정도 상태까지 만들어낸 것은 루스벨트의 초인적인 노력이 있었기에 가능했으리라 짐작해볼 수 있다. 루스벨트는 평생을 자신이 하반신 마비라는 사실을 숨기고 싶어 했기에 공식 석상이나 사람들 앞에 나설 때 휠체어에 앉아 있는 모습을 보이지 않으려 최대한 노력했고, 이 때문에 루스벨트가 휠체어에 앉아있는 사진도 몇 개 남아있지 않을 정도다. 그의 의지가 얼마나 대단한지 알 수 있는 대목이다.

어느 정도 걸을 수 있는 상태가 되자 루스벨트는 정계에 복귀했다. 1928년 뉴욕주지사 선거에 출마해 당선되었고, 복지의 확대와 정부 주도의 사회간접자본 확대에 힘을 썼다. 노령 임금과 실업보험을 도입하였고, 구제기구를 창설하기도 하였다. 그러던 1929년 10월 29일 검은 화요일Black Tuesday 을 기점으로 시작된 대공황으로 경제가 얼어붙자, 연방 구제예산을 확보하여 복지에 쏟아부음으로써 경제회복을 꾀했는데 이것이 큰 성공을 거두었다. 엄청난 예산을 쏟아부었음에도 전임 주지사가 남겨놓은 1,500만 불의 재정적자를 퇴임 때 9,000만 불의 흑자로 돌려놓았으니 이것이 정말 먹히는 정책이라는 확신을 하게 되었다. 정부가 시장에 개입해 주도적인 역할을 수행하고, 이를 통해 큰 성과를 냈다는 것은 당시로서는 파격적인 시도였다. 그리고 이러한 성과는 그의 트레이드마크, 뉴딜New Deal 정책의 시초가 된다.

뉴욕에서의 성공으로 루스벨트는 대공황에서 미국을 구제해 줄 수 있는 희망으로 급부상하며 1932년 민주당 대통령 후보로 선출된다. 대통령 후보를 추대하는 전당대회에 후보자가 참석하지 않는다는 관행을 깨고 직접 시카고까지 날아가 수락 연설을 하였는데, 불편한 몸을 이끌고 당원들을 직접 만나겠다는 자신의 의지를 보여준 것이다. 민주당과 루스벨트는 북부의 흑인들과 노조, 유대인을 비롯한 미국 이민자들, 그리고 기존 지지층이던 남부의 백인들을 규합하여 뉴딜연대New Deal Coalition를 결성해 재선을 노리던 공화당 허버트 후버Herbert Hoover 대통령에 맞서 6개 주를 제외한 모든 주에서 승리하며 손쉽게 정권교체에 성공했다.

루스벨트는 승리를 만끽할 여유가 없었다. 루스벨트가 취임과 동시에 이끌어야 하는 미국은 처참한 수준으로 망가져 있었다. 물가가 60%까지 폭락하면서 농민들은 시름에 빠졌고, 실업률은 3%에서 25%까지 치솟았다. 미국 제조업 생산은 1/3 수준으로 급감했고, 200만여 명이 집을 잃고 거리에 앉았으며, 48개 주의 주립은행 중 32개가 문을 닫았다. 국민들은 비참함과 두려움에 신음하고 있었고, 정부는 해법을 제시하기는커녕 무기력했다.

당선과 함께 루스벨트에게 부여된 임무는 자명했다.

대공황의 수렁에 빠진 미국을 구하는 것. 역대 경험해보지 못한 공황에 빠진 미국인들이 마지막으로 기댈 수 있는 곳은 정부밖에 남아있지 않았음을 그는 너무나도 잘 알고 있었다. 그리고 시민들의 공포가 정부에 대한 불신으로 이어진다면 이 위기를 극복할 수 없다는 것도 알고 있었다. 그래서 그는 미국인들이 가장 두려워해야 하는 것은 두려움 그 자체라는 것을 취임 연설을 통해 알리며 국민들을 안심시키는 것으로 자신의 임기를 시작한 것이다.

연설을 통해 루스벨트는 국민들이 갖는 문제 인식을 정확하게 짚어냈다. 기업과 은행이 무너지고, 국제시장도 얼어붙어 물건을 만들어도 팔 수 있는 시장이 존재하지 않는다는 것을 꼬집은 루스벨트는 더 심각한 문제로 국민들이 성취감을 거세당해 희망을 찾을 수 없는 것이라 이야기했다. 일자리라는 것이 인간에게 있어서 생계나 수익 창출 이상의 의미를 갖는 것이라는 사실과 시장은 숫자로 움직이는 것 같지만 실상은 구성원의 심리에 의해 결정된다는 것을 루스벨트는 알고 있었던 것이다.

루스벨트는 단순히 국민의 마음을 달래주는 것에 그치지 않고 자신이 수행할 과업과 실천 방법에 관해 이야기했다. 루스벨트가 약속한 과업은 크게 세 가지로 나눌 수 있다. 첫 번째는 '구제', 둘째는 '회복', 셋째는 '개혁'. 우선 수백만 실업자에게 일자리를 갖게 해줌으로써 구제하고 공적 사업 등을 통해 경제를 회복시키면서 애초에 공황의 근본적 원인을 제공한 금융 시스템의 개혁을 약속한 것이다. 그리고 이를 실천할 방법으로 전시 수준의 강력한 행정 권력 행사를 약속했다. 이런 구체적 약속과 실천 방안은 그 어느 때보다 국가를 필요로 하는 국민에게 절대적인 지지를 얻기에 충분했다.

하지만 미국 국민들은 말보다 신속한 행동을 필요로 했고, 다행히 루스벨트는 준비된 대통령이었다. 취임 다음 날인 1933년 3월 9일부터 은행의 추가적 파산을 막기 위해 의회가 긴급 법안을 통과시킬 때까지 4일간 전국의 모든 은행을 강제 휴업시켰고, 취임 100일 만에 76개의 법안을 만들어 통과시키는 전무후무한 기록을 달성했다. 은행들이 다시 영업을 재개한 3월 15일, 증시는 15% 상승했고 은행의 예금액은 인출액을 넘어서며 금융 패닉은 종료되었다. 연방정부가 주도로 하는 인프라 구축사업을 통해 실업률을 떨어뜨렸고, 사회보장제도를 통해 국민들에게 안전망을 제공했다. 이 밖에도 환경 보전이나 지역 발전 등 다양한 정책들을 펼쳐나갔다.

이 모든 것이 가능했던 이유는 국민들이 전폭적으로 국가에 신뢰를 보내주었고, 루스벨트가 그러한 신뢰에 보답할 준비가 되어있었기 때문이다. 이러한 신뢰를 기반으로 루스벨트는 대공황뿐 아니라 제2차 세계대전까지도 국민과 함께 극복해나갔다. 워싱턴이 미국이라는 나라와 민주주의의 탄생을 이끌었다면 프랭클린은 미국을 오늘날의 세계 최강국으로 탄생시킨 리더라고 할 수 있다.

미국 역사상 가장 위대한 대통령 중 하나로 꼽히는 프랭클린에 대한 비판도 없지 않다. 국가적 위기를 명분 삼아 행정부의 권력을 지나치게 확대했고, 워싱턴이 몸소 실천하며 정립한 3선 금지의 관행을 스스로 깨뜨리고 4선까지 했다. 네 번째 임기 중 사망했으니 사실상 종신 대통령이었던 셈이다. 유럽에서 자행된 유대인 학살에 소극적이었던 점, 스탈린과 친하게 지냈다는 점, 미국 서부의 일본계 미국인들을 아무런 근거 없이 강제 수용한 점 등은 그가 인류애의 측면에 있어서는 부족한 사람이었음을 말해준다. 그 때문에 그를 비판적으로 바라보는 사람들은 그에게 민주주의의 탈을 쓴 독재자라 여기기도 한다.

하지만 국가의 명운이 달린 비상사태에서 전쟁을 수행하는 행정부에 권력이 집중되는 현상은 어쩔 수 없는 측면도 있다. 흔히 파시스트나 독재자들은 이를 악용해 국민의 자유를 억압하는데, 이들은 공포를 조장하고 그 공포를 무기로 통치한다. '우리가 두려워할 것은 두려움 그 자체입니다'라고 말하며 임기를 시작한 루스벨트가 그런 리더였다고 하기는 어렵다. 위대한 리더는 위기에 대처하는 태도에서 결정된다. 동시대의 국가 경제 위기에 히틀러와 루스벨트가 어떻게 대응했는지 차이를 보면 태도가 얼마나 많은 것을 결정하는지 알 수 있다.

한 가지 눈에 띄는 지점은 루스벨트의 뉴딜에 포함된 정책 중 상당수가 그의 두 번째 임기에 연방대법원에 의해 위헌으로 판결이 내려져 무효화 되었다는 점이다. 국민의 투표를 통해 행정부와 입법부가 압도적인 권력을 획득했음에도 불구하고 사법부가 이를 견제할 수 있을 정도로 미국의 삼권분립 시스템은 견고했던 것이다. 대공황과 세계대전을 거치면서도 미국이 독재에 빠지지 않고 민주공화국으로 존속할 수 있었던 것은 그만큼 시스템이 탄탄했기 때문이라 볼 수 있다.

대한민국은 어떻게 보면 위기가 아니었던 때가 없을 정도로 역동적인 나라다. 루스벨트의 삶과 연설을 돌아보면서 우리 손으로 뽑는 정치가들은 어떤 사람들이어야 하는지 생각해볼 수 있었으면 한다. 그가 시대정신을 어떻게 인지하고 있는지, 문제에 대한 해결책을 가졌는지, 이를 실행할 준비는 되어 있는지, 시민의 고통에 대한 공감 능력을 갖추고 있는지, 민주주의를 대하는 태도는 어떠한지 등등. 동시에 우리 사회가 제대로 된 시스템하에서 작동되고 있는지도 돌아봐야 할 것이다. 시민의 책임을 다하는 것은 단순히 투표장에 가서 한 표 행사하는 것에 그치지 않고 투표장을 향하기 전에 이러한 고민을 진지하게 해보는 것이 아닐까 생각해본다.

FIRST INAUGURAL SPEECH

연설

국민 여러분께서는 제가 대통령 취임식을 빌어 현재 우리나라가 직면한 상황에 대해 솔직함과 대안을 가지고 이야기해주기를 기대할 거라 확신합니다. 지금이야말로 명백히 총체적 진실을 솔직하고 대담하게 이야기해야 할 때입니다. 오늘날 우리나라가 처한 상황을 진실하게 마주하는 것에 소극적이어서도 안 됩니다. 이 위대한 나라의 국민은 그동안 견뎌왔듯이 견뎌낼 것이고, 회복할 것이고, 번성할 것입니다. 그러므로 우선 저의 확고한 신념을 말씀드리고자 합니다. 우리가 두려워할 것은 두려움 그 자체입니다. 형언할 수도 없고, 터무니없고, 정당화할 수도 없는 공포는, 퇴보를 전진으로 전환하는 데 필요한 노력을 마비시킵니다. 우리나라 역사에 어둠이 드리울 때마다 솔직하고 강력한 리더십이 승리에 필수적인 국민의 이해와 지지를 만났습니다. 저는 여러분이 요즘처럼 중요한 시기에 그러한 지지를 지도부에 보내주실 것이라 확신합니다.

I am certain that my fellow Americans expect that on my induction into the Presidency I will address them with a candor and a decision which the present situation of our Nation impels. This is preeminently the time to speak the truth, the whole truth, frankly and boldly. Nor need we shrink from honestly facing conditions in our country today. This great Nation will endure as it has endured, will revive and will prosper. So, first of all, let me assert my firm belief that the only thing we have to fear is fear itself--nameless, unreasoning, unjustified terror which paralyzes needed efforts to convert retreat into advance. In every dark hour of our national life a leadership of frankness and vigor has met with that understanding and support of the people themselves which is essential to victory. I am convinced that you will again give that support to leadership in these critical days.

저와 여러분은 공통의 어려움을 마주하고 있습니다.

이는 다행히도 물질적인 것과 관련되어 있습니다. 물가는 믿을 수 없을 정도로 떨어졌습니다. 세금은 올랐습니다. 우리의 지급 능력은 떨어졌습니다. 정부 조직 모두가 세입 감소에 직면하고 있습니다. 상업 거래에서는 돈이 돌고 있지 않습니다. 산업체가 말라죽은 나뭇잎처럼 여기저기 흩어졌습니다. 농민들은 작물을 팔 시장을 찾지 못합니다. 수많은 가정이 다년간 저축해온 돈을 잃었습니다.

In such a spirit on my part and on yours we face our common difficulties. They concern, thank God, only material things. Values have shrunken to fantastic levels; taxes have risen; our ability to pay has fallen; government of all kinds is faced by serious curtailment of income; the means of exchange are frozen in the currents of trade; the withered leaves of industrial enterprise lie on every side; farmers find no markets for their produce; the savings of many years in thousands of families are gone.

더 중요한 것은 다수의 실업자가 냉혹한 생존의 문제에 직면해 있으며, 그만큼 많은 이들이 턱없이 적은 임금에 신음하고 있습니다. 어리석은 낙천주의자만이 작금의

암담한 현실을 부정할 수 있을 것입니다.

More important, a host of unemployed citizens face the grim problem of existence, and an equally great number toil with little return. Only a foolish optimist can deny the dark realities of the moment.

하지만 우리의 고통은 본질적인 실패에서 온 것이 아닙니다. 우리가 무슨 메뚜기 떼 같은 재난에 당한 것이 아닙니다. 우리 선조들이 신념을 갖고 두려움을 잊었기에 극복할 수 있었던 위기와 비교하면, 우리는 감사해야 할 것이 많습니다. 자연은 아직도 그 풍요로움을 제공하고 있고 인간의 노력은 풍요로움을 늘리고 있습니다. 그 풍요로움이 우리 문턱에 있음에도 공급이 이루어지지 못해 이를 제대로 활용하지 못하고 있을 뿐입니다. 이는 인류의 재화 거래를 지배하는 자들이 자신의 고집과 무능으로 인해 실패했고, 이를 시인하며 물러나 버렸기 때문입니다. 부도덕한 금융업자들의 소행은 여론의 심판대에 올랐고, 사람들의 머리와 가슴으로부터 지지를 잃었습니다.

Yet our distress comes from no failure of substance.

We are stricken by no plague of locusts. Compared with the perils which our forefathers conquered because they believed and were not afraid, we have still much to be thankful for. Nature still offers her bounty and human efforts have multiplied it. Plenty is at our doorstep, but a generous use of it languishes in the very sight of the supply. Primarily this is because the rulers of the exchange of mankind's goods have failed, through their own stubbornness and their own incompetence, have admitted their failure, and abdicated. Practices of the unscrupulous money changers stand indicted in the court of public opinion, rejected by the hearts and minds of men.

물론 그들도 노력은 했습니다만, 그 노력은 낡은 전통의 방식에 따른 것이었습니다. 신용불량의 순간에 그들은 사람들에게 더 많은 돈의 대출을 제안했습니다. 그들의 잘못된 리더십을 따르도록 유도한 이윤의 유혹이 사라지자 그들은 눈물로 자신감의 회복을 간곡히 호소하는 방식을 취했습니다. 그들은 이기주의자들 세대의 규칙만을 알 뿐입니다. 그들에게는 비전이 없고, 비전이 없을 때 인간은 소멸합니다.

True they have tried, but their efforts have been cast in the pattern of an outworn tradition. Faced by failure of credit they have proposed only the lending of more money. Stripped of the lure of profit by which to induce our people to follow their false leadership, they have resorted to exhortations, pleading tearfully for restored confidence. They know only the rules of a generation of self-seekers. They have no vision, and when there is no vision the people perish.

금융업자들은 우리 문명 전당의 높은 자리에서 도망쳐 나왔습니다. 이제 우리는 이 전당을 예로부터 내려오는 진리로 복원할 수 있습니다. 회복의 정도는 우리가 얼마나 금전적 이익보다 숭고한 사회적 가치를 더 적용할 수 있는가에 달려있습니다.

The money changers have fled from their high seats in the temple of our civilization. We may now restore that temple to the ancient truths. The measure of the restoration lies in the extent to which we apply social values more noble than mere monetary profit.

행복은 돈의 소유에만 달린 것이 아닙니다. 성취의 즐거움, 창조적 노력의 전율에 달려있습니다. 덧없는 이윤 추구의 광기가 노동이 가져다주는 기쁨과 정서적 자극을 잊게 해서는 안 됩니다. 이 암흑의 시대가 우리의 참된 운명이 보살핌을 받는 것이 아니라 우리 자신과 동포들을 보살피는 것이라는 것을 가르쳐준다면 암흑의 시대는 충분히 그만큼의 가치가 있다고 하겠습니다.

Happiness lies not in the mere possession of money; it lies in the joy of achievement, in the thrill of creative effort. The joy and moral stimulation of work no longer must be forgotten in the mad chase of evanescent profits. These dark days will be worth all they cost us if they teach us that our true destiny is not to be ministered unto but to minister to ourselves and to our fellow men.

물질적 부가 잘못된 성공의 기준이라는 점을 인지한다면, 공직이나 높은 정치적 지위 역시 그 지위가 수반하는 명예와 개인의 이익을 기준으로 가치가 매겨진다는 그릇된 믿음을 버려야 합니다. 무정하고 이기적인 부정행위로 국민의 신성한 신탁을 짓밟아온 은행과 기업들의 행태도 근절되어야 합니다. 신뢰는 정직함과 명예, 의무의 신성함, 충실한 보호, 사심 없는 행위에 의해서만 번창하고, 그것들 없이는 존속할 수 없기에 신뢰가 사라져가고 있다 하더라도 놀랄 것 없습니다.

Recognition of the falsity of material wealth as the standard of success goes hand in hand with the abandonment of the false belief that public office and high political position are to be valued only by the standards of pride of place and personal profit; and there must be an end to a conduct in banking and in business which too often has given to a sacred trust the likeness of callous and selfish wrongdoing. Small wonder that confidence languishes, for it thrives only on honesty, on honor, on the sacredness of obligations, on faithful protection, on unselfish performance; without them it cannot live.

하지만 부흥은 윤리적인 변화만을 요구하는 것이 아닙니다. 이 나라는 즉각적인 행동을 필요로 합니다.

Restoration calls, however, not for changes in ethics

alone. This Nation asks for action, and action now.

우리의 최우선적 과제는 사람들을 일터에 보내는 것입니다. 이는 우리가 지혜롭고 용기 있게 대처하면 해결할 수 있습니다. 이 과제를 전시와 같은 비상사태로 정부가 직접 채용을 진행하는 것으로 부분적인 달성이 가능하고, 동시에 이러한 채용을 통해 우리 천연자원의 활용을 촉진하고 재편성하는 대단히 긴요한 과제들을 성취할 수 있게 될 것입니다.

Our greatest primary task is to put people to work. This is no unsolvable problem if we face it wisely and courageously. It can be accomplished in part by direct recruiting by the Government itself, treating the task as we would treat the emergency of a war, but at the same time, through this employment, accomplishing greatly needed projects to stimulate and reorganize the use of our natural resources.

이와 동시에 공업지역에 인구가 과포화되었음을 솔직히 인정하고 국토 전체에 인구를 재분배해 토지 이용에 가장 적합한 이들이 토지를 가장 잘 이용할 수 있도록 해주어야 합니다. 이러한 과업은 농산물의 가격을 도시 생산물을 구매할 수 있는 수준으로 높이는 노력으로 도움을 줄 수 있습니다. 우리의 작은 집과 농장들이 압류당하며 커지는 손해의 비극을 현실적으로 막는 것으로 도움을 줄 수 있습니다. 연방정부와 주정부, 지방정부의 상당한 경비 절감에 대한 요구에 즉각적으로 대응하는 것으로 도움을 줄 수 있습니다. 현재의 구호 활동이 종종 분산되고, 비경제적이고, 불평등하게 이루어지는데, 이를 통합함으로써 도움을 줄 수 있습니다. 공적인 성격을 분명히 가진 모든 형태의 교통, 통신 및 기타 공익사업에 대한 국가적 기획과 감독을 통해 도움을 줄 수 있습니다. 도움을 줄 방법은 다양하지만, 말만으로는 도울 수 없습니다. 우리는 행동해야 하고, 행동은 신속해야 합니다.

Hand in hand with this we must frankly recognize the overbalance of population in our industrial centers and, by engaging on a national scale in a redistribution, endeavor to provide a better use of the land for those best fitted for the land. The task can be helped by definite efforts to raise the values of agricultural products and with this the power to purchase the output of our cities. It can be helped by preventing realistically the tragedy of the growing loss through foreclosure of our small homes and our farms. It can be helped by insistence that the Federal, State, and local governments act forthwith on the demand that their cost be drastically reduced. It can be helped by the unifying of relief activities which today are often scattered, uneconomical, and unequal. It can be helped by national planning for and supervision of all forms of transportation and of communications and other utilities which have a definitely public character. There are many ways in which it can be helped, but it can never be helped merely by talking about it. We must act and act quickly.

끝으로, 사람들을 다시 일터로 보내도록 함에 있어 기존의 낡은 질서의 폐해가 반복되지 않도록 두 가지 안전장치가 필요합니다. 모든 은행업과 금융, 투자에 대한 엄격한 감시가 이루어져야 합니다. 다른 사람들의 돈으로 이루어지는 투기를 종식시키고 적절하고 건전하게 유동성을 공급해야 합니다.

Finally, in our progress toward a resumption of work we require two safeguards against a return of the evils of the old order; there must be a strict supervision of all banking and credits and investments; there must be an end to speculation with other people's money, and there must be provision for an adequate but sound currency.

이것들이 우리가 구축해야 할 전선입니다. 저는 의회가 특별회기를 통해 이를 달성하기 위한 상세한 조치가 이루어질 수 있도록 하고, 각 주에서 즉각적인 지원이 이루어질 수 있도록 요청하겠습니다.

There are the lines of attack. I shall presently urge upon a new Congress in special session detailed measures for their fulfillment, and I shall seek the immediate assistance of the several States.

이 프로그램에 의한 행동을 통해 우리는 재정의 균형을 맞추기 위한 국내 질서를 회복에 나서야 합니다. 우리의 국제무역 관계도 대단히 중요하지만, 우리가 건강한 국가 경제를 수립하는 것이 최우선인 시기에 있습니다.

저는 우선적인 것부터 해결하는 실용적인 정책을 추구합니다. 저는 국제결제를 재조정해 국제무역을 회복하는 데 최선의 노력을 할 것이지만, 국내의 위급상황은 그러한 목표 달성까지 미루어둘 수 있는 성격이 아닙니다.

Through this program of action we address ourselves to putting our own national house in order and making income balance outgo. Our international trade relations, though vastly important, are in point of time and necessity secondary to the establishment of a sound national economy. I favor as a practical policy the putting of first things first. I shall spare no effort to restore world trade by international economic readjustment, but the emergency at home cannot wait on that accomplishment.

이런 특별한 조치를 통해 국가적 회복을 도모하는 기본적인 사상은 편협하게 국가주의적이지 않습니다. 이는 미국의 전 분야의 다양한 요소들과 상호의존적 관계에 있다는 것을 기반으로 최우선적 고려를 함을 강조하는 것입니다. 미국의 개척자 정신이라는 오래되고 항구적인 중요한 발현을 인식하는 것입니다. 그것이야말로 회복으로 가는 길이며, 가장 신속한 길입니다. 회복의 지속될 수 있도록 가장 강력하게 보장하는 것입니다.

The basic thought that guides these specific means of national recovery is not narrowly nationalistic. It is the insistence, as a first consideration, upon the interdependence of the various elements in all parts of the United States--a recognition of the old and permanently important manifestation of the American spirit of the pioneer. It is the way to recovery. It is the immediate way. It is the strongest assurance that the recovery will endure.

국제정책에 있어서 저는 우리나라가 스스로에 대한 확고한 존중을 기반으로 이웃의 권리도 존중하는 좋은 이웃이 되도록 하는 정책을 펼칠 것입니다. 우리는 세계의 이웃들과의 신성한 합의를 존중하고 자신의 의무를 중시하는 이웃이 될 것입니다.

In the field of world policy I would dedicate this Nation to the policy of the good neighbor--the neighbor who resolutely respects himself and, because he does so,

respects the rights of others-- the neighbor who respects
his obligations and respects the sanctity of his agreements
in and with a world of neighbors.

우리 국민의 정서를 제가 이해한 바로는 우리는 과거
에 인지하지 못했던 우리 상호의존성을, 우리가 주지 않
고 받기만 할 수 없다는 것을, 우리가 공공선을 위해 기꺼
이 희생을 각오하는 잘 훈련되고 충실한 군대처럼 움직여
야 한다는 것을 이제 깨달았습니다. 이러한 규율 없이는
그 어떤 리더십도 효과적일 수 없고, 한 발짝도 나아갈 수
없기 때문입니다. 우리는 더 큰 공공선을 목표로 하는 리
더십을 발현시키기 위해 우리의 삶과 재산을 기꺼이 바칠
각오가 되어있다는 것을 알고 있습니다. 더 큰 목표를 갖
겠다는 맹세를 통해 우리가 전시에만 환기되는 의무의 연
대 의식을 갖고 신성한 의무로 우리를 하나로 묶을 수 있
다고 저는 여러분께 제안합니다.

If I read the temper of our people correctly, we
now realize as we have never realized before our
interdependence on each other; that we can not merely
take but we must give as well; that if we are to go

forward, we must move as a trained and loyal army willing to sacrifice for the good of a common discipline, because without such discipline no progress is made, no leadership becomes effective. We are, I know, ready and willing to submit our lives and property to such discipline, because it makes possible a leadership which aims at a larger good. This I propose to offer, pledging that the larger purposes will bind upon us all as a sacred obligation with a unity of duty hitherto evoked only in time of armed strife.

이러한 맹세를 통해 저는 우리 위대한 국민들과 함께 우리 공동의 문제들에 대한 일사불란한 대응을 주저함 없이 이끌 것입니다.

With this pledge taken, I assume unhesitatingly the leadership of this great army of our people dedicated to a disciplined attack upon our common problems.

이러한 구상과 목적을 위한 행동은 우리 선조들에게 물려받은 정부의 형태로 실현 가능합니다. 우리 헌법은 본질적인 형태의 변경 없이도 강조점과 해석방식의 변경을 통해서 특수한 상황의 요구에 항상 대응할 수 있을 정도로 단순하고 실용적입니다. 우리 헌법이 현대 세계가 낳은 정치 기구 중 가장 훌륭하게 영속하고 있음을 스스로 입증해온 이유입니다. 그것은 우리의 영토, 외국의 전쟁, 국내 갈등, 국제관계가 확장되는 가운데에서 만들어내는 모든 압박을 이겨낼 수 있었습니다.

Action in this image and to this end is feasible under the form of government which we have inherited from our ancestors. Our Constitution is so simple and practical that it is possible always to meet extraordinary needs by changes in emphasis and arrangement without loss of essential form. That is why our constitutional system has proved itself the most superbly enduring political mechanism the modern world has produced. It has met every stress of vast expansion of territory, of foreign wars, of bitter internal strife, of world relations.

역대 우리에게 없었던 과업을 달성함 있어 행정부와 입법부의 정상적인 균형을 유지한다는 것이 충분할 것이라 희망합니다. 하지만 전례 없는 수요와 지체 없는 행동은 공적인 절차에 있어 정상적인 균형 관계로부터 일시적 이탈을 필요로 합니다.

It is to be hoped that the normal balance of executive and legislative authority may be wholly adequate to meet the unprecedented task before us. But it may be that an unprecedented demand and need for undelayed action may call for temporary departure from that normal balance of public procedure.

저는 헌법이 정한 의무에 따라 충격받은 세계에서 피해를 입은 국민들이 필요로 하는 조치를 권고할 준비가 되어 있습니다. 이러한 조치들 혹은 의회의 경험과 지혜로 만들어낸 다른 조치들은 저의 헌법적 권한 내에서 신속하게 적용할 수 있도록 할 것입니다.

I am prepared under my constitutional duty to recommend the measures that a stricken nation in the midst of a stricken world may require. These measures, or such other measures as the Congress may build out of its experience and wisdom, I shall seek, within my constitutional authority, to bring to speedy adoption.

그러나 국가 비상사태가 여전히 중대한 상황에서 의회가 이 두 개의 방도 중 하나를 채택하지 않을 경우, 제가 당면하게 될 명백한 책무를 회피하지 않을 것입니다. 저는 의회에 이 위기에 대처할 수 있는 유일한 수단을 요구할 것입니다. 해외의 적으로부터 침략당했을 경우에 저에게 부여되는 권한과 동등한 수준으로 확장된 행정 권력을 통해 비상사태에 대응하는 것입니다.

But in the event that the Congress shall fail to take one of these two courses, and in the event that the national emergency is still critical, I shall not evade the clear course of duty that will then confront me. I shall ask the Congress for the one remaining instrument to meet the crisis--broad Executive power to wage a war against the emergency, as great as the power that would be given to me if we were in fact invaded by a foreign foe.

제게 주어진 신뢰에 대해 저는 시의적절한 용기와 헌신으로 보답할 것입니다. 부족함은 있을 수 없습니다.

For the trust reposed in me I will return the courage and the devotion that befit the time. I can do no less.

우리는 국가적으로 단결할 수 있는 따뜻한 용기를 갖고 헤쳐 나가야 할 고통의 시간을 맞이하고 있습니다. 오래되고 소중한 도덕적 가치를 추구한다는 분명한 생각이 필요합니다. 노소를 불문하고 의무를 다했을 때 돌아오는 분명한 만족감을 추구해야 합니다. 우리는 완전하고 항구적인 국민 생활을 보장하는 데 있습니다.

We face the arduous days that lie before us in the warm courage of the national unity; with the clear consciousness of seeking old and precious moral values; with the clean satisfaction that comes from the stem performance of duty by old and young alike. We aim at the assurance of a rounded and permanent national life.

우리는 본질적 민주주의의 미래를 의심하지 않습니다. 미국 국민들은 실패하지 않았습니다. 그들의 필요에 따라 직접적이고 강력한 행동을 취할 권능을 위임한 것입니다. 그들은 규율과 방향을 제시할 지도력을 요청합니다. 그들은 자신들의 소원을 실현할 인물로 세웠습니다. 저는 이를 선물로써 기꺼이 받아들입니다.

We do not distrust the future of essential democracy. The people of the United States have not failed. In their need they have registered a mandate that they want direct, vigorous action. They have asked for discipline and direction under leadership. They have made me the present instrument of their wishes. In the spirit of the gift I take it.

이와 같은 거국적 헌신을 서약함에 있어 신의 축복을 겸허하게 기원하는 바입니다. 우리 한 사람 한 사람 모두를 보호해주시기를, 다가오는 날들 속에서 저를 인도하시기를 기원합니다.

In this dedication of a Nation we humbly ask the blessing of God. May He protect each and every one of us. May He guide me in the days to come.

CHAPTER 4

We Shall Fight On The Beaches

원스턴 처칠

Winston Leonard Spencer Churchill

1874. 11. 30 ~ 1965. 1. 24

윈스턴 처칠, 의회 연설
WE SHALL FIGHT ON THE BEACHES

모두가 희망을 잃었을 때, 끝까지 싸워 승리할 것을 약속하다

1940년 6월 4일, 영국 의회. 제2차 세계대전의 소용돌이에 빠진 유럽대륙에서 나치독일의 매서운 공격에 벨기에가 함락되고 영국군마저 회복하기 힘든 처참한 패배를 맞이했다. 영국 본토마저 위험해진 풍전등화의 상황. 공황에 빠진 영국 국민들에게 연단에 오른 남성은 처참한 상황을 설명하면서도 확신에 찬 목소리로 말한다. "우리는 해변에서 싸울 것입니다. 우리는 착륙장에서 싸울 것입니다. 우리는 들판과 거리에서 싸울 것입니다. 우리는 언덕에서 싸울 것입니다. 우리는 절대 항복하지 않을 것입니다."

윈스턴 처칠. 제2차 세계대전에서 영국을 승리로 이끈 수상. 역사상 가장 유명한 영국 정치인. 시가를 애용했던 것으로도 잘 알려져 있고, 노벨문학상을 받은 작가이기도 하다. 우리 역사에서는 얄타회담 등에 등장하는 인물로 교과서에 실려있다.

처칠은 1874년 11월 30일 영국의 명문 귀족 집안의 자제로 태어났다. 초대 말버러 공작인 존 처칠의 직계 9대 손으로 아버지 랜돌프 처칠 경Lord Randolf Churchill은 보수당 의원이자 재무장관을 역임한 유명 정치인이었고, 어머니 제니 처칠Jennie Churchill은 미국의 부유한 사업가의 딸이었다. 부와 명예, 권력 모두를 갖춘 집안의 자제였으나 부모님이 워낙 명망가이다 보니 함께 보낸 시간은 많지 않았고, 이 때문인지 어렸을 때 학업에 관심 없는 사고뭉치였다.

아버지의 권유로 입대를 결심한 처칠은 3수 끝에 샌드허스트 육군사관학교Royal Military Academy, Sandhurst에 진학하게 되었다. 군인이 천성에 맞았는지 그곳에서는 엄격한 규율도 잘 따르고, 리더십도 배우며 졸업 후에는 중위로 임관하게 되었다. 전투 경험을 쌓고 싶었던 그는 어머니의 영향력을 이용해 해외 파병에 나섰다.

　해외 파병은 그에게 전투 경험보다 더 값진 것을 안겨 주었다. 다른 세상에 눈을 뜨게 된 것이다. 그는 쿠바, 미국, 인도, 수단 등을 돌아다니며 견문을 넓혔는데, 이 과정에서 책도 많이 읽고 직접 글도 쓰면서 자신만의 철학을 갈고 닦았다. 정치에도 관심이 많았던 그는 가문의 성향보다는 진보적인 스탠스를 취하게 되었는데, 종교를 '달콤한 마약'에 비유하기도 하고, 자신은 이름만 보수라고 선언하기도 했다. 하지만 그렇다고 그를 진보라 보기도 어려운 것이 진보당에 참여하지 않고 보수당에 뿌리를 두며 정교분리 교육을 지지하면서도 여성 참정권에는 반대하는 정도였다.

　정계를 두드리던 그는 1899년 보수당 의원 후보로 올드햄 지역에 출마하게 되지만 고배를 마셨다. 이후 종군 기자로 제2차 보어전쟁에 참여하는데, 여기서 포로로 잡히지만 2개월 만에 극적으로 탈출에 성공해 전국적으로 이름을 알리게 되었다. 이듬해에는 남아프리카 영국군에 중위로 보어군을 토벌하는 작전에 참여하는데, 여기서 전공을 올리고 전투 경험을 쌓게 되었다. 승리를 거두고 곧

바로 퇴임한 처칠은 다시 정계를 두드리고, 1900년 총선에 출마해 당선되었는데 당시 그의 나이 25살이었다.

화려하게 정계에 입문한 처칠은 보수당의 이단아였다. 집권당인 보수당의 정책에 종종 반대의견을 던졌는데, 대표적으로 그가 반대한 정책들은 보호무역 정책이나, 유대인 이주 반대정책, 육군의 군비증강 정책들이었다. 공화당 지도부는 그에게 지쳐갔고, 그 또한 진보당과 더 가까이 지내기 시작했는데 급기야 1904년 보수당을 탈당해 진보당에 합류했다.

배신의 대가는 성공이었다. 그가 진보당에 합류하고 얼마 지나지 않아 진보당이 정권을 잡게 되는데, 처칠은 식민지를 관할하는 정무차관에 지원하여 직책을 맡게 된 것이다. 그는 남아프리카 지역에서 유럽인들과 원주민들의 갈등을 최소화하고 중국인 계약 하인 제도를 철폐하는 등의 정책을 펼치며 지역의 안정을 꾀했다. 이 공로를 인정받아 33세의 나이에 최연소 상공회의소장에 임명되었고, 내무장관을 거쳐 해군 장관까지 맡게 되었다.

해군 장관 재직시절인 1914년 사라예보의 총성과 함

께 대전쟁The Great War[7]이 터지게 된다. 이때 처칠의 활약상을 살펴보면 그가 해군 장관이라는 사실 자체가 영국에게 비극이었을 정도로 처참했다. 동맹국인 오스만 제국을 자극해 적국인 독일 편으로 전쟁에 참가하도록 유도했으며, 연패를 거듭하다가 어떻게든 만회를 해보겠다고 밀어붙인 갈리폴리 전투에서 영국과 프랑스군 25만 명이 희생되는 참패를 맛보았다. 결국, 해군 장관직에서 해임되어 육군으로 전쟁에 참여하지만, 그곳에서도 중령급의 대우만을 받으며 별다른 역할을 부여받지 못했다.

지휘에는 능력이 없고, 성격도 독단적이라 군에서 더는 수행할 수 있는 역할이 없어지자 전쟁터를 떠나 다른 보직으로 배치받게 되었다. 당시 총리 로이드 조지Lloyd George는 그를 군수 장관에 임명했는데, 전쟁 동안 군수공장의 파업을 저지하고, 역사상 최초의 전차인 MK 시리즈의 개발과 도입을 적극 지지했다. 이 공로로 전쟁 직후인 1919년 1월에는 육군 장관과 공군 장관에 동시에 임명되는데, 전장에서의 경험보다 이렇게 군과 관련된 다양한 역할을 수행한 것이 군 전체에 대한 이해도를 높여주었다.

───

7) 대전쟁(The Great War). 제1차 세계대전을 의미한다.

1918년 독일제국이 패망하고 그 뒤를 이은 바이마르 공화국이 항복을 선언하면서 세계대전이 마무리되고, 승전국들은 독일을 재기 불능한 상태로 만들기 위해 베르사유 조약에 서명케 했다. 주요 골자는 승전국이 독일에 천문학적인 전후 배상금을 부과하는 한편, 독일을 무장해제시키는 내용이었다. 이러한 조치가 영원한 평화를 안겨줄 것이라는 각국 정상들의 생각과는 달리 처칠은 이런 무리한 조치들이 결국 새로운 전쟁으로 이어질 것이라 경고했다. 또한, 레닌이 이끄는 러시아 공산당에 격렬하게 반대하며 러시아 내전에 영국군을 투입해서라도 공산주의를 저지해야 한다고 주장하기도 했다. 하지만 전쟁에 지친 영국 정치권은 정작 전쟁에서 좋은 성적을 내지도 못한 처칠의 의견에 관심을 주지 않았다.

이때부터 처칠의 정치 인생은 계속 내리막을 걷게 되었다. 진보당과도 정치적 입장에서 이견을 나타내며 소외되기 시작했는데, 설상가상으로 진보당도 몰락의 길을 걸으며 노동당에 정국 주도권을 내주고 만다. 처칠은 1924년 결국 보수당에 복귀하게 되었는데, 얼마 가지 않아 정계에서 퇴출당하고 우울증에 빠져 살았다. 설상가상으로 대공황이 찾아와 재산적 피해도 상당했는데, 강연수익으로 돈을 벌어보고자 했으나 뉴욕에서 차에 치여 상처를 입는 등, 그의 인생에 되는 일이 하나도 없었다. 젊어서 잘 나가던 그였지만 이제는 나이도 적지 않았기에 무언가 새로운 이미지로 다시 나서기도 어려운 상황. 그나마 집에서 그림을 그리고 글을 쓰며 극복해나가던 1933년 그의 인생을 뒤바꾸는 사건이 발생했다. 바로 아돌프 히틀러Adolf Hitler가 독일의 국가원수로 집권한 것이다.

그는 즉각 히틀러의 위험을 영국에 알리기 위해 노력했다. 독일의 공군 전력이 영국의 공군 전력을 압도할 것이라고 경고하기도 했고, 독일과는 어떤 협상도 해서는 안 된다고 강하게 주장했다. 하지만 그의 말은 그때까지도 전혀 주목을 받지 못했다. 전술적 능력도 없으면서 전쟁에 미쳐있는 늙은 정치인의 이미지가 강하게 박혀있었기 때문인 것도 있고, 영국 사회는 제1차 세계대전 이후 더 이상 전쟁으로 이어질 수 있는 군사적/외교적 갈등을 피하려는 분위기가 있던 것도 한몫했다.

네빌 체임벌린Neville Chamberlain 영국 총리는 꾸준히 세계를 돌아다니며 국제 정세가 어떻게 돌아가는지 파악한 처칠의 혜안과는 정반대로 무솔리니와 히틀러에게 유화정책을 펼쳤다. 히틀러가 무솔리니와 손잡고 주변국들을 공격할 때도 영국의 네빌 체임벌린Neville Chamberlain 총리는 뮌헨 조약을 통해 체코슬로바키아의 주데텐란트 Sudetenland 지역을 할양하는 등 유화정책으로 해결하고자 했다. 하지만 독일이 체코슬로바키아를 점령하고 폴란드를 압박하자 영국 정계의 분위기도 바뀌기 시작했다.

결국, 처칠이 옳았다는 것이 입증되고 그의 입지는 180도 바뀌었다. 독일이 폴란드를 침공하면서 영국은 독일에 선전포고하게 되었고, 다급해진 영국 정부는 처칠을 찾았다. 해군 장관으로 다시 입각하게 된 처칠은 노르웨이에서의 해상작전을 성공적으로 이끌었지만, 독일의 노르웨이 점령을 막지는 못했다. 계속된 실정으로 인해 영국 의회는 체임벌린 총리의 사임을 요구했고, 야당인 노동당은 처칠이라면 보수당 총리라도 따르겠다고 제안해 처칠은 2년도 안 되어서 야인에서 전시 총리의 자리에 올랐다. 그렇다고 처칠이 의회의 압도적인 지지를 받아서라기보다는 대중적 인기에 어느 정도 타협한 결과로 세워진 것에 가까웠다.

처칠이 총리에 취임한 1940년 5월 10일, 독일군은 네

덜란드, 벨기에, 룩셈부르크와 남부 프랑스에 대한 침공을 개시했다. 처칠은 5월 13일 내각 구성과 관련해 발표한 그 유명한 "피, 땀, 눈물"[8] 연설에서는 이런 군사적 상황을 이야기하지 않았다. 하지만 독일군이 순식간에 벨기에를 점령하고 영국과 프랑스군에 엄청난 타격을 입히며 진군을 거듭했으며 보급과 연락선이 모두 끊긴 영국군은 됭케르크에서 필사적인 탈출을 감행해야 했다. 이러한 소식이 전해지며 영국 사회는 충격과 공포에 휩싸였다.

프랑스도 함락될 상황에서 독일의 다음 목표는 영국 본토가 될 것이 불 보듯 뻔했고, 군이 입은 피해가 막심해 막아낼 수 있을지도 미지수였다. 처칠에게는 국민 앞에 현실을 가감 없이 보고하는 동시에 바닥에 떨어진 국민의 사기를 끌어올려야 할 의무가 있었다. 이를 성공적으로 이루어내지 못한다면 제국의 존립 자체가 위태했다. 정말 역사에 길이 남을 연설로 국민을 단합시키지 않으면 안 되는 상황이었다.

---

8) "피, 땀, 눈물" 연설. 정확히는 '피와 수고, 눈물과 땀(blood, toils, tears, and sweat)'으로 1940년 5월 13일, 처칠이 수상 취임 직후에 영국 하원 의회에서 발표한 첫 연설이다. 어떤 대가를 치르더라도 어떤 공포가 닥쳐와도 반드시 승리하겠다는 처칠의 각오가 담긴 명연설이다.

다행히 처칠은 그 능력이 탁월한 사람이었다. 본 챕터에서 다루는 명연설 "We Shall Fight On The Beaches"는 이러한 맥락에서 발표된 것이다. 사실 처칠은 어려서부터 약간의 언어장애가 있었는데, 특히 's' 발음할 때 혀가 말려들어 가는 듯한 발음을 했다. 하지만 그는 특유의 자신감과 확신을 두고 간결하고 임팩트 있게 연설을 해나갔다. 실제로 처칠은 연설을 마치고 나서도 동료들에게 맨손으로 병을 깨서라도 저들과 끝까지 싸울 것이라며 확신을 심어주었다고 한다. 몇몇 야당 의원들은 눈물을 훔치기도 했다고 한다.

연설을 통해 정치권이 하나 되었고, 이후에 국민이 하나 되었다. 덕분에 영국은 본토에서 벌어진 항공전을 성공적으로 막아낼 수 있었고, 그 승리를 기반으로 제2차 세계대전에서 나치 독일을 물리치고 유럽을 구해낼 수 있었다. 그 때문에 본 연설은 세계사의 운명을 결정지은 명연설 중 하나로 꼽힌다.

처칠에 대해서도 다양한 평가가 존재한다. 결과적으로 영국이 승전국이 되어서 그렇지, 미국이 구제해준 것 아니냐. 전쟁만 아니었으면 무능한 정치인으로 남지 않았겠

느냐. 철저한 제국주의자이자 식민주의자 아니었느냐. 공산주의에 반대한다고 하면서 정작 소련의 독재자 스탈린과 손잡은 위선자 아니냐. 결국, 영국제국은 처칠과 함께 몰락한 것 아니냐 등등의 부정적인 평가를 내리는 사람들도 많다. 다 맞는 말이다. 솔직히 이 글을 쓰는 지금도 그가 정치가로서 추구한 가치가 정확히 무엇인지 잘 모르겠다.

하지만 반대로 이야기해보면 미국이 구제해줄 것을 알고 있었고, 미국과의 관계를 그렇게 형성한 것도 처칠이었다. 평소에 유능해도 전쟁에 쓸모없는 리더도 있을 수 있지만, 처칠은 당대에 가장 필요한 능력을 갖추고 있었고, 그 능력을 발휘한 리더였다. 제국과 식민지를 관할해야 할 책임이 있는 사람에게 제국주의자이자 식민주의자라고 하는 것은 그 사람에게 오늘날의 기준을 적용해 과거에 배임을 해야 했다고 이야기하는 것이다. 공산주의자든 아니든 스탈린과 손잡지 않았으면 전쟁에서 패배했을 가능성이 매우 크며 지구상의 모든 제국 중 전쟁으로 인한 타격이 상대적으로 적었던 미국과 소련 빼고는 어차피 다 몰락했다. 그리고 생존이 가장 중요한 가치인 시절에 그에 딱 맞는 리더가 처칠이었다고 할 수 있다. 따라서 당시의 상황을 고려하지 않고 처칠에 대해서 비판하는 것은 온당치 않다.

그리고 동전의 양면처럼 모든 장점은 단점으로 직결된다. 처칠의 독단적인 성격은 그만큼 큰 자기 확신을 의미했고, 지나치게 무능하면서 자기 확신에 찬 것이 아니라면 전시에 필요한 리더십의 모습이기도 하다. 처칠은 당대의 가장 큰 문제히틀러와 무솔리니의 등장이 가져올 재앙를 예견했고, 올바른 해결책을 제시했으며, 궁극적으로 그것을 해결해낸 사람이다. 그가 만약 자기 확신이 없었다면 여론에 편승해서 자신의 의견을 바꿔가며 올바른 해결책과는 거리가 멀어졌을 것이다.

윈스턴 처칠이라는 정치인에게서 어떤 철학을 배우라고 할 수는 없을 것이다. 그와 그의 연설이 없었다면 세계사의 운명이 바뀌었을 것이라고는 이야기할 수 있다. 결국, 위대한 리더는 시대와 상황이 결정하는 부분이 크고 그는 그 당시에 꼭 필요한 리더였음은 분명하다. 과거든 현재든 리더를 판단하는 기준은 시대적 상황이 되어야 한다. 우리도 우리의 리더들을 평가하면서 정말 저 사람이 우리 시대에 맞는 사람인지를 기준으로 판단할 필요가 있다. 그리고 혜안을 갖추는 것은 결국 우리의 몫이다. 우리는 우리 시대에 맞는 리더들을 세우고 있는가? 시대에 맞지 않는 사람들을 과거의 영광 때문에 억지로 세워주고 있지는 않은가? 나이를 지적하는 것이 아니다. 처칠도 적지 않은 나이에 총리가 되었다. 하지만 시대가 요구하는 리더가 아닌 사람들이 우리 정치를 이끌어가고 있는 것은 아닌가 돌아볼 필요가 있다.

WE SHALL FIGHT ON THE BEACHES

연설

5월 두 번째 주 마지막 날에 프랑스의 스당과 뫼즈의 방어선이 무너진 순간, 벨기에 국왕의 요청에 따라 벨기에에 투입된 영국과 프랑스군을 살릴 수 있는 유일한 방법은 아미앵과 남부로 군사를 빠르게 후퇴시키는 것이었습니다만, 이는 즉각 이루어지지 못했습니다. 프랑스 최고 사령부는 전선을 지킬 수 있고, 북부의 군대가 아직 자신들의 통제하에 있을 거라 기대했습니다. 이러한 퇴군은 20개가 넘는 벨기에군 사단을 초토화시켜 벨기에 전체를 포기하는 것과 같은 결과로 이어질 것이 분명했습니다. 따라서 독일군이 침투를 시작하고 프랑스의 베이강 장군이 가믈랭 장군의 뒤를 이어 프랑스 총통 자리를 맡게 되었을 때, 벨기에의 프랑스군과 영국군은 벨기에의 손을 잡고 솜 지역으로 진군하는 새로운 프랑스군과 합류하기 위해 노력했습니다.

From the moment that the French defences at Sedan
and on the Meuse were broken at the end of the second
week of May, only a rapid retreat to Amiens and the
south could have saved the British and French Armies
who had entered Belgium at the appeal of the Belgian
King, but this strategic fact was not immediately realised.
The French High Command hoped they would be able
to close the gap, and the Armies of the north were under
their orders. Moreover, a retirement of this kind would
have involved almost certainly the destruction of the fine
Belgian Army of over 20 divisions and the abandonment
of the whole of Belgium. Therefore, when the force and
scope of the German penetration were realised and when
a new French Generalissimo, General Weygand, assumed
command in place of General Gamelin, an effort was
made by the French and British Armies in Belgium to
keep on holding the right hand of the Belgians and to
give their own right hand to a newly created French Army
which was to have advanced across the Somme in great

strength to grasp it.

하지만 독일군의 날카롭고 갑작스러운 공격에 프랑스 북부 군의 오른쪽과 후방이 쓸려나갔습니다. 각각 400여 대의 다양한 장갑차로 구성된 여덟 혹은 아홉 개의 기갑 사단은 작은 소부대로 쪼개져 작전 수행이 가능하도록 주도면밀하게 구성이 되어 있으며 우리 군과 프랑스군의 모든 연락망을 끊어버렸습니다. 아미앵에서 아베빌을 거쳐 불로뉴와 칼레의 해안을 따라 됭케르크까지 이어지는 우리의 식량과 탄약 보급선이 끊긴 것입니다. 장갑차와 기계화 무기의 공습 뒤에는 보병사단을 태운 수송 차량이 이어졌으며, 그 뒤는 일반 독일 육군과 국민들이 서서히 짐승 떼와 같이 터벅터벅 걸어오고 있었습니다. 자신들이 한 번도 경험해보지 못한 자유와 안락의 땅을 짓밟을 준비가 된 채로 말이지요.

However, the German eruption swept like a sharp scythe around the right and rear of the Armies of the north. Eight or nine armoured divisions, each of about 400 armoured vehicles of different kinds, but carefully assorted to be complementary and divisible into small self-contained units, cut off all communications between us and the main French Armies. It severed our own communications for food and ammunition, which ran first to Amiens and afterwards through Abbeville, and it shore its way up the coast to Boulogne and Calais, and almost to Dunkirk. Behind this armoured and mechanised onslaught came a number of German divisions in lorries, and behind them again there plodded comparatively slowly the dull brute mass of the ordinary German Army and German people, always so ready to be led to the trampling down in other lands of liberties and comforts which they have never known in their own.

날카로운 기갑부대의 포화가 됭케르크 지역까지 다다랐다고 말씀드렸습니다만 아직 도달한 것은 아닙니다. 불로뉴와 칼레가 처절한 격전지였습니다. 우리 군은 불로뉴를 한동안 방어해내다 명령에 따라 후퇴했습니다. 소총여단, 경보병 60연대, 퀸 빅토리아 소총부대, 영국 전차와 1,000명의 프랑스인을 합해 4,000여 명의 군이 칼레를 최후까지 방어했습니다. 영국 여단장은 한 시간 내에 항복하라는 요구를 받았습니다. 그는 제안을 단칼에 거절

했고, 그 뒤 칼레에서 4일간 최후의 격렬한 시가전이 벌어졌습니다. 30여 명의 부상자만이 해군을 통해 구출되었고, 다른 전우들의 운명을 우리는 알지 못합니다. 하지만 그들의 희생은 헛되지 않았습니다. 우리의 원정군을 향하려 했던 기계화 장갑차 사단이 이 전투로 인해 최소 둘 이상 저지당했습니다. 경보병 사단 영광의 역사에 한 획을 그었고, 그들이 벌어준 시간 덕분에 프랑스군은 그하블린느의 수로를 장악할 수 있었습니다.

I have said this armoured scythe-stroke almost reached Dunkirk—almost but not quite. Boulogne and Calais were the scenes of desperate fighting. The Guards defended Boulogne for a while and were then withdrawn by orders from this country. The Rifle Brigade, the 60th Rifles, and the Queen Victoria's Rifles, with a battalion of British tanks and 1,000 Frenchmen, in all about 4,000 strong, defended Calais to the last. The British Brigadier was given an hour to surrender. He spurned the offer, and four days of intense street fighting passed before silence reigned over Calais, which marked the end of a memorable resistance. Only 30 unwounded survivors were brought off by the

Navy and we do not know the fate of their comrades. Their sacrifice, however, was not in vain. At least two armoured divisions, which otherwise would have been turned against the British Expeditionary Force, had to be sent for to overcome them. They have added another page to the glories of the Light Division, and the time gained enabled the Graveline waterlines to be flooded and to be held by the French troops.

이로써 됭케르크항은 계속 열려있을 수 있었습니다. 북부의 군대가 아미앵의 프랑스군 본진과 연락할 방법이 없다는 것을 알게 되었을 때, 남은 선택은 단 하나였습니다. 그것은 고립이었습니다. 벨기에, 영국, 프랑스의 군대가 거의 포위되었습니다. 유일한 퇴로는 하나의 항구와 근처의 해안뿐이었습니다. 그들은 훨씬 많은 수의 전투기를 앞세워 아군을 둘러싸고 전면전을 펼쳤습니다.

Thus it was that the port of Dunkirk was kept open. When it was found impossible for the Armies of the north to reopen their communications to Amiens with the main French Armies, only one choice remained. It seemed, indeed, forlorn. The Belgian, British and French Armies were almost surrounded. Their sole line of retreat was to a single port and to its neighbouring beaches. They were pressed on every side by heavy attacks and far outnumbered in the air.

일주일 전, 의회에 제가 오늘 오후 성명을 발표할 수 있도록 확정 지어 달라고 했을 때, 저는 우리 역사상 최악의 군사적 재앙을 발표하게 될 수도 있다는 두려움에 휩싸였습니다. 저를 포함해 몇몇 전문가들은 2만 명에서 3만 명을 다시 파병해야 하리라 판단했습니다. 하지만 아미앵-아베빌 사이에 있는 프랑스 제1군과 영국 원정군 전부가 사방이 뚫려있는 전장에서 무참히 무너지거나 식량과 탄약 부족으로 적에게 항복해야 할 것이 분명해 보였습니다. 이것이 일주일 전에 우리 의회와 국민 앞에 대비할 것을 요청한 참으로 어렵고 무거운 소식이었습니다. 우리가 전쟁의 후반부에 살을 붙여 키워내고자 했던 영국군의 근간과 척추, 뇌가 전장에서 송두리째 사라지거나 수치와 굶주림의 포로가 될 것처럼 보였습니다.

When a week ago to-day I asked the House to fix

this afternoon as the occasion for a statement, I feared it would be my hard lot to announce the greatest military disaster in our long history. I thought—and some good judges agreed with me—that perhaps 20,000 or 30,000 men might be re-embarked. But it certainly seemed that the whole of the French First Army and the whole of the British Expeditionary Force north of the Amiens-Abbeville gap, would be broken up in the open field or else would have to capitulate for lack of food and ammunition. These were the hard and heavy tidings for which I called upon the House and the nation to prepare themselves a week ago. The whole root and core and brain of the British Army, on which and around which we were to build, and are to build, the great British Armies in the later years of the war, seemed about to perish upon the field or to be led into an ignominious and starving captivity.

이것이 일주일 전까지의 전망입니다. 하지만 우리에게 최후를 맞이하게 할 또 하나의 충격적인 사건이 벌어졌습니다. 벨기에 국왕은 우리에게 지원을 요청했었습니다. 벨기에 국왕과 정부가 지난 전쟁에서 자신들을 절멸로부터 구한 동맹국들과의 관계를 끊지 않았다면, 치명적인 실수로 판명된 중립의 지위를 추구하지 않았더라면 프랑스와 영국의 군대는 벨기에뿐 아니라 폴란드까지도 구할 수 있었습니다. 하지만 벨기에가 이미 침공당하고 난 후에야 레오폴드 국왕은 자신들을 구해달라고 요청했고, 우리는 마지막 순간에도 도움을 제공했습니다. 그와 50만 명에 달하는 용감하고 효율적인 그의 군대는 아군의 왼쪽 측면을 방어해줌으로써 바다로 향하는 우리의 유일한 퇴로를 열어주었습니다. 그런데 레오폴드 국왕은 사전 예고나 협의도 없이 장관들의 조언마저 무시하고 개인적인 판단을 통해 스스로 독일 사령부에 전권대사를 파견해 자신의 군을 항복시켰고, 우리의 모든 측면과 퇴로가 적에게 노출되었습니다.

That was the prospect a week ago. But another blow which might well have proved final was yet to fall upon us. The King of the Belgians had called upon us to come to his aid. Had not this Ruler and his Government severed themselves from the Allies, who rescued their country from extinction in the late war, and had they not sought refuge in what has proved to be a fatal neutrality, the

French and British Armies might well at the outset have saved not only Belgium but perhaps even Poland. Yet at the last moment, when Belgium was already invaded, King Leopold called upon us to come to his aid, and even at the last moment we came. He and his brave, efficient Army, nearly half a million strong, guarded our eastern flank and thus kept open our only line of retreat to the sea. Suddenly, without prior consultation, with the least possible notice, without the advice of his Ministers and upon his own personal act, he sent a plenipotentiary to the German Command, surrendered his Army and exposed our whole flank and means of retreat.

일주일 전에는 사실관계가 불분명하여 판단을 유보할 것을 의회에 요청했습니다만, 이제는 우리가 이런 어처구니없는 사건에 대한 우리의 의견을 취합해야 합니다. 벨기에군의 항복은 영국으로 하여금 30마일에 달하는 방어선을 구축해야 하는 상황을 만들었습니다. 실패 시에 모든 보급과 퇴로가 끊기고 모두가 레오폴드 왕이 벨기에 역사상 최고의 군대에 선사한 운명을 공유해야 할 상황이었습니다. 따라서 지도상의 작전을 지켜본 사람은 누구나 알 수 있듯, 벨기에가 내준 측면과 퇴로로 인해 영국군은 프랑스 제1군의 세 군단 중 두 군단과의 통신이 끊겼습니다. 이들은 우리보다 해안에서 더 먼 곳에 있었고, 대규모의 동맹군이 이 해안에 도달하는 것은 불가능해 보였습니다.

I asked the House a week ago to suspend its judgment because the facts were not clear, but I do not feel that any reason now exists why we should not form cur own opinions upon this pitiful episode. The surrender of the Belgian Army compelled the British at the shortest notice to cover a flank to the sea more than 30 miles in length. Otherwise all would have been cut off, and all would have shared the fate to which King Leopold had condemned the finest Army his country had ever formed. So in doing this and in exposing this flank, as anyone who followed the operations on the map will see, contact was lost between the British and two out of the three corps forming the First French Army, who were still further from the coast than we were, and it seemed impossible that any large number of Allied troops could reach the coast.

적은 엄청난 힘으로 맹렬하게 전면전을 펼쳤고, 적의 주력인 공군은 수적 우위를 앞세워 됭케르크와 해안에 집중적으로 투입되었습니다. 적은 동서에서 좁은 퇴로를 압박해오며, 선박이 오고 갈 수 있는 유일한 해안에 포를 쏘기 시작했습니다. 그들은 해협과 바다에 자기 기뢰를 설치했고, 때로는 100여 대가 넘는 폭격기들을 보내 유일하게 남아있는 부두와 아군의 피신처가 되어주는 모래언덕에 폭탄을 퍼부었습니다. 이제 막 대규모 출항이 시작되며 그들의 유보트 한 대가 침몰했고, 소형보트들이 피해를 입었습니다. 격렬한 전투는 4~5일간 이어졌습니다. 그들의 모든 기갑사단과 엄청난 규모의 보병과 포병들은 점점 좁아지고 축소되는 지역으로 진격했지만, 영국과 프랑스군에 의해 저지되었습니다.

The enemy attacked on all sides with great strength and fierceness, and their main power, the power of their far more numerous air force, was thrown into the battle or else concentrated upon Dunkirk and the beaches. Pressing in upon the narrow exit, both from the east and from the west, the enemy began to fire with cannon upon the beaches by which alone the shipping could approach or depart. They sowed magnetic mines in the channels and seas; they sent repeated waves of hostile aircraft, sometimes more than 100 strong in one formation, to cast their bombs upon the single pier that remained, and upon the sand dunes upon which the troops had their eyes for shelter. Their U-boats, one of which was sunk, and their motor launches took their toll of the vast traffic which now began. For four or five days an intense struggle reigned. All their armoured divisions—or what was left of them—together with great masses of German infantry and artillery, hurled themselves in vain upon the ever-narrowing, ever-contracting appendix within which the British and French Armies fought.

한편 영국 해군은 헤아릴 수 없는 상선 선원들의 자발적 도움을 통해 우리 군과 동맹군의 구출에 전력투구했습니다. 220척의 작은 전함과 650대의 다른 선박들이 동원되었습니다. 어려운 해안선에서 악천후 속에서 작전이 펼쳐졌고, 끊임없이 이어지는 폭격과 집중력을 더해가는 사격을 무릅써야 했습니다. 앞서 말씀드렸듯이 해역은 기뢰와 어뢰로부터 자유롭지 않았습니다. 우리는 이런 환경

속에서 며칠 동안 쉬지도 못하고 위험이 도사리는 바다를 건너, 언제나 구출된 병력과 함께 조국에 돌아왔습니다. 이들이 구출해낸 병사의 수는 그들의 헌신과 용기를 보여주는 척도입니다. 병원선은 수천 명의 영국과 프랑스군의 부상병들을 이송하였는데, 식별표식이 너무 분명해서 나치의 집중 포격 대상이었음에도 남녀 승무원 모두 자신의 임무를 수행하는 데 주저함이 없었습니다.

Meanwhile, the Royal Navy, with the willing help of countless merchant seamen, strained every nerve to embark the British and Allied troops. Two hundred and twenty light warships and 650 other vessels were engaged. They had to operate upon the difficult coast, often in adverse weather, under an almost ceaseless hail of bombs and an increasing concentration of artillery fire. Nor were the seas, as I have said, themselves free from mines and torpedoes. It was in conditions such as these that our men carried on, with little or no rest, for days and nights on end, making trip after trip across the dangerous waters, bringing with them always men whom they had rescued. The numbers they have brought back are the measure of their devotion and their courage. The hospital ships, which brought off many thousands of British and French wounded, being so plainly marked were a special target for Nazi bombs; but the men and women on board them never faltered in their duty.

이미 본 기지로부터 가장 멀리 갈 수 있는 곳까지 전투에 투입된 영국 공군은 주력 전투기의 일부로 독일의 폭격기와 이를 보호하는 수많은 전투기를 공격했습니다. 이 전투는 길고 치열했습니다. 갑자기 전장의 분위기가 전환되었고 잠시나마 우레와 같은 굉음이 들리지 않게 되었습니다. 용맹과 인내, 완벽한 절제와 봉사, 자원과 역량, 넘볼 수 없는 충직함이 우리 모두에게 기적으로 나타났습니다. 적은 퇴각하는 영국군과 프랑스군에게 허를 찔렸습니다. 그들은 너무 거센 저항 탓에 우리의 퇴각을 심각하게 괴롭힐 수 없었습니다. 우리 공군은 독일 공군의 주력부대와 싸웠고 4대 1의 피해를 줬습니다. 해군은 1,000여 대의 다양한 선박을 동원해 335,000명의 프랑스와 영국인들을 죽음과 수치로부터 구조하여 조국으로 인도했고 이들은 곧바로 다시 작전에 투입될 수 있었습니다. 우리는 이 구조작전이 승리를 의미한다고 여겨서는 안 됩니다. 철수가 전쟁의 승리를 안겨주지 않습니다. 하지만 이 구조작전 내에서의 승리는 주목해야 합니다. 이 승리는 공군이 만들어냈습니다. 구조되어 돌아오는 병사들은 대부분 공군의 작전을 보지 못했습니다. 그들은 우리 공군의 방어를 뚫어낸 적의 폭격기들만 봤습니다. 그들은 이러한 성과를 저평가합니다. 이에 관해서 많이 들었습니다. 그래서 이에 대해 제가 이야기를 해드리고자 합니다.

Meanwhile, the Royal Air Force, which had already been intervening in the battle, so far as its range would allow, from home bases, now used part of its main metropolitan fighter strength, and struck at the German bombers, and at the fighters which in large numbers protected them. This struggle was protracted and fierce. Suddenly the scene has cleared, the crash and thunder has for the moment—but only for the moment—died away. A miracle of deliverance, achieved by valour, by perseverance, by perfect discipline, by faultless service, by resource, by skill, by unconquerable fidelity, is manifest to us all. The enemy was hurled back by the retreating British and French troops. He was so roughly handled that he did not harry their departure seriously. The Royal Air Force engaged the main strength of the German Air Force, and inflicted upon them losses of at least four to one; and the Navy, using nearly 1,000 ships of all kinds, carried over 335,000 men, French and British, out of the jaws of death and shame, to their native land and to the tasks which lie immediately ahead. We must be very careful not to assign to this deliverance the attributes of a victory. Wars are not won by evacuations. But there was a victory inside this deliverance, which should be noted. It was gained by the Air Force. Many of our soldiers coming back have not seen the Air Force at work; they saw only the bombers which escaped its protective attack. They underrate its achievements. I have heard much talk of this; that is why I go out of my way to say this. I will tell you about it.

이는 영국과 독일 공군의 힘을 시험해보는 자리였습니다. 독일 공군에게 수천 대의 선박을 침몰시키고 해안에서의 탈출을 좌절시키는 것보다 더 큰 목표가 있었을까요? 전쟁의 전체적인 목표를 고려했을 때 이보다 더 중요한 군사적 중요성과 의미를 갖는 목표가 있었을까요? 그들은 전력을 다했지만 패배했습니다. 그들은 자신들의 과업에 좌절했습니다. 우리는 군대를 물리쳤습니다. 그리고 그들은 자신들이 일으킨 손해의 네 배에 달하는 피해를 입었습니다. 매우 용맹하기로 알려진 독일 비행기들은 매우 큰 편대를 구성하여 영국 공군의 4분의 1에 해당하는 병력으로 종종 공격을 감행하다 각기 다른 방향으로 흩어졌습니다. 우리 전투기 두 대가 열두 대의 전투기를 격추했습니다. 독일 전투기 한 대는 탄약이 떨어진 우리 비행기의 단순 돌진으로 바다에 추락해 사라졌습니다. 허리케인, 스핏파이어, 그리고 새로운 디파이언트 등 우리의 모든 기종과 기장들이 오늘날 자신들이 맞서야 하는 적에 비해 월등하다는 것이 입증되었습니다.

This was a great trial of strength between the British and German Air Forces. Can you conceive a greater objective for the Germans in the air than to make evacuation from these beaches impossible, and to sink all these ships which were displayed, almost to the extent of thousands? Could there have been an objective of greater military importance and significance for the whole purpose of the war than this? They tried hard, and they were beaten back; they were frustrated in their task. We got the Army away; and they have paid fourfold for any losses which they have inflicted. Very large formations of German aeroplanes—and we know that they are a very brave race—have turned on several occasions from the attack of one-quarter of their number of the Royal Air Force, and have dispersed in different directions. Twelve aeroplanes have been hunted by two. One aeroplane was driven into the water and cast away, by the mere charge of a British aeroplane, which had no more ammunition. All of our types—the Hurricane, the Spitfire and the new Defiant—and all our pilots have been vindicated as superior to what they have at present to face.

우리가 공중에서 방어하는 것이 침공을 막아내는 데 얼마나 유리한지를 고려하면 이러한 사실들은 제게 실질적이고 안정적인 생각이 들게끔 해주는 바탕이 됩니다. 저는 이 젊은 비행사들에게 경의를 표합니다. 프랑스의 대규모 병력이 고작 몇천 대의 돌격에 한동안 괴롭힘 당하고 후퇴했습니다. 불과 몇천 명의 비행사들의 역량과 헌신이 문명의 대의를 지켜내는 것도 가능하지 않겠습니까? 전 세계 모든 전쟁의 역사에 있어 젊은이들에게 이런 기회는 없었을 것으로 압니다. 원탁의 기사와 십자군은 모두 오래되었을 뿐 아니라 세속적이었습니다. 하지만이 청년들은 매일 아침 자신의 조국과 그것이 지닌 모든의미를 수호하고자 엄청나고 파괴적인 힘을 지닌 무기를손에 들고 나섭니다. 이들에 대해서 매일 아침이 숭고한기회를 낳았고, 모든 기회가 숭고한 기사를 탄생시켰다고말할 수 있습니다. 이들은 많은 상황에서 다양한 방식으로 자신의 목숨과 모든 것을 조국에 바칠 수 있는 준비를지속적으로 갖추고 있는 모든 용감한 사람들처럼, 우리에게서 감사받아 마땅합니다.

When we consider how much greater would be our advantage in defending the air above this island against an overseas attack, I must say that I find in these facts a sure basis upon which practical and reassuring thoughts may rest. I will pay my tribute to these young airmen. The great French Army was very largely, for the time being, cast back and disturbed by the onrush of a few thousands of armoured vehicles. May it not also be that the cause of civilisation itself will be defended by the skill and devotion of a few thousand airmen? There never had been, I suppose, in all the world, in all the history of war, such an opportunity for youth. The Knights of the Round Table, the Crusaders, all fall back into a prosaic past: not only distant but prosaic; but these young men, going forth every morn to guard their native land and all that we stand for, holding in their hands these instruments of colossal and shattering power, of whom it may be said that When every morning brought a noble chance, And every chance brought out a noble knight, deserve our gratitude, as do all of the brave men who, in so many ways and on so many occasions, are ready, and continue ready, to give life and all for their native land.

다시 육군 얘기를 해보겠습니다. 다양한 전선에서, 삼면의 전선 모두에서 동시에 매우 길고 치열한 전투를 치르면서, 2개 혹은 3개 사단이 비슷하거나 더 많은 적을 상대하면서, 우리가 너무나도 잘 알고 있는 오랜 전장에서 치열하게 싸우면서, 우리는 30,000여 명의 사상자와 실종자가 발생했습니다. 저는 이로 인해 사랑하는 사람을 잃거나 아직도 초조한 마음으로 기다리는 모든 사람에게 의회를 대표하여 연민의 마음을 전달하고자 합니다. 영국 상무부 의장은 오늘 이 자리에 없습니다. 그의 아들이 전사했고, 여러 의원은 심장을 날카롭게 파고드는 고통을 느꼈습니다. 하지만 실종자들에 대해서도 말씀드리겠습니다. 많은 숫자의 부상자들이 안전하게 조국의 품에 돌아왔습니다. 하지만 실종된 것으로 보고된 이들의 상당수도 언젠가 어떤 식으로든 돌아올 것입니다. 이번 전투의 혼란 속에서, 더는 저항하지 않더라도 불명예스럽다고 할 수 없는 상황에 많은 이들이 놓일 수밖에 없었습니다.

I return to the Army. In the long series of very fierce battles, now on this front, now on that, fighting on three fronts at once, battles fought by two or three divisions against an equal or somewhat larger number of the enemy, and fought fiercely on some of the old grounds that so many of us knew so well, in these battles our losses in men have exceeded 30,000 killed, wounded and missing. I take occasion to express the sympathy of the House to all who have suffered bereavement or who are still anxious. The President of the Board of Trade is not here to-day.

His son has been killed, and many in the House have felt the pangs of affliction in the sharpest form. But I will say this about the missing. We have had a large number of wounded come home safely to this country—the greater part—but I would say about the missing that there may be very many reported missing who will come back home, some day, in one way or another. In the confusion of this fight it is inevitable that many have been left in positions where honour required no further resistance from them.

30,000명이 넘는 손실에서 우리는 분명히 적에게 훨씬 더 큰 손해를 입혔습니다. 하지만 우리의 물리적 손실은 어마어마합니다. 우리는 1918년 3월 21일 전투 시작 초기에 잃은 병력의 1/3을 잃었지만, 그때 잃은 총기의 숫자만큼, 대략 1,000정의 총기와 모든 수송로, 그리고 북부군이 보유한 모든 장갑차를 잃었습니다. 이러한 손실은 우리 군사력의 확장을 더욱 지연시킬 것입니다. 이러한 확장은 우리가 기대했던 것보다 더디게 진행되어왔습니다. 우리 군의 최고 장비들은 영국 원정군에게 지급되었고, 비록 충분한 숫자의 탱크나 장비들이 갖추어지지는 못했어도 꽤 잘 무장된 부대였습니다. 그들은 우리 산

업이 제공할 수 있는 최고의 결실을 가지고 있었지만, 이제 사라졌습니다. 그리고는 이런 지연이 더 발생했습니다. 얼마나 더 기다려야 할지, 얼마나 더 지속될지는 우리가 이 섬에서 얼마만큼 노력을 쏟아붓느냐에 달렸습니다. 이런 노력이 역사상 유례가 없는 수준으로 이루어지고 있습니다. 낮과 밤, 일요일과 주중에도 모든 곳에서 작업이 이루어지고 있습니다. 자본과 노동이 자신들의 이해관계, 권리, 관행 등을 제쳐두고 공통의 목표를 위해 노력하고 있습니다. 벌써 군수품의 공급이 폭증했습니다. 우리의 계획 개발에 차질을 빚지 않으면서도 수개월 안에 우리에게 내려진 갑작스럽고 심각한 손실을 만회하지 못할 이유가 없게 되었습니다.

Against this loss of over 30,000 men, we can set a far heavier loss certainly inflicted upon the enemy. But our losses in material are enormous. We have perhaps lost one-third of the men we lost in the opening days of the battle of 21st March, 1918, but we have lost nearly as many guns—nearly 1,000 guns—and all our transport, all the armoured vehicles that were with the Army in the North. This loss will impose a further delay on the expansion of our military strength. That expansion had not been proceeding as fast as we had hoped. The best of all we had to give had gone to the British Expeditionary Force, and although they had not the numbers of tanks and some articles of equipment which were desirable, they were a very well and finely equipped Army. They had the first-fruits of all that our industry had to give, and that is gone. And now here is this further delay. How long it will be, how long it will last, depends upon the exertions which we make in this island. An effort the like of which has never been seen in our records is now being made. Work is proceeding everywhere, night and day, Sundays and week-days. Capital and labour have cast aside their interests, rights, and customs and put them into the common stock. Already the flow of munitions has leapt forward. There is no reason why we should not in a few months overtake the sudden and serious loss that has come upon us, without retarding the development of our general programme.

그러나 한 주간 사랑하는 이들을 애타게 했던 우리 병

력과 군의 탈출에 대한 감사의 마음이 프랑스와 벨기에에서 벌어지는 치명적인 군사 재앙에 대해 잊게 해서는 안 됩니다. 프랑스군은 약해졌고, 벨기에군은 패배했으며, 희망을 걸었던 무장 전선의 상당수가 사라졌고, 수많은 가치 있는 탄광 지역과 공장들이 적의 손에 넘어갔습니다. 해협을 잇는 항구도 그들에게 넘어갔고 이로 인해 적이 언제든 즉시 우리 혹은 프랑스를 타격할 것이라 예상해야 합니다. 히틀러에게 영국 침공 계획이 있음을 들었습니다. 이는 어제오늘 일이 아닙니다. 나폴레옹이 불로뉴에서 평저선을 띄우고 그의 대군과 함께 1년을 머물던 때에 누군가 그에게 "영국에는 뾰족한 잡초가 있다"라고 전해주었습니다. 영국 원정군이 돌아왔으니 그 잡초가 무성한 것이 분명합니다.

Nevertheless, our thankfulness at the escape of our Army and so many men, whose loved ones have passed through an agonising week, must not blind us to the fact that what has happened in France and Belgium is a colossal military disaster. The French Army has been weakened, the Belgian Army has been lost, a large part of those fortified lines upon which so much faith had been reposed is gone, many valuable mining districts and factories have passed into the enemy's possession, the whole of the Channel ports are in his hands, with all the tragic consequences that follow from that, and we must expect another blow to be struck almost immediately at us or at France. We are told that Herr Hitler has a plan for invading the British Isles. This has often been thought of before. When Napoleon lay at Boulogne for a year with his flat-bottomed boats and his Grand Army, he was told by someone, "There are bitter weeds in England." There are certainly a great many more of them since the British Expeditionary Force returned.

본토 침공을 막아낼 수 있느냐는 현재 이 섬에 우리가 그 어느 때보다 비교할 수 없을 정도로 더 강력한 군사력을 갖고 있다는 사실에 비추어봐야 합니다. 하지만 이는 계속되지 않을 것입니다. 우리는 방어전에만 만족해서는 안 됩니다. 우리는 우리 동맹국들에 대한 의무가 있습니다. 우리는 용맹한 고트 경을 총사령관으로 하는 영국 원정군을 재건해야 합니다. 이 모든 것은 순조롭게 진행되고 있습니다. 하지만 그사이 우리는 최소한의 필요한 수로 효과적인 안보와 최대한의 공격 잠재력이 실현될 수 있는 고도의 방위체계를 조직해야 합니다. 우리는 여기에 집중하고 있습니다. 이런 주제를 밀실에서 의논하기를 의회가 바란다면 더 수월할 것입니다. 정부가 군사기밀을 상당 부분 공개할 수는 없겠지만, 적이 바로 다음 날 그것을 신문을 통해 읽게 될 우려 없이 정부가 자유롭게 논의를 진행할 수 있을 것입니다. 또한 정부는 이를 통해 각기 다른 지역의 의원들이 가진 지식과 의견들을 자유롭게 청취할 수 있을 것입니다. 이에 관해서 요청사항들이 있으실 것으로 이해하고 있으며, 정부는 이에 대해 즉각 응답할 것입니다.

The whole question of home defence against invasion is, of course, powerfully affected by the fact that we have for the time being in this island incomparably more powerful military forces than we have ever had at any moment in this war or the last. But this will not continue. We shall not be content with a defensive war. We have our duty to our Ally. We have to reconstitute and build up the British Expeditionary Force once again, under its gallant Commander-in-Chief, Lord Gort. All this is in train; but in the interval we must put our defences in this island into such a high state of organisation that the fewest possible numbers will be required to give effective security and that the largest possible potential of offensive effort may be realised. On this we are now engaged. It will be very convenient, if it be the desire of the House, to enter upon this subject in a secret Session. Not that the Government would necessarily be able to reveal in very great detail military secrets, but we like to have our discussions free, without the restraint imposed by the fact that they will be read the next day by the enemy, and the Government would benefit by views freely expressed in all parts of the House by Members with their knowledge of so many different parts of the country. I understand that some request is to be made upon this subject, which will be readily acceded to by His Majesty's Government.

우리는 점차 증가하는 엄중함에 대하여 국내에 거주하는 독일인이나 기타 의심되는 다른 외국인들뿐 아니라 영국으로 전장이 옮겨올 시 위험이나 장애 요인이 될 수 있는 영국인들에 대해서도 조치를 취해야 할 필요성을 느끼고 있습니다. 우리가 내린 명령에 영향을 받아 나치 독일을 열렬하게 적으로 돌린 분들이 상당하다는 것을 알고 있습니다. 그분들에게 죄송하지만, 우리는 현재의 압박 속에서 우리의 바람대로 이들을 구분해낼 수 없습니다. 적이 낙하산을 타고 강하하고 맹렬한 전투 병력이 뒤를 따른다고 가정하면, 안타깝지만 이분들은 자기 자신과 우리 모두를 위해서 자리를 피하시는 것이 좋습니다. 반면 제가 그 어떤 연민도 느끼지 못하는 집단이 있습니다. 의회는 적과 내통하는 행위에 대해 엄하게 다룰 수 있는 권력을 부여해주었으며 우리는 이러한 힘을 의회의 감독과 시정 하에 주저하지 않고 만족할 때까지, 만족 그 이상의 결과가 나올 때까지 사용해 이런 행위가 우리 안에서 효과적으로 근절될 수 있도록 할 것입니다.

We have found it necessary to take measures of increasing stringency, not only against enemy aliens and suspicious characters of other nationalities, but also against British subjects who may become a danger or a nuisance should the war be transported to the United Kingdom. I know there are a great many people affected by the orders which we have made who are the passionate enemies of

Nazi Germany. I am very sorry for them, but we cannot, at the present time and under the present stress, draw all the distinctions which we should like to do. If parachute landings were attempted and fierce fighting attendant upon them followed, these unfortunate people would be far better out of the way, for their own sakes as well as for ours. There is, however, another class, for which I feel not the slightest sympathy. Parliament has given us the powers to put down Fifth Column activities with a strong hand, and we shall use those powers, subject to the supervision and correction of the House, without the slightest hesitation until we are satisfied, and more than satisfied, that this malignancy in our midst has been effectively stamped out.

다시 침공에 관한 이야기로 돌아오겠습니다. 수백 년 의 역사 속에서 우리 국민들에게 심각한 기습공격에 대해 서는 조금 덜하지만, 적의 침공을 막아낼 수 있다고 절대 적으로 장담할 수 있었던 때는 없었습니다. 나폴레옹 시 절, 그의 수송선박이 해협을 건널 때 순풍이 되어준 바람 이 그의 봉쇄함대를 떠내려 보내는 역풍이 되었을 수 있었습니다. 기회는 언제나 존재했고, 이러한 기회는 대륙에 있는 폭군들의 상상력을 자극하고 좌절시켜 왔습니다. 많은 이야기가 전해 내려옵니다. 우리는 새로운 방식들을 활용할 것입니다. 적이 취하고 있는 악의 본성과 창의적인 공격을 마주할 때, 우리는 모든 방식의 새로운 술수와 모든 잔혹하고 기만적인 전술에 확실하게 대비할 것입니다. 그 어떤 아이디어도 너무 낯설다는 이유로 고려되지 않거나, 연구 대상에서 제외되어서는 안 됩니다. 동시에 우리는 안정적인 시각으로 판단해야 합니다. 그리고 우리는 해상 전력과 공군 전력이 본토에서 활용되었을 때 안겨다 주는 강한 자신감을 잊어서는 안 됩니다.

Turning once again, and this time more generally, to the question of invasion, I would observe that there has never been a period in all these long centuries of which we boast when an absolute guarantee against invasion, still less against serious raids, could have been given to our people. In the days of Napoleon, of which I was speaking just now, the same wind which would have carried his transports across the Channel might have driven away the blockading fleet. There was always the chance, and

it is that chance which has excited and befooled the
imaginations of many Continental tyrants. Many are the
tales that are told. We are assured that novel methods will
be adopted, and when we see the originality of malice,
the ingenuity of aggression, which our enemy displays,
we may certainly prepare ourselves for every kind of
novel stratagem and every kind of brutal and treacherous
manœuvre. I think that no idea is so outlandish that it
should not be considered and viewed with a searching,
but at the same time, I hope, with a steady eye. We must
never forget the solid assurances of sea power and those
which belong to air power if it can be locally exercised.

우리가 모두 자신의 의무를 다하고, 이를 경시하지 않
는다면, 지금처럼 최선의 준비가 계속 이루어진다면, 우
리는 다시 한번 우리의 섬을 지켜내고, 전쟁의 폭풍을 몰
아내고, 독재의 위험을 이겨낼 수 있다고 저는 확신합니
다. 수년이 걸리더라도 영국 혼자만 남더라도 그렇게 될
것입니다. 이것이 우리의 계획입니다. 우리 영국 정부와
국민의 결의입니다. 영국 의회와 국가의 의지입니다. 대
의와 필요에 의해 함께하는 영국과 프랑스는 죽을 때까

지 조국의 땅을 지키고 힘이 닿는 데까지, 훌륭한 전우처럼 서로를 도울 것입니다. 유럽의 많은 지역과 유구한 역사를 지니고 잘 알려진 국가들이 게슈타포를 포함한 모든 나치의 혐오스러운 조직들의 손아귀에 빠졌지만 우리는 절대 약해지거나 실패하지 않을 것입니다. 우린 끝까지 싸울 것입니다. 우리는 프랑스에서 싸울 것이며, 바다와 해안에서 싸울 것입니다. 우리는 더욱 강해지는 자신감과 화력으로 무장한 공중에서 싸우면서 그 어떤 대가를 치르더라도 우리의 섬을 지켜낼 것입니다. 우리는 해변에서 싸울 것입니다. 우리는 착륙장에서 싸울 것입니다. 우리는 들판과 거리에서 싸울 것입니다. 우리는 언덕에서 싸울 것입니다. 우리는 절대 항복하지 않을 것입니다. 저는 결코 그럴 일이 없을 것이라 믿지만 비록 우리 섬의 대부분이 함락되고 굶주리게 되더라도, 바다 건너 신대륙의 모든 군대가 영국함대와 함께 신이 허락하는 한 전력을 다해 구대륙을 구하고 해방할 것입니다.

I have, myself, full confidence that if all do their duty, if nothing is neglected, and if the best arrangements are made, as they are being made, we shall prove ourselves once again able to defend our island home, to ride out the storm of war, and to outlive the menace of tyranny, if necessary for years, if necessary alone. At any rate, that is what we are going to try to do. That is the resolve of His Majesty's Government—every man of them. That is the will of Parliament and the nation. The British Empire and the French Republic, linked together in their cause and in their need, will defend to the death their native soil, aiding each other like good comrades to the utmost of their strength. Even though large tracts of Europe and many old and famous States have fallen or may fall into the grip of the Gestapo and all the odious apparatus of Nazi rule, we shall not flag or fail. We shall go on to the end. We shall fight in France, we shall fight on the seas and oceans, we shall fight with growing confidence and growing strength in the air, we shall defend our island, whatever the cost may be. We shall fight on the beaches, we shall fight on the landing grounds, we shall fight in the fields and in the streets, we shall fight in the hills; we shall never surrender, and even if, which I do not for a moment believe, this island or a large part of it were subjugated and starving, then our Empire beyond the seas, armed and guarded by the British Fleet, would carry on the struggle, until, in God's good time, the new world, with all its power and might, steps forth to the rescue and the liberation of the old.

CHAPTER **5**

I Am Prepared To Die

넬슨 만델라

Nelson Rolihlahla Mandela

1918. 7. 18 ~ 2013. 12. 5

넬슨 만델라, 저는 죽을 준비가 되어있습니다
I AM PREPARED TO DIE

자신을 태워 세상을 밝힌 리더십

1964년 4월 20일 남아프리카의 리보니아. 국가 체제전복과 공산주의 정부를 세우려 했다는 혐의를 받는 이들의 재판이 열리고 있는 가운데, 피고인석의 한 남자가 반대 심문 대신 모두 발언을 요청한다. 검사의 반대에도 발언 기회를 허락받은 피고는 장장 세 시간의 연설을 이어간다. 그리고 마지막에 재판장의 눈을 마주치며 단호하게 말한다. "저는 죽을 준비가 되어 있습니다."

넬슨 만델라. 자유와 평화, 인간 존엄성의 대변인. 남아공의 국부와도 같은 존재. 인생을 바쳐 아파르트헤이트를 종식하고, 감옥에서 27년을 살고 나와 대통령이 되었음에도 복수가 아닌 용서와 화해를 통해 과거사를 청산한 대인배. 노벨평화상 수상자. 개인적으로는 이 책에서 가장 이상적인 정치 리더라 생각하는 인물이다.

1918년 남아프리카 트란케이 움타타에서 부족장의 아들로 태어났다. 어렸을 때는 '말썽꾸러기'라는 의미의 롤리흘라흘라Rolihlahla라는 이름으로 불렸지만, 서양식 교육을 받기 시작하면서 영어 이름인 넬슨을 사용하게 되었다. 어려서부터 공부뿐 아니라 권투와 달리기 등 각종 스포츠도 좋아하고 잘했다고 한다. 학창 시절에 자신의 후견인이었던 욘긴타바 달린드예보Jongintaba Dalindyebo 족장으로부터 영향을 많이 받았는데, 그에게서 아프리카의 역사와 영웅들에 관한 이야기를 들으며 아프리카 역사에 심취하게 되었다.

달린드예보의 도움으로 대학에 진학한 만델라는 원주민들을 관장하는 정부 관료로 일하고자 했다. 정치에 관심이 많았던 만델라는 영국의 제2차 세계대전 참전을 지지하는 목소리를 내기도 했고, 1학년 학생 회의를 조직하기도 했다. 이후 총학생회에 참여하면서 학교급식의 질적 개선을 촉구하는 보이콧에 나섰다가 정학을 당했고, 학위를 이수하러 돌아가지 않았다.

정학을 당하고 집에 돌아온 그는 후견인이 자신을 정략결혼 시키려 한다는 사실을 알게 되고 요하네스버그로 도망가 탄광에 위장 취업 하지만 이내 발각되어 해고당했다. 이후 사촌의 도움을 받아 법률 보조로 로펌에 취업하게 되는데, 그곳에서 아프리카 민족 회의 활동가 및 공산주의자들과 친해지게 되었다. 공산당 모임에도 종종 참여했는데, 무신론을 채택한 공산주의가 기독교인인 자신의 신념에 반하고 아프리카인들의 문제는 계급의 문제가 아닌 인종의 문제라 여겨서 참여하지 않았다.

1941년 적은 임금을 받으며 가난하게 지내던 그를 달린드예보가 찾아가 용서했고 이듬해 사망했다. 만델라는 학업을 계속 수행하라는 달린드예보의 뜻을 받들어 1943년 대학 학위를 취득했는데, 관료가 아닌 변호사가 되기로 결심했다. 정치에 뛰어들겠다고 마음먹었기 때문이다.

비트바테르스란트 대학University of the Witwatersrand 법학부에 진학한 만델라는 그곳의 유일한 흑인 학생이었다. 그곳에서 심한 인종차별을 당했지만, 진보적 성향 혹은 공산주의 성향의 유럽인들과 유대인들은 그와 친하게 지냈다. 특히 아프리카 민족 회의 활동가 월터 시술루Walter Sisulu에 영향을 많이 받았는데, 이때부터 민족 회의에 관심을 두게 되었고 뜻을 함께하는 이들과 직접 민족 회의 의장을 찾아가 1944년 아프리카 민족 회의 청년연합을 창설했다. 그는 다른 인종과 잘 어울렸음에도 불구하고 당시에 아프리카인들만의 독립적 인종 투쟁을 지지했고, 연설에서도 드러나지만, 공산당원들과도 선을 긋는 등 다소 배타적인 성향을 보였다.

남아프리카는 17세기 무렵부터 유럽인들이 이주하면서 지역을 식민화했는데, 백인들의 구역과 흑인들의 구역을 구분해 흑인들의 접근을 통제하고 차단해왔었다. 흑인들은 백인 구역으로 접근이 제한될 뿐 아니라 인증된 통행증 없이 다른 구역으로 이동할 수 없었고, 일몰 후에도 이동이 금지되었다. 이를 통행법Pass Law이라 했는데, 백인 우월주의와 인종 분리 정책을 이런 식으로 제도화해 백인이 유색인종을 정치적 · 경제적 · 사회적으로 차별하는 것을 아파르트헤이트Apartheid [9]라 했다.

투표권도 백인들만 갖고 있었는데, 1948년 선거에서 더욱 강화된 인종 분리/차별 정책을 내건 국민당National Party이 집권하면서 아파르트헤이트는 더욱 강화되었다. 인종 간 성관계와 혼인을 금지하는 법을 통과시켰고, 개인의 인종을 확인할 수 있도록 인종 분류표가 만들어졌다. 인종별 거주 구역이 구분되고 통행법이 더욱 강화되었는데 이에 따라 흑인의 도시 거주는 고용된 노동자에 한했고, 그들의 가족은 제외되었다. 이는 가족들이 생이별을 해야만 하는 상황으로 이어졌다.

이러한 변화는 민족 회의가 더 강력한 대응책을 찾을 수밖에 없게 만들었다. 1950년 민족 회의의 임원이자 청년연합의 의장이 된 만델라는 새롭게 시작된 시민 불복종 운동에서 자원 활동가를 조직하고 운영하는 역할을 맡아 파업과 보이콧 활동을 주도했다. 그러던 1956년, 150여 명의 다른 민족 회의 임원들과 함께 반역죄로 기소되었다. 6년을 끌어온 재판 끝에 만델라를 비롯한 전원이 무

---

9) 아파르트헤이트(Apartheid). 원래는 분리, 격리 등을 뜻하는 아프리카어

죄 판결을 받게 되었다. 검찰의 기소 내용과 달리 민족 회의가 철저히 비폭력주의를 유지해왔고, 공산주의를 채택했다는 그 어떤 증거도 없었기 때문이다.

1960년 3월 21일, 요하네스버그 근교의 샤프빌 Sharpeville에서 아파르트헤이트 해체와 흑인들의 인권 보장을 요구하는 비폭력 비무장 시위가 열렸다. 이에 남아 프리카 경찰은 발포로 대응했고 이 과정에서 69명의 사망자와 어린이 29명을 포함해 총 289명의 부상자가 발생했다. 이 사건은 세계적인 충격을 안겨주었는데, 국제사회는 남아프리카 인종 문제에 더욱 관심을 두게 되었고, 샤프빌 학살로부터 6년 뒤 모든 종류의 인종차별을 철폐하자는 결의안이 통과되었다. 또한, 샤프빌 대학살이 벌어진 3월 21일은 '세계 인종차별 철폐의 날'로 선포되었다.

샤프빌 대학살은 만델라를 포함한 민족 회의 활동가들로 하여금 더 이상 평화적인 방법만으로 저항하는 것은 의미가 없다는 것을 깨닫게 해주었다. 피델 카스트로 Fidel Castro의 쿠바혁명에 영감을 받아 1961년 무장단체 민족의 창uMkhonto we Sizwe을 조직했고, 만델라는 초대 사령관에 올랐다. 초기 회원 중에는 상당수가 백인 공산주의자들이었고, 민족 회의와 표면적으로는 독립적인 기구였다.

여기서 만델라의 변화를 느낄 수 있는데, 민족 해방 운동에서 다소 배타적이었던 과거와 달리 공통의 목적을 달성하기 위해 인종, 국가, 이념 모두 가리지 않았다. 그는 투쟁을 이어가는 와중에 꾸준히 동서양의 여러 사상과 역사를 공부했고, 좋은 것들을 참고해 자신만의 철학을 만들어갔다. 또한, 투쟁을 위한 지원을 받기 위해 아프리카 전역을 돌아다녔을 뿐 아니라 공산국가를 포함한 연대가 가능한 모든 국가에 지원을 요청했다. 그리고 실제로 그러한 지원을 확보하는 성과를 냈다.

무장투쟁을 위한 단체를 조직하고 이를 운영함에 있어서도 만델라는 매우 신중했다. 인명피해를 최소화하면서도 효과를 극대화할 수 있는 방식으로 사보타주를 택했고, 사보타주가 더 이상 먹히지 않을 상황을 대비해 게릴라전의 가능성도 열어두었다. 또한 적절히 훈련받은 인력의 양성을 위해 외국에서 스스로 훈련을 이수하는 한편 신병들도 그러한 훈련을 받을 수 있도록 했다. 위에 서술한 모든 내용은 불과 1년 안에 이루어졌다. 그만큼 그의 계획은 치밀했고, 행동은 효율적이었다.

이러한 내용들은 본 챕터의 연설에서 더 잘 설명이 되어있고, 연설의 내용을 읽다 보면 만델라의 고민의 깊이와 박학다식함, 치밀함, 부지런함 등을 느낄 수 있다.

총파업을 주도한 혐의로 이미 수배 중이었던 만델라는 1962년 8월 5일 경찰에 체포되었다. 파업을 주도한 혐의에 대한 재판에서 그는 스스로를 변호사로 선임하며 법정을 또 하나의 투쟁의 장으로 만들었다. 재판장 밖에서는 그의 석방을 촉구하는 집회가 열렸고, 그는 법정에서 연설을 통해 민족 회의가 채택한 비폭력투쟁의 정당성을 입증하기 위해 힘썼다. 증인채택을 거부하는 등 재판을 방해하며 끝까지 저항했지만 결국 5년 형을 선고받고 투옥되었다.

이듬해 1963년 7월 11일, 그의 인생을 영영 바꾸어놓는 사건이 벌어진다. 남아프리카 경찰이 릴리스리프 농장을 급습해 민족의 창 지도부를 대거 체포한 것이다. 만델라를 포함한 민족의 창 지도부에게는 이들이 공산 진영과 내통해 사보타주와 게릴라전 등의 폭력적 수단으로 국가

체제를 전복하려 했다는 반역죄가 적용되었다. 이로써 본 연설의 무대가 되는 리보니아 재판Rivonia Trial 이 열리게 되었다.

재판일이 잡히자 만델라는 그 자리를 무대로 활용하기로 마음먹었다. 통상적으로는 피고가 반대 심문을 신청해서 질문에 답을 하는 방식으로 자신의 무죄를 입증하게 되는데, 만델라는 질문에 답을 하는 방식이 아닌 모두 발언을 통해 자신이 하고 싶은 말을 다 해버리는 방식을 택했다. 만델라가 변호사 자격이 있기 때문에 스스로를 변호할 수 있다는 사실도 이를 가능케 하는 데 한몫했다.

만델라는 몇 주 동안 심혈을 기울여 연설을 준비했다. 연설은 법정을 향한 것이 아니라 전 세계인을 향한 것이었다. 자신의 발언을 기록으로 남겨 세계인들로 하여금 아프리카 민족 회의에 대한 지지를 끌어내고자 했다. 피델 카스트로Fidel Castro 의 명연설 '역사가 나의 무죄를 입증할 것이다History will absolve me '에서 영감을 받았고, 언론인과 작가들의 보정작업과 변호인단의 자문을 통해 연설문을 완성했다.

이 연설에서 가장 유명한 문구 '저는 죽을 준비가 되어 있습니다'를 두고 변호인단은 재판장을 자극해 실제 사형이 선고될 수 있다는 이유로 극구 반대했다고 한다. 하지만 만델라는 자신의 의지를 보여주고자 문구를 마지막에 넣었고 그 문구를 말하는 순간 재판장을 바라보았다. 그리고 그것이 재판에서 재판장과의 마지막 눈맞춤이었다.

장장 세 시간의 연설에서 만델라는 아프리카 민족 회의가 어떤 철학을 가진 조직인지, 평화적 수단이 모두 소진된 상황에서 어떻게 민족의 창을 조직하게 되었는지, 민족의 창은 어떻게 사보타주라는 방식을 채택하게 되었는지, 자신은 양 조직에서 어떤 역할을 수행했는지, 공산주의자들과의 관계는 어떻게 설정이 되어있는지, 아프리카인들이 어떤 상태에 처해있는지, 아프리카인들의 요구사항이 무엇인지 등등을 설명했다.

만델라는 자신이 무죄선고를 받을 것을 기대하지 않았다. 민족의 창이 사보타주를 계획하고 준비했다는 사실, 공산주의자들과의 협력관계를 구축한 사실, 공산국가들로부터 지원받은 사실 모두 부정하지 않았다. 다만 자신이 체제를 전복시키고 공산국가를 건설하려 했다는 기소 내용을 조목조목 반박해나가며 자신과 민족 해방 운동 전선의 정당성을 주장했다.

　본 연설은 만델라가 어떤 리더인지를 보여준다. 첫째, 그는 자신이 열어가고자 하는 세계에 대한 확실한 비전이 있는 리더다. 둘째, 그는 박학다식한 리더다. 셋째, 부지런한 리더다. 넷째, 깊이 고민하는 리더다. 다섯째, 약자를 바라볼 줄 아는 리더다. 여섯째, 대의를 위해 자신을 희생할 줄 아는 리더다. 일곱째, 능력 있는 리더다. 세상에는 다양한 리더십이 존재하고 시대와 상황에 맞는 리더십이 존재하지만 위 일곱 가지 자질을 모두 갖춘 리더는 정치의 영역에 있어서 시대를 초월한 리더가 아닐까? 남아공 국민들이 그를 '아버지' 혹은 '어른'을 의미하는 '마디바Madiba'라 칭하는 것도 이런 이유일 것이다.

　연설 이후 만델라는 무기징역형을 선고받았다. 만델라가 투옥되면서 그가 내다보았던 대로 인종 간 갈등은 더욱 심화되었다. 민족의 창은 즉각 게릴라전을 감행하기 시작했고, 그 수위는 점점 높아졌다. 세계적으로도 남아프리카공화국에 대한 보이콧과 제재가 강화되었고, 만델라는 자유와 인권의 상징이자 순교자로 떠올랐다. 1988

년에는 만델라의 70세 생일을 기념해 그의 석방을 촉구하기 위해 영국 웸블리 스타디움에서 에릭 클랩튼, 스티비 원더 등의 유명 뮤지션들이 콘서트를 개최했는데 이 콘서트는 세계적으로 200만 명이 시청했다.

만델라의 석방과 아파르트헤이트 철폐에 대한 국제사회의 목소리가 커지면서 남아프리카공화국 정부는 결국 1990년 아프리카 민족 회의를 합법적 단체로 인정하는 한편, 만델라를 석방했다. 만델라는 석방되자마자 이듬해 민족 회의 의장에 올랐고, 본격적인 아파르트헤이트 해체에 나섰다. 백인들의 반발로 자칫 내전이 발생할 수도 있는 상황에서 만델라는 협상을 통해 평화적으로 해결하고자 했다. 민족 회의가 여전히 무장하고 있었기 때문에 이를 해제하고 폭동을 진정시키는 대가로 협상을 이어갔다. 결국 자유민주주의 헌법과 인권 헌장을 제정하는데 합의를 이끌어 냈고, 1994년 남아프리카공화국은 최초로 모든 인종에게 투표권이 행사할 수 있는 총선이 열리게 되었다. 그리고 만델라는 이 선거에서 만델라는 남아공 최초의 흑인 대통령에 오르게 되었다.

백인들의 우려와 달리 만델라의 집권은 피의 복수

로 이어지지 않았다. 그는 '진실과 화해 위원회Truth and Reconciliation Commission'를 세워 과거의 인종범죄에 대한 처벌이 아닌 기록을 철저히 남기도록 했다. 인종 간 조화로운 삶이 이루어지는 민주 정부를 수립한다는 자신의 비전을 실천한 것이다.

수십 년의 투옥 생활을 견디며 자신의 이상을 실현한 리더. 이것만으로도 위대한 리더의 요건을 충분히 갖추었다고 할 수 있겠지만 만델라는 그 이상의 인물이 아닐까 싶다. 위대한 리더가 반드시 위대한 인격을 갖출 필요도 없을뿐더러 그걸 요구해서도 안 된다. 이 책에서 다루는 다른 인물들에 대하여 비판지점을 꼭 몇 가지씩 지적했지만, 이번 챕터에서는 그럴 이유를 찾지 못했다. 그만큼 만델라는 위대한 인격과 철학을 갖춘 이상적인 리더이기 때문이다.

우리 사회의 리더들에게 만델라가 될 것을 요구하는 것은 무리일 수 있지만, 적어도 닮으려는 노력은 요구할 수 있지 않을까? 특히나 점점 '복수'와 '혐오'의 테마가 진영논리를 극대화하는 현대사회에서 인류애도 바닥을 드러내고, 만델라처럼 조화로운 사회를 만들고자 하는 리더의 모습도 점점 상실되어가는 듯하다. 정치를 하는 사람들이나 그들을 바라보는 우리 모두 만델라의 연설과 삶을 돌아보면서 한 번쯤은 우리 사회에 필요한 리더십을 고민해볼 수 있었으면 좋겠다.

I AM THE FIRST ACCUSED.

연설

저는 첫 번째 피고인입니다.

I am the First Accused.

저는 대학교 학위를 받아 올리버 탐보와 함께 요하네스버그에서 수년간 변호사로 일했습니다. 1961년 5월 말에 파업을 선동한 것과 허락 없이 국경을 벗어났다는 이유로 5년을 수감 중인 죄인입니다.

I hold a Bachelor's Degree in Arts and practised as an attorney in Johannesburg for a number of years in partnership with Oliver Tambo. I am a convicted prisoner serving five years for leaving the country without a permit and for inciting people to go on strike at the end of May 1961.

먼저 남아프리카의 문제가 외국인이나 공산주의자들 때문이라는 정부의 주장에 대해 완전히 틀렸다는 말씀부터 드립니다. 저는 남아프리카에서의 제 경험과 아프리카 배경을 가졌다는 자부심에서 한 명의 개인으로서, 그리고 저와 함께하는 사람들의 리더로서 행동한 것이지 외부에서 누가 뭐라고 한 것과는 전혀 관련이 없습니다.

At the outset, I want to say that the suggestion made by the State in its opening that the struggle in South Africa is under the influence of foreigners or communists is wholly incorrect. I have done whatever I did, both as an individual and as a leader of my people, because of my experience in South Africa and my own proudly felt African background, and not because of what any outsider might have said.

저는 어렸을 때, 트란스케이 지역에서 제 부족 어른들이 옛날이야기를 해주는 것을 들었습니다. 이야기 중에는 모국을 지키려는 선조들의 전쟁 이야기가 있었습니다. Dingane and Bambata, Hintsa, Makana, Squngthi, Dalasile, Moshoeshoe, Sekhukhuni는 모든 아프리카 국가의 영광스러운 이름들입니다. 그때는 자유를 향한 투쟁에 제가 조금이나마 도움을 주고 제 사람들에게 봉사할 수 있는 기회를 삶 속에서 부여받을 수 있기를 희망했습니다. 본 사건에서 제 혐의와 관련한 모든 행동의 동기가 이것입니다.

In my youth in the Transkei I listened to the elders of my tribe telling stories of the old days. Amongst the tales they related to me were those of wars fought by our ancestors in defence of the fatherland. The names of Dingane and Bambata, Hintsa and Makana, Squngthi and Dalasile, Moshoeshoe and Sekhukhuni, were praised as the glory of the entire African nation. I hoped then that life might offer me the opportunity to serve my people and make my own humble contribution to their freedom struggle. This is what has motivated me in all that I have done in relation to the charges made against me in this case.

이를 짚고 넘어갔으니, 저는 이제 시간을 갖고 폭력의 문제에 대해서 이야기하고자 합니다. 법정에 전달된 이야기 중에는 진실인 부분도 있고 그렇지 않은 부분도 있습니다. 저는 사보타주 계획을 세운 사실을 부정하지 않습니다. 저는 무모한 감정이나 폭력을 사랑하는 마음이 있어서 그러한 계획을 세운 것이 아닙니다. 저의 기획은 저의 사람들에게 백인들이 수년간 가해온 독재, 착취, 억압이 불러온 정치적 상황을 침착하고 냉정하게 진단한 결과였습니다.

Having said this, I must deal immediately and at some length with the question of violence. Some of the things so far told to the Court are true and some are untrue. I do not, however, deny that I planned sabotage. I did not plan it in a spirit of recklessness, nor because I have any love of violence. I planned it as a result of a calm and sober assessment of the political situation that had arisen after many years of tyranny, exploitation, and oppression of my people by the Whites.

저는 민족의 창uMkhonto we Sizwe을 조직한 사람 중 하나라는 사실과 1962년 8월에 체포되기 전까지 그들이 벌인 일에 주도적인 역할을 해왔음을 인정합니다.

I admit immediately that I was one of the persons who helped to form uMkhonto we Sizwe, and that I played a prominent role in its affairs until I was arrested in August 1962.

앞으로의 발언을 통해 정부가 제시한 목격자들이 만들어낸 오해를 바로잡고자 합니다. 다른 것보다 증거로 제출된 특정 사안들은 국민의 창이 하지도 않았고 할 수도 없었던 일들이라는 점을 보여드리고자 합니다. 개인적으로 참여하였던 아프리카 민족 회의, 민족의 창 두 조직의 관계에 대해서도 말하고자 합니다. 또한 공산당이 관여한 부분도 이야기하겠습니다. 이를 제대로 이야기하기 위해 저는 민족의 창이 달성하고자 했던 목표와 이를 달성하기 위해 결정된 방식들, 그리고 그 방식들을 왜 선택하게 되었는지 말씀드려야 합니다. 또한 이 단체들의 활동에 어떻게 참여하게 되었는지도 설명해야겠지요.

In the statement which I am about to make I shall

correct certain false impressions which have been created by State witnesses. Amongst other things, I will demonstrate that certain of the acts referred to in the evidence were not and could not have been committed by Umkhonto. I will also deal with the relationship between the African National Congress and Umkhonto, and with the part which I personally have played in the affairs of both organizations. I shall deal also with the part played by the Communist Party. In order to explain these matters properly, I will have to explain what Umkhonto set out to achieve; what methods it prescribed for the achievement of these objects, and why these methods were chosen. I will also have to explain how I became involved in the activities of these organizations.

저는 민족의 창이 기소된 근거로 제시된 다수의 행위가 조직의 방침과 분명히 벗어나 있으며, 민족의 창이 그 사건들에 대한 책임이 없음을 말씀드립니다. 저는 그러한 행위들이 어떻게 발생했는지 모르지만, 민족의 창이 그것을 인가했을 리 없다는 것을 입증하기 위해 조직의 뿌리와 방침에 대해 간략한 설명을 하겠습니다.

I deny that Umkhonto was responsible for a number of acts which clearly fell outside the policy of the organisation, and which have been charged in the indictment against us. I do not know what justification there was for these acts, but to demonstrate that they could not have been authorized by Umkhonto, I want to refer briefly to the roots and policy of the organization.

이미 제가 민족의 창의 조직을 도운 사람 중 하나라는 것을 언급해드렸습니다. 조직을 출범시킨 이들은 두 가지 동기가 있었습니다. 첫째, 우리는 정부 정책으로 인해 아프리카인들의 폭력은 피할 수 없다고 믿었습니다. 또한 아프리카인들의 감정을 돌리고 통제할 수 있는 책임 있는 지도부 없이는 테러의 발발로 이어져 이 나라를 살아가는 다양한 인종 간에 전쟁으로도 만들어지지 않을 강한 적대감과 비통함이 형성될 것이라 믿었습니다. 둘째, 우리는 폭력 없이는 백인 우월주의의 원칙에 맞서 이길 수 없다고 믿었습니다. 이러한 원칙에 맞설 수 있는 합법적 표현 수단들이 없습니다. 따라서 우리는 영원히 열등함을 받아들이든지, 정부에 맞서든지 선택해야 할 위치에 섰고, 우리는 법을 거부하기로 결정했습니다. 처음에는 폭력에 절대 의지하지 않는 방법으로 법을 어겼습니다. 이러한 방식이 법으로 금지되었고 정부는 반대하는 이들을 무너뜨리기 위해 공권력을 활용하기 시작했습니다. 그제야 우리는 폭력에는 폭력으로 대응하기로 결정했습니다.

I have already mentioned that I was one of the persons who helped to form Umkhonto. I, and the others who started the organization, did so for two reasons. Firstly, we believed that as a result of Government policy, violence by the African people had become inevitable, and that unless responsible leadership was given to canalize and control the feelings of our people, there would be outbreaks of terrorism which would produce an intensity of bitterness and hostility between the various races of this country which is not produced even by war. Secondly, we felt that without violence there would be no way open to the African people to succeed in their struggle against the principle of white supremacy. All lawful modes of expressing opposition to this principle had been closed by legislation, and we were placed in a position in which we had either to accept a permanent state of inferiority, or to defy the Government. We chose to defy the law. We first broke the law in a way which avoided any recourse to violence; when this form was legislated against, and then the Government resorted to a show of force to crush opposition to its policies, only then did we decide to answer violence with violence.

하지만 우리가 채택하기로 한 폭력은 테러가 아니었습니다. 민족의 창을 조직한 우리는 모두 아프리카 민족 회의에 참여하고 있고, 민족 회의는 정치적 갈등의 해결방식으로 비폭력과 협상을 활용하는 전통이 있는 조직입니다. 우리는 남아프리카가 백인이든 흑인이든 그 안에 살아가는 모두의 것이라 생각하지, 한 집단의 것이 아니라 생각합니다. 본 법정이 이를 믿지 못하겠다면 우리 조직의 전체적인 역사와 제가 앞으로 말씀드릴 민족의 창이 채택하기로 결의한 전략이 제 주장을 입증해줄 것입니다. 따라서 저는 아프리카 민족 회의에 대해서도 말씀드리고자 합니다.

But the violence which we chose to adopt was not terrorism. We who formed Umkhonto were all members of the African National Congress, and had behind us the ANC tradition of non-violence and negotiation as a means of solving political disputes. We believe that South Africa belongs to all the people who live in it, and not to one group, be it black or white. We did not want an interracial war, and tried to avoid it to the last minute. If the Court is in doubt about this, it will be seen that the whole history of our organization bears out what I have said, and what I will subsequently say, when I describe the tactics which Umkhonto decided to adopt. I want, therefore, to say something about the African National Congress.

아프리카 민족 회의는 남아프리카법으로 축소되고, 원주민 토지법으로 위협받는 아프리카인들의 권리를 보호하기 위해 1912년 만들어졌습니다. 1949년까지 37년간 철저히 헌법적 방식의 저항을 해왔습니다. 요구와 결의를 내고, 정부에 대표들을 보냈습니다. 아프리카인들의 고충이 평화적인 논의를 통해 해결되고 아프리카인들이 완전한 정치적 권리를 점진적으로 확보할 수 있을 것이라는 믿음이 있었기 때문입니다. 하지만 백인 정부는 꼼짝하지 않았고, 아프리카인들의 권리는 커지기보단 더 축소되었습니다. 1952년 민족 회의의 의장이 되고 훗날 노벨 평화상을 수상한 루툴리의 표현을 빌리겠습니다.

The African National Congress was formed in 1912 to defend the rights of the African people which had been seriously curtailed by the South Africa Act, and which were then being threatened by the Native Land Act. For thirty-seven years – that is until 1949 – it adhered strictly to a constitutional struggle. It put forward demands and resolutions; it sent delegations to the Government in the belief that African grievances could be settled through peaceful discussion and that Africans could advance gradually to full political rights. But White Governments remained unmoved, and the rights of Africans became less instead of becoming greater. In the words of my leader, Chief Lutuli, who became President of the ANC in 1952, and who was later awarded the Nobel Peace Prize:

"누가 제 인생의 30년이라는 세월을 헛되이 인내하며 온건하고 얌전히 감옥 문을 두드리며 보냈음을 부정하겠

습니까? 그런 온건함의 결과가 무엇이었습니까? 지난 30
년간 우리의 권리와 전진을 제한하는 역대 가장 많은 법
이 제정되는 것을 목격했고, 오늘날 우리에게는 그 어떤
권리도 없는 상태에 이르렀습니다."

"who will deny that thirty years of my life have been
spent knocking in vain, patiently, moderately, and
modestly at a closed and barred door? What have been
the fruits of moderation? The past thirty years have seen
the greatest number of laws restricting our rights and
progress, until today we have reached a stage where we
have almost no rights at all".

1949년 이후에도 민족 회의는 폭력을 피하고자 했습
니다. 하지만 과거의 철저한 헌법적 방식과 다른 방식을
채택하기로 했습니다. 특정 법률들에 반해 평화적이지만
불법적인 시위를 통해 아파르트헤이트 정책에 저항하기
로 한 것입니다. 이러한 정책에 따라 민족 회의는 불복종
캠페인을 개시했고, 저는 자원 활동가들을 담당했습니다.
이 캠페인은 수동적 저항의 원칙에 기반했습니다. 8,500
명의 사람들이 아파르트헤이트를 거부했고 감옥에 갔습

니다. 그런데도 저항의 과정에서 단 한 차례의 폭력 사건도 발생하지 않았습니다. 저와 19명의 동료는 캠페인을 조직한 혐의로 기소되었으나 판사는 규율과 비폭력이 전반적으로 강조되었음을 주된 이유로 형을 유예했습니다. 이것이 민족 회의의 자원 활동 부서가 처음 조직되었을 때였고, Amadelakufa[10]라는 단어가 처음 사용되었을 때입니다. 자원 활동가들이 특정 원칙을 지킬 것을 맹세하도록 한 것입니다. 이번 사건에서도 자원 활동가들의 맹세를 받은 것에 대한 증거가 제시되었으나 정황을 완전히 무시하고 있습니다. 자원 활동가들은 예나 지금이나 백인을 상대로 내전을 일으킬 것을 맹세한 흑인 군 장병이 아닙니다. 그들은 과거에도 현재에도 전단지를 돌리거나, 파업을 주도하거나, 기타 특정 캠페인에서 필요로 하는 일들을 하며 민족 회의의 캠페인을 주도할 준비가 되어있는 헌신적인 일꾼들입니다. 그들은 그러한 행동으로 인해 법에 따라 투옥되거나 채찍질 당할 것을 각오했기에 자원 활동가로 불리는 것입니다.

Even after 1949, the ANC remained determined to

---

10) Amadelakufa. '희생을 각오한 자'라는 의미

avoid violence. At this time, however, there was a change from the strictly constitutional means of protest which had been employed in the past. The change was embodied in a decision which was taken to protest against apartheid legislation by peaceful, but unlawful, demonstrations against certain laws. Pursuant to this policy the ANC launched the Defiance Campaign, in which I was placed in charge of volunteers. This campaign was based on the principles of passive resistance. More than 8,500 people defied apartheid laws and went to jail. Yet there was not a single instance of violence in the course of this campaign on the part of any defier. I and nineteen colleagues were convicted for the role which we played in organizing the campaign, but our sentences were suspended mainly because the Judge found that discipline and non-violence had been stressed throughout. This was the time when the volunteer section of the ANC was established, and when the word 'Amadelakufa' was first used: this was the time when the volunteers were asked to take a pledge to uphold certain principles. Evidence dealing with volunteers and their pledges has been introduced into this case, but completely out of context. The volunteers were not, and are not, the soldiers of a black army pledged to fight a civil war against the whites. They were, and are, dedicated workers who are prepared to lead campaigns initiated by the ANC to distribute leaflets, to organize strikes, or do whatever the particular campaign required. They are called volunteers because they volunteer to face the penalties of imprisonment and whipping which are now prescribed by the legislature for such acts.

불복종 캠페인 중에 공공안전법과 형법 개정안이 통과되었습니다. 이들 법은 법에 반대하는 시위에 대해 더 가혹한 형벌을 내리도록 하고 있었습니다. 그런데도 시위는 계속되었고 민족 회의는 비폭력 정책을 유지했습니다. 1956년 저를 포함해 회의 연합의 지도자 156명은 반역죄와 반공법 위반으로 체포되었습니다. 정부에서는 민족 회의의 비폭력 정책을 의심했으나 법원은 5년 후에 민족 회의가 폭력에 대한 방침이 없음을 인정했습니다. 우리는 현정부를 대체할 공산주의 정부를 수립하려 했다는 혐의를 포함하여, 모두 무혐의를 받았습니다. 정부는 언제나 자신에 적대적인 이들은 공산주의자로 낙인찍으려 해왔

습니다. 이러한 혐의는 현재도 반복되어 씌워졌는데 제가
민족 회의는 단 한 번도 공산주의 조직이었던 적이 없었
다는 것을 보여드리겠습니다.

During the Defiance Campaign, the Public Safety
Act and the Criminal Law Amendment Act were passed.
These Statutes provided harsher penalties for offences
committed by way of protests against laws. Despite this,
the protests continued and the ANC adhered to its policy
of non-violence. In 1956, 156 leading members of the
Congress Alliance, including myself, were arrested on a
charge of high treason and charges under the Suppression
of Communism Act. The non-violent policy of the ANC
was put in issue by the State, but when the Court gave
judgement some five years later, it found that the ANC
did not have a policy of violence. We were acquitted on
all counts, which included a count that the ANC sought
to set up a communist state in place of the existing
regime. The Government has always sought to label all
its opponents as communists. This allegation has been
repeated in the present case, but as I will show, the ANC

is not, and never has been, a communist organization.

1960년에 샤프빌에서 총격이 있었습니다. 이는 비상사태 선언과 민족 회의를 불법 단체로 선언하는 결과로 이어졌습니다. 저와 동료들은 심사숙고 끝에 이 법을 따르지 않기로 했습니다. 아프리카인들은 자신들을 통치하는 법을 만들지 않았고 정부에 참여하지 않았습니다. '정부의 권한은 국민의 의지에 근거한다'라는 세계인권선언의 문구를 믿는 우리에게 정부의 금지 조치를 따르는 것은 아프리카인들의 영원한 침묵을 받아들이는 것과 같습니다. 민족 회의는 해체를 거부했고 대신 지하로 들어갔습니다. 우리는 거의 50년간 끊임없이 이어진 고생을 통해 세운 조직을 보존하는 것이 우리의 의무라 생각했습니다. 스스로를 존중하는 그 어떤 백인 정치조직도 자신들이 참여하지도 못하는 정부로부터 불법 조직으로 규정된다고 해서 해산하지 않을 것이라 확신합니다.

In 1960 there was the shooting at Sharpeville, which resulted in the proclamation of a state of emergency and the declaration of the ANC as an unlawful organization. My colleagues and I, after careful consideration, decided that we would not obey this decree. The African people were not part of the Government and did not make the laws by which they were governed. We believed in the words of the Universal Declaration of Human Rights, that 'the will of the people shall be the basis of authority of the Government', and for us to accept the banning was equivalent to accepting the silencing of the Africans for all time. The ANC refused to dissolve, but instead went underground. We believed it was our duty to preserve this organization which had been built up with almost fifty years of unremitting toil. I have no doubt that no self-respecting White political organization would disband itself if declared illegal by a government in which it had no say.

1960년 정부는 공화국의 수립으로 이어진 총선거를 치렀습니다. 남아프리카 인구의 70% 정도를 구성하는 아프리카인들은 투표권이 없었고 헌법 개정안에 대한 설명도 듣지 못했습니다. 우리 모두는 백인공화국 치하의 우리의 미래를 걱정했습니다. 전국 대회를 요구하기 위해 전 아프리카 회의를 열기로 하고, 정부가 전국 대회를 개

최하지 않으면 원치 않는 공화국 탄생 전야에 대규모 시위를 조직하기로 결정했습니다. 전 아프리카 회의에는 다양한 정치 신념을 가진 아프리카인들이 참여했습니다. 저는 공화국 선포에 맞춰 전국적으로 집에 머무르는 시위를 조직하는 책임을 맡은 회의 사무장을 맡았습니다. 아프리카인들의 모든 파업은 불법이기 때문에 이를 조직하는 사람은 체포를 피해야 했습니다. 제가 그런 역할이었기 때문에 집과 가족과 직장을 떠나 체포를 피해 숨어야 했습니다.

In 1960 the Government held a referendum which led to the establishment of the Republic. Africans, who constituted approximately 70 per cent of the population of South Africa, were not entitled to vote, and were not even consulted about the proposed constitutional change. All of us were apprehensive of our future under the proposed White Republic, and a resolution was taken to hold an All-In African Conference to call for a National Convention, and to organize mass demonstrations on the eve of the unwanted Republic, if the Government failed to call the Convention. The conference was attended by Africans of various political persuasions. I was the Secretary of the conference and undertook to be responsible for organizing the national stay-at-home which was subsequently called to coincide with the declaration of the Republic. As all strikes by Africans are illegal, the person organizing such a strike must avoid arrest. I was chosen to be this person, and consequently I had to leave my home and family and my practice and go into hiding to avoid arrest.

민족 회의의 방침에 따라 집에 머무르기 운동은 평화 시위로 진행될 예정이었습니다. 폭력 사태를 피하려고 조직가들과 자원 활동가들에게 세심한 지침이 내려졌습니다. 정부의 대응은 더 가혹하고 새로운 법을 통화시키고, 무력으로 사람들을 겁주기 위해 마을마다 두 대의 장갑차와 군인들을 보냈습니다. 이는 정부가 무력을 통해서만 통치하겠다는 결정을 보여준 것이며 이러한 결정은 민족의 창의 탄생에 있어 중요한 사건이었습니다.

The stay-at-home, in accordance with ANC policy, was to be a peaceful demonstration. Careful instructions were given to organizers and members to avoid any recourse to violence. The Government's answer was to introduce new and harsher laws, to mobilize its armed forces, and to send Saracens, 2 armed vehicles, and soldiers into the townships in a massive show of force designed to intimidate the people. This was an indication that the Government had decided to rule by force alone, and this decision was a milestone on the road to Umkhonto.

이러한 이야기의 일부는 본 재판과 관계없는 것처럼 보일 수 있습니다. 하지만 이 이야기들을 통해서 본 법정이 민족 해방 운동에 참여한 다양한 사람들이 결국 채택한 태도의 진가를 볼 수 있게 될 것이기 때문에 절대 무관하지 않다고 믿습니다. 1962년에 감옥에 갔을 때 목숨을 잃는 것은 피해야 한다는 생각이 지배적이었습니다. 이는 1963년에도 마찬가지라는 것을 압니다.

Some of this may appear irrelevant to this trial. In fact, I believe none of it is irrelevant because it will, I hope, enable the Court to appreciate the attitude eventually adopted by the various persons and bodies concerned in the National Liberation Movement. When I went to jail in 1962, the dominant idea was that loss of life should be avoided. I now know that this was still so in 1963.

1961년으로 돌아가서. 아프리카인들의 지도자들이 할 수 있는 게 무엇일까요? 이런 무력시위와 향후 행동에 대해 암시된 위협에 굴복했어야 할까요? 아니면 이에 맞서야 했을까요? 만약 맞서야 했다면 어떻게 맞서야 했을까요?

I must return to June 1961. What were we, the leaders of our people, to do? Were we to give in to the show of force and the implied threat against future action, or were we to fight it and, if so, how?

우리는 싸움을 계속해야 한다고 확신했습니다. 그렇지 않은 다른 모든 행동은 비참한 항복이었을 테니까요. 우리의 문제는 싸울 것인지의 문제가 아니라 어떻게 계속 싸워나갈 것인지의 문제였습니다. 민족 회의는 늘 비인종적 민주주의를 옹호했고, 인종 간의 갈등을 더 키울 수 있는 그 어떤 행동도 피했습니다. 하지만 50년의 비폭력주의는 아프리카인들에게 점점 더 억압적인 법과 점점 줄어드는 권리만을 안겨주었습니다. 본 법정에서 이해하기 힘들겠지만, 사람들이 백인과 싸워 나라를 되찾겠다며 폭력을 이야기한 지도 꽤 오래되었습니다. 그럼에도 불구하고 민족 회의는 언제나 평화적 방식만을 추구하고 폭력을 피할 수 있게 언제나 승리해왔습니다. 우리 중 일부는 1961년 5월과 6월에 이에 관한 이야기를 나누었습니다. 비폭력주의를 통해 비인종적 국가를 만든다는 우리의 방침은 그 어떤 것도 달성하지 못했다는 사실과 우리의 추종자들이 이러한 방침에 대한 신뢰를 잃고 테러에 대한 충격적인 생각을 키우기 시작했음을 부정할 수 없습니다.

We had no doubt that we had to continue the fight. Anything else would have been abject surrender. Our problem was not whether to fight, but was how to continue the fight. We of the ANC had always stood for a non-racial democracy, and we shrank from any action which might drive the races further apart than they already were. But the hard facts were that fifty years of non-violence had brought the African people nothing but more and more repressive legislation, and fewer and fewer rights. It may not be easy for this Court to understand, but it is a fact that for a long time the people had been talking of violence – of the day when they would fight the White man and win back their country – and we, the leaders of the ANC, had nevertheless always prevailed upon them to avoid violence and to pursue peaceful methods. When some of us discussed this in May and June of 1961, it could not be denied that our policy to achieve a nonracial State by non-violence had achieved nothing, and that our followers were beginning to lose confidence in this policy and were developing disturbing ideas of terrorism.

이때는 폭력이 남아공 정치의 한 특성이 되어있었다는 사실을 잊어서는 안 됩니다. 1957년 제루스트의 여성들이 통행증을 소지할 것을 강제했을 때 폭력이 있었습니다. 1958년 세쿠쿠니란트에서 가축 살처분을 집행했을 때도 폭력이 있었습니다. 1959년 카토마노의 주민들이 통행증 불시 단속에 반대하는 시위를 펼쳤을 때도 폭력이 있었습니다. 1960년 정부가 폰돌란드에 반투족 지배를 강제하려 했을 때도 폭력이 있었습니다. 이 과정에서 39명의 아프리카인이 사망했습니다. 1961년 윔바스 지역에 폭동이 발생했고, 트란스케이 지역은 내내 혼돈의 도가니였습니다. 모든 소란은 폭력만이 해결 방법이라는 믿음이 아프리카인들 사이에서 커질 수밖에 없는 상황 때문에 발생했습니다. 통치를 유지하기 위해 물리력을 사용하는 정부는 억압받는 이들로 하여금 저항하기 위해 물리력을 활용하도록 가르친다는 것을 보여줍니다. 이미 도시지역에서 작은 단체들이 만들어져 폭력적인 형태의 정치 투쟁을 즉흥적으로 기획하고 있습니다. 이들을 제대로 지도하지 않는다면 백인들뿐 아니라 아프리카인들에게도 테러를 저지를 위험이 생겼습니다. 제루스트, 세쿠쿠니란트, 폰돌란드 같은 곳에서 아프리카인들 사이에 발생한 폭력의 형태는 특히나 충격적이었습니다. 점점 애초에 이를 촉발한 정부에 대한 투쟁이 아니라 사망과 비통함 외에는 그 어떤 것도 달성할 수 없는 시민들 간의 갈등의 형태가 되어가고 있습니다.

It must not be forgotten that by this time violence had, in fact, become a feature of the South African political scene. There had been violence in 1957 when the women of Zeerust were ordered to carry passes; there was violence in 1958 with the enforcement of cattle culling in Sekhukhuniland; there was violence in 1959 when the people of Cato Manor protested against pass raids; there was violence in 1960 when the Government attempted to impose Bantu Authorities in Pondoland. Thirty-nine Africans died in these disturbances. In 1961 there had been riots in Warmbaths, and all this time the Transkei had been a seething mass of unrest. Each disturbance pointed clearly to the inevitable growth among Africans of the belief that violence was the only way out - it showed that a Government which uses force to maintain its rule teaches the oppressed to use force to oppose it. Already small groups had arisen in the urban areas and were spontaneously making plans for violent forms of political struggle. There now arose a danger that these groups would adopt terrorism against Africans, as well as Whites, if not properly directed. Particularly disturbing was the type of violence engendered in places such as Zeerust, Sekhukhuniland, and Pondoland amongst Africans. It was increasingly taking the form, not of struggle against the

Government - though this is what prompted it -but of civil strife amongst themselves, conducted in such a way that it could not hope to achieve anything other than a loss of life and bitterness.

1961년 6월 초에 남아프리카의 상황에 대해 길고 걱정스러운 진단 끝에 저와 몇몇 동지들은 이 나라에서 폭력이 불가피하고 이렇게 정부가 평화적 요구를 무력으로 진압하는 상황에서 아프리카인 지도자들이 평화와 비폭력을 계속 주장하는 것은 잘못되었다는 결론을 내렸습니다.

At the beginning of June 1961, after a long and anxious assessment of the South African situation, I, and some colleagues, came to the conclusion that as violence in this country was inevitable, it would be unrealistic and wrong for African leaders to continue preaching peace and non-violence at a time when the Government met our peaceful demands with force.

이러한 결론에 도달하는 것은 쉽지 않았습니다. 모든 방식이 실패하고 우리에게 모든 평화적 시위의 방법이 금지되어서야 우리는 폭력적 형태의 정치적 투쟁을 택하고 민족의 창을 조직하기로 결정한 것입니다. 우리는 그것을 바랬기 때문이 아니라 정부가 우리로 하여금 다른 선택을 할 수 없게 했기 때문입니다. 증거물 AD로 제출된 1961년 민족의 창 헌장에는 이렇게 쓰여있습니다.

This conclusion was not easily arrived at. It was only when all else had failed, when all channels of peaceful protest had been barred to us, that the decision was made to embark on violent forms of political struggle, and to form Umkhonto we Sizwe. We did so not because we desired such a course, but solely because the Government had left us with no other choice. In the Manifesto of Umkhonto published on 16 December 1961, which is Exhibit AD, we said:

"어떤 민족에게든 두 가지 선택밖에 놓이지 않은 상황이 발생할 수 있다. 굴종하거나, 싸우거나. 남아프리카가 지금 그때를 맞이하고 있다. 우리는 굴복하지 않을 것이며 우리는 우리의 사람들, 우리의 미래, 우리의 자유를 방어하기 위한 모든 수단을 동원해 반격할 것이다."

"The time comes in the life of any nation when there remain only two choices – submit or fight. That time has now come to South Africa. We shall not submit and we have no choice but to hit back by all means in our power in defence of our people, our future, and our freedom".

그것이 1961년 6월 민족 해방 운동의 방침을 변경하기로 결정했을 당시 우리의 감정이었습니다. 제 양심에 비추어 의무적으로 한 행동이라 말씀드릴 수 있습니다.

This was our feeling in June of 1961 when we decided to press for a change in the policy of the National Liberation Movement. I can only say that I felt morally obliged to do what I did.

민족 회의를 비롯해 다양한 조직의 지도자들에게 우리의 결정에 관해 말씀을 들었습니다. 저는 그들이 누구이고 어떤 말들을 했는지는 말씀드리지 않겠습니다. 하지만 이 투쟁의 단계에서 아프리카 민족 회의의 역할과 민족의 창의 목적과 방침을 다루어보고자 합니다.

We who had taken this decision started to consult leaders of various organizations, including the ANC. I will not say whom we spoke to, or what they said, but I wish to deal with the role of the African National Congress in this phase of the struggle, and with the policy and objectives of Umkhonto we Sizwe.

민족 회의의 입장은 다음과 같은 내용으로 요약해볼 수 있습니다.

As far as the ANC was concerned, it formed a clear view which can be summarized as follows:

a. 정치적 기능을 수행하는 거대 정치단체입니다. 회원들은 비폭력 방침을 표현하기 위해 합류했습니다.

a. It was a mass political organization with a political function to fulfil. Its members had joined on the express policy of non-violence.

b. 이 모든 것 때문에라도 우리는 폭력을 선택하지 않

았고, 선택할 수도 없습니다. 이는 분명히 해야 합니다. 누구든 사보타주를 위한 작은 조직을 만들 수 없습니다. 이는 정치적 프로파간다와 조직이라는 핵심적인 활동을 중단한다는 것을 의미하기 때문에 이는 정치적으로 올바르지도 않습니다. 조직의 본질을 변경하는 것 또한 허용되지 않습니다.

b. Because of all this, it could not and would not undertake violence. This must be stressed. One cannot turn such a body into the small, closely knit organization required for sabotage. Nor would this be politically correct, because it would result in members ceasing to carry out this essential activity: political propaganda and organization. Nor was it permissible to change the whole nature of the organization.

c. 하지만 제가 말씀드렸다시피 민족 회의는 적절하게 통제된 폭력은 허용하는 선에서 50년을 유지해온 비폭력주의를 버릴 준비가 되어있었습니다. 따라서 이러한 행위를 벌인 이들은 민족 회의의 징계 대상에 속하지 않을 것입니다.

c. On the other hand, in view of this situation I have described, the ANC was prepared to depart from its fifty-year-old policy of non-violence to this extent that it would no longer disapprove of properly controlled violence. Hence members who undertook such activity would not be subject to disciplinary action by the ANC.

저는 어떤 조직을 만든다고 하면 항상 민족 회의의 정치적 지도를 받을 것이며 민족 회의가 동의하지 않는 그 어떤 활동도 하지 않으리라는 것을 분명히 밝혔기에 '적절히 통제된 폭력'이라 말했습니다. 이제 본 법정에 그런 폭력의 형태를 어떻게 결정하게 되었는지 말씀드리겠습니다.

I say 'properly controlled violence' because I made it clear that if I formed the organization I would at all times subject it to the political guidance of the ANC and would not undertake any different form of activity from that contemplated without the consent of the ANC. And I shall now tell the Court how that form of violence came to be determined.

이러한 결정으로 민족의 창이 1961년 11월에 만들어졌습니다. 결정을 내리고 계획을 세울 때, 민족 회의의 비폭력주의와 인종적 조화의 전통은 우리와 함께했습니다. 우리는 흑인과 백인이 서로 싸우는 내전으로 나아가고 있다고 느꼈습니다. 우리는 상황을 불안하게 바라봤습니다. 내전은 민족 회의가 지지하는 것들이 파괴됨을 의미할지 모릅니다. 내전으로 인종 간 평화는 그 어느 때보다 달성하기 힘들어지게 될 것입니다. 우리는 전쟁이 어떤 결과를 낳는지에 대해 남아프리카의 역사 속에서 경험했습니다. 남아프리카전쟁의 상처가 아무는 데에는 50년이 넘는 세월이 걸렸습니다. 양쪽에 엄청난 사상자를 발생시킬 인종 간 내전의 상처를 치유하는 데 얼마나 더 오랜 시간이 걸릴까요?

As a result of this decision, Umkhonto was formed in November 1961. When we took this decision, and subsequently formulated our plans, the ANC heritage of non-violence and racial harmony was very much with us. We felt that the country was drifting towards a civil war in which Blacks and Whites would fight each other. We viewed the situation with alarm. Civil war could mean the destruction of what the ANC stood for; with civil war, racial peace would be more difficult than ever to achieve. We already have examples in South African history of the results of war. It has taken more than fifty years for the scars of the South African War to disappear. How much longer would it take to eradicate the scars of inter-racial civil war, which could not be fought without a great loss of life on both sides?

내전을 피해야 한다는 생각이 수년간 지배적이었지만, 폭력을 우리가 방침으로 결정 결정하고서 그런 전쟁의 가능성을 마주해야 한다는 것을 깨달았습니다. 우리가 계획을 세우는 데 있어서 이것을 염두에 두어야 했습니다. 시대의 요구에 따라 유연하게 대처할 수 있는 계획이 필요했습니다. 무엇보다도 내전을 최후의 수단으로 생각하고 그런 결정을 어떻게 내릴지는 미래에 남겨두기로 했습니다. 우리는 내전에 참전하고 싶지 않았지만, 그것을 피할 수 없는 상황에 대비하고 싶었습니다.

The avoidance of civil war had dominated our thinking for many years, but when we decided to adopt violence as part of our policy, we realized that we might one day have to face the prospect of such a war. This had to be taken into account in formulating our plans. We required a plan which was flexible and which permitted us to act in accordance with the needs of the times; above all, the plan had to be one which recognized civil war as the last resort, and left the decision on this question to the future. We did not want to be committed to civil war, but we wanted to be ready if it became inevitable.

네 가지 형태의 폭력이 가능했습니다. 사보타주, 게릴라 전쟁, 테러, 혁명. 우리는 첫 번째를 택했고, 다른 선택 이전에 최대한 활용하기로 했습니다.

Four forms of violence were possible. There is sabotage, there is guerrilla warfare, there is terrorism, and there is open revolution. We chose to adopt the first method and to exhaust it before taking any other decision.

우리의 정치적 배경에 비추어보면 우리의 선택은 논리적이었습니다. 사보타주는 인명피해가 없고, 미래 인종

관계에 가장 희망적일 수 있었습니다. 쓰라림은 최소화하면서 민주 정부가 현실화시킬 수 있었습니다. 이것이 당시에 우리가 했던 생각이고 우리가 선언문에 밝힌 내용입니다. 증거물 AD:

In the light of our political background the choice was a logical one. Sabotage did not involve loss of life, and it offered the best hope for future race relations. Bitterness would be kept to a minimum and, if the policy bore fruit, democratic government could become a reality. This is what we felt at the time, and this is what we said in our Manifesto Exhibit AD :

"우리 민족의 창은 언제나 피를 흘리지 않고 시민의 충돌 없이 자유를 쟁취하기 위해 노력했습니다. 우리는 이미 늦어버린 지금도 우리의 첫 행동들이 국수주의 정책이 초래할 재앙에 대해 모두가 깨닫게 되는 계기가 되기를 바랍니다. 내전이라는 절망적 상황이 도래하기 전에 정부와 그 정책들이 바뀔 수 있도록 우리가 정부와 그 지지자들을 일깨울 수 있기를 바랍니다."

"We of Umkhonto we Sizwe have always sought to achieve liberation without bloodshed and civil clash. We hope, even at this late hour, that our first actions will awaken everyone to a realization of the disastrous situation to which the Nationalist policy is leading. We hope that we will bring the Government and its supporters to their senses before it is too late, so that both the Government and its policies can be changed before matters reach the desperate state of civil war."

첫 계획은 우리나라의 정치 · 경제적 상황에 대한 세심한 분석에 기반했습니다. 우리는 남아프리카가 해외 자본과 무역에 크게 의존하고 있다고 믿었습니다. 우리는 발전소를 파괴하고 철로와 전화 통신을 방해하면 이 나라에서 자본이 도망가게 하고, 산업지역에서 항구까지 물건이 제시간에 도착하기 어렵게 할 수 있을 것이라 믿었습니다. 이것이 장기적으로 국가 경제에 심각한 타격을 주어 이 나라의 유권자들로 하여금 자신의 입장을 다시 생각해 볼 수밖에 할 수 있으리라 생각했습니다.

The initial plan was based on a careful analysis of

the political and economic situation of our country. We believed that South Africa depended to a large extent on foreign capital and foreign trade. We felt that planned destruction of power plants, and interference with rail and telephone communications, would tend to scare away capital from the country, make it more difficult for goods from the industrial areas to reach the seaports on schedule, and would in the long run be a heavy drain on the economic life of the country, thus compelling the voters of the country to reconsider their position.

정부 건물과 기타 아파르트헤이트의 상징을 사보타주함으로써 국가 경제의 생명선을 공격하려 했습니다. 이러한 공격은 아프리카인들에게 영감을 주는 요소가 되어줄 것입니다. 또한, 그것들은 우리에게 폭력적 방식의 채택을 촉구하는 이들의 불만을 해소하고 우리가 더 강경한 노선을 택했고 정부의 폭력에 반격한다는 확실한 증거가 되어줄 것입니다.

Attacks on the economic life lines of the country were to be linked with sabotage on Government buildings and other symbols of apartheid. These attacks would serve as a source of inspiration to our people. In addition, they would provide an outlet for those people who were urging the adoption of violent methods and would enable us to give concrete proof to our followers that we had adopted a stronger line and were fighting back against Government violence.

또한, 집단행동이 성공적으로 조직되고 대규모 보복이 발생하면 다른 국가들 사이에서 우리의 목표에 대한 지지를 불러일으켜 남아프리카 정부에 더 강력한 압박을 가할 수 있을 것입니다.

In addition, if mass action were successfully organized, and mass reprisals taken, we felt that sympathy for our cause would be roused in other countries, and that greater pressure would be brought to bear on the South African Government.

이것이 우리의 계획이었습니다. 민족의 창이 사보타주에 대한 계획을 세우고 그것을 이행하는 데 있어서 사람을 다치게 하거나 죽이는 일이 없도록 처음부터 회원들에게 엄격한 지침을 내렸습니다. 이러한 지침은 증거로 제출된 X씨와 Z씨의 증언에 언급되어 있습니다.

This then was the plan. Umkhonto was to perform sabotage, and strict instructions were given to its members right from the start, that on no account were they to injure or kill people in planning or carrying out operations. These instructions have been referred to in the evidence of 'Mr. X' and 'Mr. Z'.

민족의 창의 업무는 지역사령부 인사권을 가진 국가 최고 사령부의 지휘 통제를 받도록 했습니다. 국가 최고 사령부는 전술과 대상을 결정하고 훈련과 재정을 담당하는 기구였습니다. 국가 최고 사령부 밑에는 지역 사령부가 있었고 이들은 지역 사보타주 단체의 지휘를 책임졌습니다. 국가 최고 사령부 정책의 틀 안에서 지역 사령부는 공격 대상을 결정할 권한이 있습니다. 그들은 내려진 틀 안에서만 권한을 행사할 수 있기 때문에 사보타주의 전반적 계획을 벗어나거나 생명에 위협을 가하는 행동을 할 권한이 없습니다. 예를 들어 국민의 창은 작전을 수

행함에 있어 무장을 하는 것이 금지됩니다. 참고로 국가 최고 사령부, 지역 사령부의 명칭은 1944년부터 1948까지 이스라엘에서 활동한 유대인 지하조직 이르군Irgun Zvai Leumi에서 차용한 것입니다.

The affairs of the Umkhonto were controlled and directed by a National High Command, which had powers of co-option and which could, and did, appoint Regional Commands. The High Command was the body which determined tactics and targets and was in charge of training and finance. Under the High Command there were Regional Commands which were responsible for the direction of the local sabotage groups. Within the framework of the policy laid down by the National High Command, the Regional Commands had authority to select the targets to be attacked. They had no authority to go beyond the prescribed framework and thus had no authority to embark upon acts which endangered life, or which did not fit into the overall plan of sabotage. For instance, Umkhonto members were forbidden ever to go armed into operation. Incidentally, the terms High

Command and Regional Command were an importation
from the Jewish national underground organization Irgun
Zvai Leumi, which operated in Israel between 1944 and
1948.

민족의 창의 첫 작전은 1961년 12월 16일 요하네스버
그, 포트엘리자베스, 더반의 정부 건물을 공격했을 때였
습니다. 공격 대상은 제가 말씀드린 방침의 증거입니다.
우리가 생명을 앗아가고자 했다면 빈 건물이나 발전소가
아닌 사람들이 모여 있는 곳을 선택했을 것입니다. 1961
년 12월 16일 이전에 발생한 사보타주는 민족의 창과는
그 어떤 접점도 없는 독립조직이 벌인 일입니다. 사실 이
들 행위와 이후의 행위들도 다른 조직이 한 것으로 알려
졌습니다.

Umkhonto had its first operation on 16 December
1961, when Government buildings in Johannesburg, Port
Elizabeth and Durban were attacked. The selection of
targets is proof of the policy to which I have referred. Had
we intended to attack life we would have selected targets
where people congregated and not empty buildings and

power stations. The sabotage which was committed before 16 December 1961 was the work of isolated groups and had no connection whatever with Umkhonto. In fact, some of these and a number of later acts were claimed by other organizations.

민족의 창의 선언은 작전이 개시된 날 발표되었습니다. 우리의 행동과 선언에 대해 백인들은 특별히 폭력적이었습니다. 정부는 강경 대응을 하겠다고 위협했고 지지자들에게 아프리카인들의 요구를 무시하고 견고함을 유지할 것을 촉구했습니다. 백인들은 변화로써 대응하는 데에 실패했습니다. 그들은 우리의 요구에 방어적으로 대응했습니다.

The Manifesto of Umkhonto was issued on the day that operations commenced. The response to our actions and Manifesto among the white population was characteristically violent. The Government threatened to take strong action, and called upon its supporters to stand firm and to ignore the demands of the Africans. The Whites failed to respond by suggesting change; they responded to our call by suggesting the laager.

아프리카인들의 반응은 격려가 되었습니다. 갑자기 다시 희망이 생겼습니다. 무언가가 벌어지고 있었습니다. 마을 사람들은 정치 소식을 열정적으로 찾았습니다. 초기의 성공이 엄청난 열의를 불러일으켰고 사람들은 얼마나 일찍 자유를 쟁취할 수 있을지 질문하기 시작했습니다.

In contrast, the response of the Africans was one of encouragement. Suddenly there was hope again. Things were happening. People in the townships became eager for political news. A great deal of enthusiasm was generated by the initial successes, and people began to speculate on how soon freedom would be obtained.

하지만 우리 민족의 창은 백인들의 대응을 걱정스럽게 살펴보았습니다. 선이 그어지고 있었습니다. 백인과 흑인은 각기 다른 진영으로 움직이고 있었고 내전을 피할 가능성은 줄어들었습니다. 백인 신문들은 사보타주를 사형으로 처벌할 것이라는 보도를 내보냈습니다. 이게 사실이라면 아프리카인들이 테러를 저지르지 못하도록 할 수 있는 방법이 뭐가 있을까요?

But we in Umkhonto weighed up the white response with anxiety. The lines were being drawn. The whites and blacks were moving into separate camps, and the prospects of avoiding a civil war were made less. The white newspapers carried reports that sabotage would be punished by death. If this was so, how could we continue to keep Africans away from terrorism?

이미 인종 갈등으로 인해 수십 명의 아프리카인들이 사망했습니다. 1920년 우리의 유명한 지도자 마사발라가 포트엘리자베스 감옥에 수감되었을 때 24명의 아프리카인이 그의 석방을 요구하다가 경찰과 민간인 백인들에게 죽임을 당했습니다. 1921년 불호크 사태에서 100명이 넘는 아프리카인들이 죽었습니다. 1924년 서남아프리카의 관리가 강아지에 대한 세금에 반대하는 시위대를 무력으로 진압했습니다. 1950년 5월 1일 파업에 대응하는 경찰의 사격으로 18명의 아프리카인이 사망했습니다. 1960년 3월 21일 69명의 무장하지 않은 아프리카인들이 샤프빌에서 사망했습니다.

Already scores of Africans had died as a result of racial friction. In 1920 when the famous leader, Masabala, was held in Port Elizabeth jail, twenty-four of a group of Africans who had gathered to demand his release were killed by the police and white civilians. In 1921, more than one hundred Africans died in the Bulhoek affair. In 1924 over two hundred Africans were killed when the Administrator of South-West Africa led a force against a group which had rebelled against the imposition of dog tax. On 1 May 1950, eighteen Africans died as a result of police shootings during the strike. On 21 March 1960, sixty-nine unarmed Africans died at Sharpeville.

우리 역사에 얼마나 더 많은 샤프빌이 있어야 할까요? 폭력과 테러가 일상이 되지 않는 나라를 유지하면서 몇 번의 샤프빌을 견딜 수 있을까요? 그리고 그 단계에 도달했을 때 아프리카인들에게는 어떤 일들이 벌어질까요? 장기적으로 우리는 우리가 반드시 성공해야 한다고 믿었습니다만, 우리와 나머지 국가 전체가 얼마나 희생되어야 하는 걸까요? 만약 이것이 벌어지면 어떻게 흑인들이 백인들과 평화롭고 조화롭게 다시 같이 살 수 있을까요? 이것이 우리가 마주한 문제였고 우리의 결정이었습니다.

How many more Sharpevilles would there be in the history of our country? And how many more Sharpevilles could the country stand without violence and terror becoming the order of the day? And what would happen to our people when that stage was reached? In the long run we felt certain we must succeed, but at what cost to ourselves and the rest of the country? And if this happened, how could black and white ever live together again in peace and harmony? These were the problems that faced us, and these were our decisions.

우리의 경험상 반란은 정부에게 무분별한 아프리카인 학살의 기회를 무한정으로 제공할 것이라 확신했습니다. 하지만 남아프리카의 땅이 이미 무고한 아프리카인들의 피로 흥건했기에 우리가 무력에 대해 스스로를 방어하기 위해 장기적으로 무력을 사용할 준비를 해놓는 것이 우리의 의무라 여겼습니다. 전쟁을 피할 수 없다면 우리는 아프리카인들에게 가장 유리한 조건으로 싸움이 진행되기를 원했습니다. 우리에게 가장 성공 가능성이 높고 양쪽에 인명피해가 가장 적은 전투 방법은 게릴라전이었습니다. 따라서 우리는 미래를 계획하면서 게릴라전의 가능성에 대해 준비하기로 결정했습니다.

Experience convinced us that rebellion would offer the Government limitless opportunities for the indiscriminate slaughter of our people. But it was precisely because the soil of South Africa is already drenched with the blood of innocent Africans that we felt it our duty to make preparations as a long-term undertaking to use force in order to defend ourselves against force. If war were inevitable, we wanted the fight to be conducted on terms most favourable to our people. The fight which held out prospects best for us and the least risk of life to both sides was guerrilla warfare. We decided, therefore, in our preparations for the future, to make provision for the possibility of guerrilla warfare.

모든 백인은 의무 군사훈련을 받지만, 아프리카인들은 그렇지 않습니다. 게릴라전이 시작되었을 때 필요한 리더십을 제공할 수 있는 훈련된 핵심 인력을 양성하는 것이 필수적이라 여겼습니다. 우리는 제대로 된 준비가 완료되기에 너무 늦지 않도록 상황에 대비해야 했습니다. 공적 관리와 기타 전문성을 키울 수 있도록 핵심 인력을 훈련하여 아프리카인들이 정부에 참여할 수 있게 되었을 때를 대비하는 것도 필요하다 여겼습니다.

All whites undergo compulsory military training, but no such training was given to Africans. It was in our view essential to build up a nucleus of trained men who would be able to provide the leadership which would be required if guerrilla warfare started. We had to prepare for such a situation before it became too late to make proper preparations. It was also necessary to build up a nucleus of men trained in civil administration and other professions, so that Africans would be equipped to participate in the government of this country as soon as they were allowed to do so.

이 단계에서 제가 1962년 아디스아바바에서 열리는 중앙, 동부, 남부 아프리카의 범아프리카 해방운동 회의에 참가해야 한다는 결정이 내려졌습니다. 또한, 이러한 준비를 위해 회의 이후에 제가 아프리카 국가들을 돌아다니며 병사들의 훈련을 위한 설비를 확보하고 대학을 졸업한 아프리카인들의 고등교육을 위한 학비를 확보하기로 했습니다. 두 영역에서의 훈련은 평화적인 방식으로 변화가 이루어지더라도 필요했습니다. 비인종적 정부가 수립되었을 때 행정의 의지와 능력을 갖춘 관료들이 필요했고, 정부의 군과 경찰을 통제할 인력도 필요했습니다.

At this stage it was decided that I should attend the Conference of the Pan-African Freedom Movement for Central, East, and Southern Africa, which was to be held early in 1962 in Addis Ababa, and, because of our need for preparation, it was also decided that, after the conference, I would undertake a tour of the African States with a view to obtaining facilities for the training of soldiers, and that I would also solicit scholarships for the higher education of matriculated Africans. Training in both fields would be necessary, even if changes came about by peaceful means. Administrators would be necessary who would be willing and able to administer a non-racial State and so would men be necessary to control the army and police force of such a State.

이에 따라 저는 민족 회의의 대표로 남아프리카를 떠나 아디스아바바로 향했습니다. 저의 여정은 성공적이었습니다. 가는 곳마다 우리의 동기에 대한 지지와 지원에 대한 약속을 받았습니다. 전 아프리카가 백인 남아프리카에 반대하는데 연합했고, 게이츠켈과 그리몬드와 같은 런던의 정치지도자들로부터 큰 공감을 불러일으켰습니다. 아프리카에서 당시의 탕가니카의 총리였던 카와와씨와 현 대통령인 줄리어스 니에레레, 에티오피아의 황제 하일레 셀라시에, 수단의 대통령 아부드 장군, 튀니지의 대통령 부르기바, 현 알제리 대통령 벤 벨라, 말리 대통령 모디보 케이타, 세네갈의 대통령 레오폴 상고르, 기니의 대통령 투레, 라이베리아의 대통령 터브만, 우간다의 총리 밀턴 오보테 등으로부터 지원을 약속받았습니다. 증거물 중 하나인 제 일기장에 적혀있듯, 벤 벨라 대통령은 알제리 해방군의 본부가 있는 우지다에 저를 초대했습니다.

It was on this note that I left South Africa to proceed to Addis Ababa as a delegate of the ANC. My tour was a success. Wherever I went I met sympathy for our cause and promises of help. All Africa was united against the stand of White South Africa, and even in London I was received with great sympathy by political leaders, such as Mr. Gaitskell and Mr. Grimond. In Africa I was promised support by such men as Julius Nyerere, now President of Tanganyika; Mr. Kawawa, then Prime Minister of Tanganyika; Emperor Haile Selassie of Ethiopia; General Abboud, President of the Sudan; Habib Bourguiba, President of Tunisia; Ben Bella, now President of Algeria; Modibo Keita, President of Mali; Leopold Senghor, President of Senegal; Sekou Toure, President of Guinea; President Tubman of Liberia; and Milton Obote, Prime Minister of Uganda. It was Ben Bella who invited me to visit Oujda, the Headquarters of the Algerian Army of National Liberation, the visit which is described in my diary, one of the Exhibits.

저는 외국에서 병법과 혁명에 관한 공부를 시작했고 군사훈련을 받았습니다. 게릴라전이 벌어졌을 때 저는 아프리카인들과 함께 싸우며 전쟁의 위험을 공유할 수 있기를 원했습니다. 알제리에서 받은 강의의 내용은 제출된 증거물 16번에 담겨있습니다. 게릴라전과 군사전략에 관한 책의 요약본을 썼습니다. 저는 이미 그 문서들이 제가 작성한 것을 인정했고, 투쟁이 게릴라전으로 변화할 때 제가 역할을 수행할 수 있도록 대비하기 위해 이런 공부를 진행했음을 인정합니다. 저는 이 문제를 모든 아프리카 민족주의자가 그래야 하듯 접근했습니다. 저는 순전히 객관적이었습니다. 본 법정은 제가 이 문제와 관련해 권위를 가진 모든 이들을 조사했음을 알 수 있을 것입니다. 동양과 서양을 가리지 않고 클라우제비츠의 고전에서부터 한편으로는 마오쩌둥과 체 게바라를, 다른 한편으로는 보어전쟁의 기록을 살피는 등 다양하게 다루었습니다. 물론 이러한 기록은 책의 요약본에 불과할 뿐 저의 사견이 들어가지 않았습니다.

I started to make a study of the art of war and revolution and, whilst abroad, underwent a course in military training. If there was to be guerrilla warfare, I wanted to be able to stand and fight with my people and to share the hazards of war with them. Notes of lectures which I received in Algeria are contained in Exhibit 16, produced in evidence. Summaries of books on guerrilla warfare and military strategy have also been produced. I have already admitted that these documents are in my writing, and I acknowledge that I made these studies to equip myself for the role which I might have to play if the struggle drifted into guerrilla warfare. I approached this question as every African Nationalist should do. I was completely objective. The Court will see that I attempted to examine all types of authority on the subject – from the East and from the West, going back to the classic work of Clausewitz, and covering such a variety as Mao Tse Tung and Che Guevara on the one hand, and the writings on the Anglo-Boer War on the other. Of course, these notes are merely summaries of the books I read and do not contain my personal views.

우리의 신병들이 군사훈련을 받을 수 있도록 준비했습니다. 하지만 여기에서 아프리카 내의 민족 회의 사무소와 협력하지 않고는 그 어떤 전략도 수립할 수 없었습니다. 따라서 저는 남아프리카의 민족 회의로부터 허락을 받아냈습니다. 이는 아프리카 민족 회의의 원래 결정으로부터 벗어났지만, 남아프리카 밖에서만 적용되었습니다.

신병 첫 기수는 제가 탕가니카를 떠나 남아프리카로 향하던 중 탕가니카에 도착했습니다.

I also made arrangements for our recruits to undergo military training. But here it was impossible to organize any scheme without the co-operation of the ANC offices in Africa. I consequently obtained the permission of the ANC in South Africa to do this. To this extent then there was a departure from the original decision of the ANC, but it applied outside South Africa only. The first batch of recruits actually arrived in Tanganyika when I was passing through that country on my way back to South Africa.

저는 남아프리카에 도착해 동지들에게 제 여행의 결과를 보고했습니다. 돌아와서 저는 사보타주를 사형으로 처벌한다는 위협은 현실이 되는 등 정치적 환경에 약간의 변화가 있었음을 확인했습니다. 민족의 창 동료들의 태도는 제가 떠나기 전과 같았습니다. 그들은 조심스러웠고 사보타주가 가능할 때까지 오랜 시간이 걸리겠다고 생각했습니다. 몇몇은 신병의 훈련이 아직 부족하다는 입장을 표명했습니다. 이는 증거물 R.14에 제가 문서로 남겼습니다. 오랜 논의 끝에 군사훈련을 진행하기로 했습니다. 게릴라 캠페인을 수행하기에 충분히 훈련된 핵심 병사들을 양성하는데 수년이 걸릴 것이고, 훈련의 결과가 어떻게 되든 가치가 있을 것이라 여겼기 때문입니다.

I returned to South Africa and reported to my colleagues on the results of my trip. On my return I found that there had been little alteration in the political scene save that the threat of a death penalty for sabotage had now become a fact. The attitude of my colleagues in Umkhonto was much the same as it had been before I left. They were feeling their way cautiously and felt that it would be a long time before the possibilities of sabotage were exhausted. In fact, the view was expressed by some that the training of recruits was premature. This is recorded by me in the document which is Exhibit R.14. After a full discussion, however, it was decided to go ahead with the plans for military training because of the fact that it would take many years to build up a sufficient nucleus of trained soldiers to start a guerrilla campaign, and whatever happened the training would be of value.

정부에서 기소한 주된 내용에 대해 말씀드리고자 합니다. 하지만 이에 앞서 포트엘리자베스와 이스트런던에서 벌어진 일에 대한 증언들로 돌아가 보고자 합니다. 저는 1962년 8월, 10월, 11월에 벌어진 친정부인사의 사저 폭발사건을 말씀드리는 것입니다. 저는 이러한 행위가 절대 정당화될 수 없다고 생각하고, 왜 그 일이 발생했는지 알지 못합니다. 하지만 지금까지의 저의 증언이 채택된다면 이러한 행위가 민족의 창의 방침과 전혀 무관하다는 것이 명백해질 것입니다.

I wish to turn now to certain general allegations made in this case by the State. But before doing so, I wish to revert to certain occurrences said by witnesses to have happened in Port Elizabeth and East London. I am referring to the bombing of private houses of pro-Government persons during September, October and November 1962. I do not know what justification there was for these acts, nor what provocation had been given. But if what I have said already is accepted, then it is clear that these acts had nothing to do with the carrying out of the policy of Umkhonto.

기소된 주된 혐의 중 하나는 민족 회의가 사보타주를 감행할 음모를 꾸미는 조직이라는 것입니다. 저는 그것이 사실이 아님을 이미 설명해 드렸고, 외부적으로 민족 회의의 원칙과 분리되어 있음을 말씀드렸습니다. 현장에서 벌어지는 실질적 활동에서 발생하는 견고한 난관과 회의장 분위기에서 채택된 결의와 차이가 있었기에 내부적으로 역할이 겹치는 부분이 있었습니다. 이후에 각종 금지와 가택연금, 해외에서 정치적 역할을 수행하기 위해 나라를 떠나는 이들로 인해 입장에 영향을 받았습니다. 이는 개인들이 각기 다른 역량을 발휘해야 하는 상황으로 이어졌습니다. 이것이 민족 회의와 민족의 창의 차이를 모호하게 만들었을지언정 그러한 차이를 없애지는 않았습니다. 남아프리카에서 두 조직의 활동에 차이를 분명히 둘 수 있도록 엄청난 노력이 들어갔습니다. 민족 회의는 1961년 이전에 그들이 담당해온 정치적 과업만을 수행하는 대규모 정치조직으로 남았습니다. 민족의 창은 자신만의 특별한 목표를 달성하기 위해 각기 다른 인종과 조직의 구성원을 모집하는 작은 조직으로 남았습니다. 민족의 창이 민족 회의로부터 모집을 했다는 점과 솔로몬 음반즈와처럼 두 조직 모두에서 활동한 인사가 있다는 점은 우리에게 있어 민족 회의의 본질을 바꾸거나 폭력 방침의 채택을 의미하지 않았습니다. 인력이 중첩은 규정이 아닌 예외였습니다. X씨와 Z씨가 자신의 지역 사령부에 속했지만, 민족 회의 위원회나 활동에 참여하지 않았고, 베넷 마시야나씨나 레지놀드 느두비씨가 민족 회의 모임에서 사보타주에 대해서 듣지 못한 이유입니다.

One of the chief allegations in the indictment is that the ANC was a party to a general conspiracy to commit sabotage. I have already explained why this is incorrect but how, externally, there was a departure from the original principle laid down by the ANC. There has, of course, been overlapping of functions internally as well, because there is a difference between a resolution adopted in the atmosphere of a committee room and the concrete difficulties that arise in the field of practical activity. At a later stage the position was further affected by bannings and house arrests, and by persons leaving the country to take up political work abroad. This led to individuals having to do work in different capacities. But though this may have blurred the distinction between Umkhonto and the ANC, it by no means abolished that distinction.

Great care was taken to keep the activities of the two organizations in South Africa distinct. The ANC remained a mass political body of Africans only carrying on the type of political work they had conducted prior to 1961. Umkhonto remained a small organization recruiting its members from different races and organizations and trying to achieve its own particular object. The fact that members of Umkhonto were recruited from the ANC, and the fact that persons served both organizations, like Solomon Mbanjwa, did not, in our view, change the nature of the ANC or give it a policy of violence. This overlapping of officers, however, was more the exception than the rule. This is why persons such as 'Mr. X' and 'Mr. Z', who were on the Regional Command of their respective areas, did not participate in any of the ANC committees or activities, and why people such as Mr. Bennett Mashiyana and Mr. Reginald Ndubi did not hear of sabotage at their ANC meetings.

또 하나의 기소 혐의는 민족의 창이 리보니아에 본부를 세웠다는 것입니다. 이는 제가 있었을 때는 사실이 아니었습니다. 공산당이 그곳에서 활동했다는 것을 듣고 알게 되었습니다. 하지만 그것이 그 지역을 활용하지 못할 이유가 되지 못하며, 그 이유를 이제 설명해 드리겠습니다.

Another of the allegations in the indictment is that Rivonia was the headquarters of Umkhonto. This is not true of the time when I was there. I was told, of course, and knew that certain of the activities of the Communist Party were carried on there. But this is no reason as I shall presently explain why I should not use the place.

저는 다음의 이유로 그곳으로 향했습니다:

I came there in the following manner:

1. 이미 밝혔듯이 1961년 4월 초에 저는 5월의 총파업을 주도하기 위해 잠행에 들어갔습니다. 저의 업무는 국가를 돌아다니며 아프리카인들 거주 구역, 촌락, 그리고 도시를 돌아다니는 것을 포함했습니다. 나머지 반년 동안은 저의 가족들을 몰래 만났던 아서 골드리치의 파크타운 집을 방문하기 시작했습니다. 그와 직접적인 정치적 연관

성은 없었지만 저는 1958년부터 아서 골드리치를 사적으로 알고 지냈습니다.

1. As already indicated, early in April 1961 I went underground to organize the May general strike. My work entailed travelling throughout the country, living now in African townships, then in country villages and again in cities. During the second half of the year I started visiting the Parktown home of Arthur Goldreich, where I used to meet my family privately. Although I had no direct political association with him, I had known Arthur Goldreich socially since 1958.

2. 10월에 아서 골드리치는 저에게 자신은 다른 동네로 이사 갈 것이며, 그곳을 은신처로 쓰라고 했습니다. 며칠 후, 그는 마이클 하멜로 하여금 저를 리보니아로 데리고 갈 수 있게 해주었습니다. 저는 리보니아가 범법자가 살기에 이상적인 곳이라는 것을 직감했습니다. 그때까지 저는 낮에는 실내에 살고 어둠 속에서만 위험을 피해 밖에 나갈 수 있었습니다. 하지만 리보니아의 릴리스리프 농장에서는 훨씬 효율적으로 일할 수 있었습니다.

2. In October, Arthur Goldreich informed me that he was moving out of town and offered me a hiding place there. A few days thereafter, he arranged for Michael Harmel to take me to Rivonia. I naturally found Rivonia an ideal place for the man who lived the life of an outlaw. Up to that time I had been compelled to live indoors during the daytime and could only venture out under cover of darkness. But at Liliesleaf, I could live differently and work far more efficiently.

3. 당연한 이유로 저는 위장을 하고 데이빗이라는 가명을 사용했습니다. 12월 아서 골드리치와 그의 가족들이 이사 왔습니다. 저는 1962년 1월 11일 출국 전까지 그곳에 머물렀습니다. 앞서 언급했듯이 1962년 7월에 귀국했고 8월 5일 나탈에서 체포되었습니다.

3. For obvious reasons, I had to disguise myself and I assumed the fictitious name of David. In December, Arthur Goldreich and his family moved in. I stayed there until I went abroad on 11 January 1962. As already indicated, I returned in July 1962 and was arrested in

Natal on 5 August.

4. 제가 체포될 때, 릴리스리프 농장은 아프리카 민족
회의나 민족의 창의 본부가 아니었습니다. 저를 제외하고
는 양쪽 조직의 그 어떤 간부나 회원들이 거주하고 있지
도 않았고, 지도부 회의가 열린 적도 없으며, 그들과 관련
된 그 어떤 활동도 그곳에서 조직되거나 지휘된 바 없습
니다. 릴리스리프 농장에서 머무르면서 민족 회의의 간부
회의 및 민족의 창 최고사령부와 수차례 만난 적이 있지
만 모두 농장이 아닌 다른 곳에서였습니다.

4. Up to the time of my arrest, Liliesleaf farm was the
headquarters of neither the African National Congress
nor Umkhonto. With the exception of myself, none of
the officials or members of these bodies lived there, no
meetings of the governing bodies were ever held there, and
no activities connected with them were either organized
or directed from there. On numerous occasions during my
stay at Liliesleaf farm I met both the Executive Committee
of the ANC, as well as the NHC, but such meetings were
held elsewhere and not on the farm.

5. 릴리스리프 농장에 머무르면서 안채의 아서 골드리치를 자주 만났고 그도 제 방에 찾아왔습니다. 우리는 다양한 정치적 사안에 관해 이야기를 나눴습니다. 우리는 이념적이고 실질적인 문제, 의회 연합, 민족의 창과 그들의 활동, 하가나의 군사 조직 팔마츠에서 그의 군복무 경험 등에 대한 이야기를 나누었습니다. 하가나는 팔레스타인의 유대인 민족 해방 운동을 이끈 정치 단체였습니다.

5. Whilst staying at Liliesleaf farm, I frequently visited Arthur Goldreich in the main house and he also paid me visits in my room. We had numerous political discussions covering a variety of subjects. We discussed ideological and practical questions, the Congress Alliance, Umkhonto and its activities generally, and his experiences as a soldier in the Palmach, the military wing of the Haganah. Haganah was the political authority of the Jewish National Movement in Palestine.

6. 골드리치를 알게 되고서 저는 남아프리카에 돌아올 때 그가 민족의 창에 합류할 것을 추천했습니다. 이것이 실제로 이루어졌는지는 알지 못합니다.

6. Because of what I had got to know of Goldreich, I recommended on my return to South Africa that he should be recruited to Umkhonto. I do not know of my personal knowledge whether this was done.

정부가 기소한 혐의 중 하나는 민족 회의와 공산당의 목적과 목표가 같다는 것입니다. 제가 민족 회의에 마르크시즘을 소개하고자 했다고 정부가 특정 증거물들을 활용해 주장하고 있기 때문에 이 부분에 대해서 저와 제 정치적 견해를 말씀드리고자 합니다. 민족 회의에 대한 혐의는 사실이 아닙니다. 이는 반역재판에서 이미 아님이 입증되었지만, 다시 고개를 든 것입니다. 하지만 혐의가 다시 씌워졌기 때문에 민족 회의와 공산당, 민족의 창과 공산당의 관계에 대해 말씀드리겠습니다.

Another of the allegations made by the State is that the aims and objects of the ANC and the Communist Party are the same. I wish to deal with this and with my own political position, because I must assume that the State may try to argue from certain Exhibits that I tried to introduce Marxism into the ANC. The allegation as to the ANC is false. This is an old allegation which was disproved at the Treason Trial and which has again reared its head. But since the allegation has been made again, I shall deal with it as well as with the relationship between the ANC and the Communist Party and Umkhonto and that party.

아프리카 민족 회의의 이념적 교리는 언제나 아프리카 민족주의의 교리였습니다. 이는 '백인을 바다에 빠뜨리자'는 외침의 아프리카 민족주의 개념이 아닙니다. 민족 회의가 지지하는 아프리카 민족주의는 자신이 살아가는 땅에서 자유와 성취를 이루는 개념입니다. 민족 회의가 채택한 가장 중요한 정치적 문서는 '자유헌장'입니다. 이는 절대 사회주의 정부의 청사진이 아닙니다. 토지의 재분배를 이야기하지만 국유화를 이야기하지 않습니다. 특정 인종이 독점하는 거대 산업은 정치적 힘을 분산시키더라도 인종 지배를 견고히 할 것이기 때문에 광업, 은행업 및 독점산업에 대한 국유화를 이야기합니다. 모든 금광이 유럽회사에 소유된 상황에서 아프리카인들에 대한 금 소유 금지를 철회하는 것은 무의미할 것입니다. 모든 금광이 해외자본에 소유되었을 때 금광의 국유화를 수년간 주장한 현재의 국민당의 과거 정책과 궤를 같이합니다. 자유헌장에 의하면 국유화는 사기업 기반의 경제하에서 진행됩니다. 자유헌장은 중산층을 포함한 모든 아프리카 인구 계층에 번영의 기회를 제공할 것입니다. 민족 회의는 단 한 순간도 국가경제구조의 혁명적 변화를 주장한 적 없으며 제가 아는 한, 한 번도 자본주의 사회를 규탄한 적 없습니다.

The ideological creed of the ANC is, and always has been, the creed of African Nationalism. It is not the concept of African Nationalism expressed in the cry, 'Drive the White man into the sea'. The African Nationalism for which the ANC stands is the concept of freedom and fulfilment for the African people in their own land. The most important political document ever adopted by the ANC is the 'Freedom Charter'. It is by no means a blueprint for a socialist state. It calls for redistribution, but not nationalization, of land; it provides for nationalization of mines, banks, and monopoly industry, because big monopolies are owned by one race only, and without such nationalization racial domination would be perpetuated despite the spread of political power. It would be a hollow gesture to repeal the Gold Law prohibitions against Africans when all gold mines are owned by European companies. In this respect the ANC's policy corresponds with the old policy of the present Nationalist Party which, for many years, had as part of its programme the nationalization of the gold mines which, at that time, were controlled by foreign capital. Under the Freedom Charter, nationalization would take place in an economy based on private enterprise. The realization of the Freedom Charter would open up fresh fields for a prosperous African population of all classes, including the middle class. The ANC has never at any period of its history advocated a revolutionary change in the economic structure of the country, nor has it, to the best of my recollection, ever condemned capitalist society.

공산당과 관련해 제가 그들의 정책을 제대로 이해하고 있다면, 그들은 마르크시즘의 원칙에 따른 국가 수립을 지지합니다. 그들은 자유헌장을 백인 우월주의가 만들어 낸 문제에 대한 단기 해결책으로 여길 뿐, 최종계획으로 여기지 않습니다.

As far as the Communist Party is concerned, and if I understand its policy correctly, it stands for the establishment of a State based on the principles of Marxism. Although it is prepared to work for the Freedom Charter, as a short term solution to the problems created by white supremacy, it regards the Freedom Charter as the beginning, and not the end, of its programme.

민족 회의는 공산당과 달리 아프리카인들만을 회원으로 모집했습니다. 아프리카인들의 단결과 완전한 정치적 권한을 확보를 목표로 하고 있습니다. 이에 반해 공산당의 목표는 자본주의자들을 노동계급 정부로 대체하는데 목적이 있습니다. 공산당은 계급차이를 강조하고자 했고, 민족 회의는 조화를 추구했습니다. 이는 핵심적인 차이입니다.

The ANC, unlike the Communist Party, admitted Africans only as members. Its chief goal was, and is, for the African people to win unity and full political rights.

The Communist Party's main aim, on the other hand, was to remove the capitalists and to replace them with a working-class government. The Communist Party sought to emphasize class distinctions whilst the ANC seeks to harmonize them. This is a vital distinction.

민족 회의와 공산당이 가깝게 협력했다는 사실은 백인 우월주의를 제거하고자 하는 공통의 목표가 존재하기 때문일 뿐 완전한 이해관계를 공유하는 공동체이기 때문이 아닙니다.

It is true that there has often been close co-operation between the ANC and the Communist Party. But co-operation is merely proof of a common goal – in this case the removal of white supremacy – and is not proof of a complete community of interests.

역사에서는 비슷한 사례가 충분히 있습니다. 가장 두드러진 예는 영국과 미국, 소련이 히틀러와 맞서 싸우기 위해 협력한 것입니다. 히틀러를 제외한 그 누구도 처칠이나 루스벨트의 협력이 그들을 공산주의자 혹은 공산주의의 도구로 전락시켰다거나 미국과 영국이 공산주의 세계의 건설을 위해 일했다고 하지 않을 것입니다.

The history of the world is full of similar examples. Perhaps the most striking illustration is to be found in the co-operation between Great Britain, the United States of America, and the Soviet Union in the fight against Hitler. Nobody but Hitler would have dared to suggest that such co-operation turned Churchill or Roosevelt into communists or communist tools, or that Britain and America were working to bring about a communist world.

그러한 협력의 또 다른 예가 민족의 창에 정확히 나타납니다. 민족의 창이 만들어지고 얼마 지나지 않아 공산당의 몇몇 회원들이 민족의 창을 지지하고 있음에 대해 알게 되었습니다. 그리고 이후에 이는 공개적인 지지로 이어졌습니다.

Another instance of such co-operation is to be found precisely in Umkhonto. Shortly after Umkhonto was constituted, I was informed by some of its members that the Communist Party would support Umkhonto, and this then occurred. At a later stage the support was made openly.

공산주의는 언제나 식민국들이 자유를 쟁취하는 데 적극적인 역할을 수행해왔다고 믿습니다. 공산주의의 단기적 목표와 해방운동의 장기적 목표가 항상 교차하기 때문일 것입니다. 따라서 공산주의자들은 말라야, 알제리, 인도네시아 등의 국가의 해방 투쟁에 중요한 역할을 해왔지만, 이들 중 어느 나라도 오늘날 공산국가가 아닙니다. 지난 세계대전에서 유럽에 지하 저항운동이 펼쳐질 때도 공산주의자들은 중요한 역할을 수행했습니다. 오늘날 공산주의에 가장 큰 적인 장제스 장군 또한 1930년대 중국을 지배하던 계급층에 맞서 투쟁할 때 공산주의자들과 함께 싸웠습니다.

I believe that communists have always played an active role in the fight by colonial countries for their freedom, because the short-term objects of communism would always correspond with the long-term objects of freedom movements. Thus communists have played an important role in the freedom struggles fought in countries such as Malaya, Algeria, and Indonesia, yet none of these States today are communist countries. Similarly in the underground resistance movements which sprung up in Europe during the last World War, communists played an important role. Even General Chiang Kai-Shek, today one of the bitterest enemies of communism, fought together with the communists against the ruling class in the struggle which led to his assumption of power in China in the 1930s.

이러한 공산주의자와 비공산주의자들의 협력은 남아프리카의 민족 해방 운동에서 반복되었습니다. 공산당을 금지하기 이전에 공산당과 민족 회의가 공동으로 캠페인을 진행하는 것은 허용되었습니다. 아프리카인 공산주의자들은 민족 회의의 회원이 될 수 있었고, 전국, 광역, 지역 위원회에 참여할 수 있었습니다. 전국단위 임원을 지낸 이들 중에는 전 공산당 서기 알버트 느주라, 또 다른 전 서기 모지스 코타네, 그리고 전 중앙위원 J. B. 막스 등이 있습니다.

This pattern of co-operation between communists and non-communists has been repeated in the National Liberation Movement of South Africa. Prior to the banning of the Communist Party, joint campaigns involving the Communist Party and the Congress movements were accepted practice. African communists could, and did, become members of the ANC, and some served on the National, Provincial, and local committees. Amongst those who served on the National Executive are Albert Nzula, a former Secretary of the Communist Party, Moses Kotane, another former Secretary, and J. B. Marks, a former member of the Central Committee.

저는 1944년 민족 회의에 참여했고 어렸을 때는 공산주의자를 민족 회의에 받아들이고 당시처럼 특정 사안들에 대해서 가깝게 협력하는 행위는 아프리카 민족주의의 개념을 희석한다고 믿었습니다. 당시에 저는 아프리카 민족 회의 청년연합의 회원이었고, 이 단체는 민족 회의에서 공산주의자를 퇴출하는 운동을 펼친 단체 중 하나였습니다. 이러한 제안은 압도적으로 거부당했습니다. 반대표를 던진 이들 중에는 아프리카 정치에서 가장 보수적인 입장을 가진 이들이 있었습니다. 이들이 반대표를 던진 것은 민족 회의가 정치철학을 가진 정당이 아닌 민족해방의 목표와 다양한 정치적 의견을 가진 아프리카인들의 의회로서 만들어졌다는 이유에서였습니다. 저는 결국 이 의견에 동의하게 되었고, 이후에 그것을 받들었습니다.

I joined the ANC in 1944, and in my younger days I held the view that the policy of admitting communists to the ANC, and the close co-operation which existed at times on specific issues between the ANC and the Communist Party, would lead to a watering down of the concept of African Nationalism. At that stage I was a member of the African National Congress Youth League, and was one of a group which moved for the expulsion of communists from the ANC. This proposal was heavily defeated. Amongst those who voted against the proposal were some of the most conservative sections of African political opinion. They defended the policy on the ground that from its inception the ANC was formed and built up, not as a political party with one school of political thought, but as a Parliament of the African people, accommodating people of various political convictions, all united by the common goal of national liberation. I was eventually won over to this point of view and I have upheld it ever since.

공산주의에 대한 편견이 있는 남아프리카인 백인들에게는 왜 경험이 많은 아프리카 정치인이 공산주의자들을 자신의 동지로 받아들였는지 이해하기 어려울 것입니다. 하지만 이유는 명백합니다. 이 단계에서 억압에 맞서 싸우는데 이론적 차이를 논하는 것은 우리에게 사치입니다. 더욱이 수십 년간 공산주의자들은 아프리카인들을 함께 먹고, 함께 대화하고, 함께 살아가고, 함께 일할 수 있는 동등한 인간으로 대할 준비가 되어있는 유일한 정치단체였습니다. 아프리카인들이 사회의 구성원으로서 정치적 권한을 확보하는 데 함께 노력할 준비가 되어있는 유일한 정치단체였습니다. 그 때문에 많은 아프리카인은 자유와 공산주의를 동일시하기도 합니다. 이러한 믿음은 모든 민주 정부의 형태와 아프리카인들의 자유를 공산주의로 낙인찍는 법률과, 공산주의자가 아닌 사람들마저 억압하는 공산주의금지법에 의해 근거합니다. 제가 공산당원이었던 적은 없으나 이 치명적인 법안에 의해 저항운동을 펼쳤다는 이유로 공산주의자로 이름을 올린 적 있습니다. 이 법에 따라 구속되고 투옥되기도 했습니다.

It is perhaps difficult for white South Africans, with an ingrained prejudice against communism, to understand why experienced African politicians so readily accept communists as their friends. But to us the reason is obvious. Theoretical differences amongst those fighting against oppression is a luxury we cannot afford at this stage. What is more, for many decades communists were the only political group in South Africa who were prepared to treat Africans as human beings and their equals; who were prepared to eat with us; talk with us, live with us, and work with us. They were the only political group which was prepared to work with the Africans for the attainment of political rights and a stake in society. Because of this, there are many Africans who, today, tend to equate freedom with communism. They are supported in this belief by a legislature which brands all exponents of democratic government and African freedom as communists and bans many of them who are not communists under the Suppression of Communism Act. Although I have never been a member of the Communist Party, I myself have been named under that pernicious Act because of the role I played in the Defiance Campaign. I have also been banned and imprisoned under that Act.

우리의 목표를 지지하는 공산주의자들은 국내 정치에만 존재하지 않습니다. 국제무대에서 공산국가들도 항상 우리를 도왔습니다. 국제연합과 기타 국제회의의 공산 진영은 일부 서방 열강들에 비해 제국주의에 맞선 아프리카-아시아의 투쟁에 더 공감하는 것으로 나타났습니다. 아파르트헤이트에 대한 규탄을 전 세계가 하고 있지만 공산 진영은 다른 백인 세계보다 더 큰 목소리를 냈습니다. 이런 상황에서 1949년 저와 같이 경솔하고 젊은 정치인이나 공산주의자들이 우리의 적이라 선언할 것입니다.

It is not only in internal politics that we count communists as amongst those who support our cause. In the international field, communist countries have always come to our aid. In the United Nations and other Councils of the world the communist bloc has supported the Afro-Asian struggle against colonialism and often seems to be more sympathetic to our plight than some of the Western powers. Although there is a universal condemnation of apartheid, the communist bloc speaks out against it with a louder voice than most of the white world. In these circumstances, it would take a brash young politician, such as I was in 1949, to proclaim that the Communists are our enemies.

저의 입장에 관해 말씀드리겠습니다. 제가 공산주의자가 아니라고 말씀드렸고, 이 상황에서 저의 정치적 신념이 무엇인지 분명히 말씀드려야 할 것 같습니다.

I turn now to my own position. I have denied that I am a communist, and I think that in the circumstances I am obliged to state exactly what my political beliefs are.

저는 항상 스스로를 아프리카 애국자로 여겼습니다. 어쨌든 저는 47년 전 움타타에서 태어났습니다. 저의 보호자이자 사촌은 템불란드의 추장이었고 저는 현재 템불란드의 추장 사바타 달린디예보와 트란스케이의 총리 카

이저 마탄키마 모두와 관계를 맺고 있었습니다.

I have always regarded myself, in the first place, as an African patriot. After all, I was born in Umtata, forty-six years ago. My guardian was my cousin, who was the acting paramount chief of Tembuland, and I am related both to the present paramount chief of Tembuland, Sabata Dalindyebo, and to Kaizer Matanzima, the Chief Minister of the Transkei.

오늘날 저는 계급이 없는 사회에 대한 이상에 호감을 느낍니다. 이러한 호감은 마르크스 문헌을 읽으면서 형성된 것도 있고, 이 나라의 초기 아프리카 사회의 구조와 조직에 대한 존중에서 비롯된 것도 있습니다. 생산의 주된 수단인 토지는 당시에 부족의 소유였습니다. 착취도 부유함도 가난도 없었습니다.

Today I am attracted by the idea of a classless society, an attraction which springs in part from Marxist reading and, in part, from my admiration of the structure and organization of early African societies in this country.

The land, then the main means of production, belonged to the tribe. There were no rich or poor and there was no exploitation.

제가 이미 언급했듯 저는 마르크스적 사고의 영향을 받았습니다. 하지만 이는 새로운 독립 국가의 수많은 지도자도 마찬가지입니다. 간디, 네루, 은크루마, 나세르 등 다양한 인물들도 그러합니다. 우리는 선진국을 따라잡고, 극단적 가난의 전통을 극복하기 위해 사회주의의 형식을 일부 차용해야 함을 알고 있습니다. 그렇다고 우리가 마르크스주의자는 아닙니다.

It is true, as I have already stated, that I have been influenced by Marxist thought. But this is also true of many of the leaders of the new independent States. Such widely different persons as Gandhi, Nehru, Nkrumah, and Nasser all acknowledge this fact. We all accept the need for some form of socialism to enable our people to catch up with the advanced countries of this world and to overcome their legacy of extreme poverty. But this does not mean we are Marxists.

저는 개인적으로 우리의 정치 투쟁에 있어서 특정한 역할을 할 수 있는지에 대한 열린 토론이 가능하다고 믿었습니다. 현재의 기본 과업은 자유헌장에 근간한 인종차별의 철폐와 민주적 권리의 확보입니다. 당이 이러한 과업을 수행하는 동안 저는 도움을 환영합니다. 이것이 모든 인종이 우리의 투쟁에 참여할 수 있도록 하는 수단 중 하나라는 것을 깨달았습니다.

Indeed, for my own part, I believe that it is open to debate whether the Communist Party has any specific role to play at this particular stage of our political struggle. The basic task at the present moment is the removal of race discrimination and the attainment of democratic rights on the basis of the Freedom Charter. In so far as that Party furthers this task, I welcome its assistance. I realize that it is one of the means by which people of all races can be drawn into our struggle.

마르크스주의 서적과 마르크스주의자들과의 대화 속에서 저는 공산주의자들이 서방의 의회 시스템을 비민주적이고 반동적으로 여긴다는 것을 느꼈습니다. 저는 반대로 그러한 시스템을 찬미합니다.

From my reading of Marxist literature and from conversations with Marxists, I have gained the impression that communists regard the parliamentary system of the West as undemocratic and reactionary. But, on the contrary, I am an admirer of such a system.

마그나카르타, 권리장전 등은 전 세계 민주주의자들로부터 신성시되는 문서입니다.

The Magna Carta, the Petition of Rights, and the Bill of Rights are documents which are held in veneration by democrats throughout the world.

저는 영국의 정치제도와 국가의 사법 체계를 엄청나게 존중합니다. 저는 영국 의회가 세계에서 가장 민주적인 기구라 여기고, 독립되고 공정한 사법부에 언제나 감탄합니다.

I have great respect for British political institutions,

and for the country's system of justice. I regard the British Parliament as the most democratic institution in the world, and the independence and impartiality of its judiciary never fail to arouse my admiration.

국가의 권력분립과 사법부의 독립을 원칙으로 하는 미국 의회에 저는 비슷한 감정을 느낍니다.

The American Congress, that country's doctrine of separation of powers, as well as the independence of its judiciary, arouses in me similar sentiments.

제 생각은 서양과 동양에서 영향을 받았습니다. 이 모든 것이 제가 정치 성향을 추구하는 데 절대적으로 치우치지 않고 객관적이어야 한다고 여기게 했습니다. 저 자신을 사회주의를 포함한 그 어떤 정치체제에 엮지 않아야 합니다. 저는 자유롭게 서양과 동양의 가장 좋은 것들을 빌려 올 수 있도록 해야 합니다.

I have been influenced in my thinking by both West and East. All this has led me to feel that in my search for a political formula, I should be absolutely impartial and objective. I should tie myself to no particular system of society other than of socialism. I must leave myself free to borrow the best from the West and from the East .

증거물 중에는 우리가 해외로부터 재정지원을 받았다고 시사하는데, 이 문제에 대해서도 말씀드리겠습니다.

There are certain Exhibits which suggest that we received financial support from abroad, and I wish to deal with this question.

우리의 정치투쟁은 언제나 우리 회원들과 지지자들의 내부 자금을 동원해왔습니다. 우리가 특별한 캠페인을 벌이거나 반역재판 등의 정치적 사안이 발생했을 때, 우리는 동정심을 가진 서방 국가의 개인과 조직들로부터 재정지원을 받았습니다. 우리는 이들을 제외한 이들로부터 모금을 해야 할 필요성을 느끼지 못했었습니다.

Our political struggle has always been financed from internal sources - from funds raised by our own people and by our own supporters. Whenever we had a special campaign or an important political case – for example, the Treason Trial – we received financial assistance from sympathetic individuals and organizations in the Western countries. We had never felt it necessary to go beyond these sources.

1961년 민족의 창이 세워졌을 때, 투쟁이 새로운 국면을 맞이했고, 우리는 이러한 사건들이 우리의 부족한 자원에 부담을 줄 것이며 우리의 활동반경이 재정 부족으로 움츠러들 것을 깨달았습니다. 1962년 1월 해외로 파견된 저의 임무 중 하나는 아프리카 국가들로부터 재정지원을 받아오는 것이었습니다.

But when in 1961 the Umkhonto was formed, and a new phase of struggle introduced, we realized that these events would make a heavy call on our slender resources, and that the scale of our activities would be hampered by the lack of funds. One of my instructions, as I went abroad in January 1962, was to raise funds from the African states.

아울러 제가 해외에 있을 때 아프리카의 정치 운동 지도자들과 대화를 통해 아직도 독립을 쟁취하지 못한 거의 모든 지역이 서방뿐 아니라 공산국가들로부터 재정지원을 포함한 모든 형태의 지원을 받고 있음을 확인했습니다. 아프리카의 잘 알려진 비공산 국가와 반공산 국가 모두 비슷한 지원을 받았었습니다.

I must add that, whilst abroad, I had discussions with leaders of political movements in Africa and discovered that almost every single one of them, in areas which had still not attained independence, had received all forms of assistance from the socialist countries, as well as from the West, including that of financial support. I also discovered that some well-known African states, all of them non-communists, and even anti-communists, had received similar assistance.

귀국하면서 저는 우리가 급히 필요로 하는 재정을 확보하는 데에 있어서 민족 회의가 아프리카와 서방에만 국한될 것이 아니라 공산국가에도 사절단을 파견해야 한다고 강하게 권고했습니다.

On my return to the Republic, I made a strong recommendation to the ANC that we should not confine ourselves to Africa and the Western countries, but that we should also send a mission to the socialist countries to raise the funds which we so urgently needed.

이후 그러한 사절단이 파견되었음을 전해 들었습니다. 하지만 저는 그 국가들이 어디이며 우리를 지원하기로 약속한 국가들과 조직들이 누구인지 공개할 수 없습니다.

I have been told that after I was convicted such a mission was sent, but I am not prepared to name any countries to which it went, nor am I at liberty to disclose the names of the organizations and countries which gave us support or promised to do so.

저는 정부의 기소 혐의가 민족의 창이 거짓 선동을 통해 아프리카인들을 군대에 모집한 후, 표면적으로는 아프리카인들의 자유를 위해 싸우지만 실제로는 공산국가 수립을 위해 싸우도록 할 수 있게 공산당에 영감을 준 것이라는 X씨의 증언에 기반하고 있는 것으로 이해합니다. 이는 절대 사실과 다릅니다. 이러한 의견 자체가 어불성설입니다. 민족의 창은 자신이 살고 있는 곳에서의 자유를 위한 투쟁을 확장하고자 하는 아프리카인들에 의해 만들어졌습니다. 공산주의자들뿐 아니라 다른 이들도 이러한 움직임을 지지했고, 우리는 사회의 더 많은 구성원이 우리와 함께하기를 원했을 뿐입니다.

As I understand the State case, and in particular the evidence of 'Mr. X', the suggestion is that Umkhonto was the inspiration of the Communist Party which sought by playing upon imaginary grievances to enroll the African people into an army which ostensibly was to fight for African freedom, but in reality was fighting for a communist state. Nothing could be further from the truth. In fact the suggestion is preposterous. Umkhonto was formed by Africans to further their struggle for freedom in their own land. Communists and others supported the movement, and we only wish that more sections of the community would join us.

우리 투쟁의 대상은 상상이 아닌 실제 존재하는 난관

들, 검사의 말을 빌자면 '소위 난관이라 하는 것들'입니다. 우리는 기본적으로 우리가 폐기되기를 바라는 법률로 견고해진 남아프리카 아프리카인들의 삶을 구성하는 두 가지 특성에 맞서 싸우는 것입니다. 이러한 특성은 가난과 인간 존엄의 결핍이며, 우리는 그것을 아는데 공산주의자들이나 '선동가'들이 필요하지 않습니다.

Our fight is against real, and not imaginary, hardships or, to use the language of the State Prosecutor, 'so-called hardships'. Basically, we fight against two features which are the hallmarks of African life in South Africa and which are entrenched by legislation which we seek to have repealed. These features are poverty and lack of human dignity, and we do not need communists or so-called 'agitators' to teach us about these things.

남아프리카는 아프리카에서 가장 부유한 국가이고, 세계에서 가장 부유한 나라가 될 수 있습니다. 하지만 극단적인 양극화의 땅이기도 합니다. 백인들만이 세계에서 가장 높은 생활 수준을 누리고 아프리카인들은 가난과 고통에 시달립니다. 아프리카인들의 40%는 과포화되고 종종 기근에 시달리는 보존지역에 살고 있습니다. 이곳에서는 토양침식과 토양의 혹사로 인해 제대로 된 삶을 영위할 수 없습니다. 30%는 백인농장에서 노동자나 소작농, 불법 점유자로 중세의 농노와 비슷한 수준의 삶을 영위하고 있습니다. 나머지 30%는 백인의 수준과 비교적 가까운 수준으로 경제와 사회가 발달한 지역에 살고 있습니다. 하지만 이들마저도 낮은 소득과 높은 생활비로 빈곤하게 살아갑니다.

South Africa is the richest country in Africa, and could be one of the richest countries in the world. But it is a land of extremes and remarkable contrasts. The whites enjoy what may well be the highest standard of living in the world, whilst Africans live in poverty and misery. Forty per cent of the Africans live in hopelessly overcrowded and, in some cases, drought-stricken Reserves, where soil erosion and the overworking of the soil makes it impossible for them to live properly off the land. Thirty per cent are labourers, labour tenants, and squatters on white farms and work and live under conditions similar to those of the serfs of the Middle Ages. The other 30 per cent live in towns where they have developed economic and social habits which bring them closer in many respects to white standards. Yet most Africans, even in this group, are impoverished by low incomes and high cost of living.

아프리카인들이 가장 높은 임금을 받고 풍요롭게 생활하는 곳은 요하네스버그입니다. 하지만 그들의 실제 입지는 절망적입니다. 1964년 3월 25일 요하네스버그 비유럽 정무부의 매니저 카씨가 발표한 최신 수치에 의하면 요하네스버그 아프리카인 가족의 빈곤 기준은 월 42.84랜드입니다. 그는 요하네스버그 아프리카인 월 평균 임금이 32.24랜드이며, 아프리카인 가족의 46%는 생계를 유지할 수준의 소득을 벌지 못하고 있다고 밝혔습니다.

The highest-paid and the most prosperous section of urban African life is in Johannesburg. Yet their actual position is desperate. The latest figures were given on 25 March 1964 by Mr. Carr, Manager of the Johannesburg Non-European Affairs Department. The poverty datum line for the average African family in Johannesburg according to Mr. Carr's department is R42.84 per month. He showed that the average monthly wage is R32.24 and that 46 per cent of all African families in Johannesburg do not earn enough to keep them going.

　가난은 영양실조와 질병을 수반합니다. 영양실조와 결핍성 질환은 아프리카인들 사이에서 매우 높게 나타납니다. 결핵, 콰시오르코르단백질 결핍성 영양실조, 위장염, 괴혈병은 사망과 건강의 파괴로 이어집니다. 유아사망률은 세계에서 가장 높은 수준입니다. 프리토리아의 보건 의료담당에 의하면 매일 40명대부분 아프리카인이 결핵으로 사망하고, 1961년에는 58,491명의 신규 감염자가 발생했다고 합니다. 이러한 질병은 몸의 신체 장기 기능을 파괴할 뿐 아니라 정신적 상태를 지체시키고, 결단력 저하, 집중력 저하 등으로 이어집니다. 이러한 상태는 공동체 전체와 아프리카 노동자의 업무능력에 이차적인 영향을 미칩니다.

Poverty goes hand in hand with malnutrition and disease. The incidence of malnutrition and deficiency diseases is very high amongst Africans. Tuberculosis, pellagra, kwashiorkor, gastro-enteritis, and scurvy bring death and destruction of health. The incidence of infant mortality is one of the highest in the world. According to the Medical Officer of Health for Pretoria, tuberculosis kills forty people a day almost all Africans, and in 1961 there were 58,491 new cases reported. These diseases not only destroy the vital organs of the body, but they result in retarded mental conditions and lack of initiative, and reduce powers of concentration. The secondary results of such conditions affect the whole community and the standard of work performed by African labourers.

아프리카인들의 불만은 그들이 가난하고 백인들이 부유해서가 아니라 백인들이 만든 법률이 이러한 상황을 유지하기 위해 설계되어서입니다. 가난을 벗어나는 데에는 두 가지 방법이 있습니다. 첫째는 정식교육을 통하는 것이고 둘째는 자신의 직장에서 숙련도를 쌓아 높은 급여를 받는 것입니다. 아프리카인들에게 이 두 가지 출세의 길은 법률에 의해 강제로 가로막혔습니다.

The complaint of Africans, however, is not only that they are poor and the whites are rich, but that the laws which are made by the whites are designed to preserve this situation. There are two ways to break out of poverty. The first is by formal education, and the second is by the worker acquiring a greater skill at his work and thus higher wages. As far as Africans are concerned, both these avenues of advancement are deliberately curtailed by legislation.

현정부는 언제나 아프리카인들의 교육 추구를 방해해 왔습니다. 그들이 집권 초기에 통과시킨 법은 아프리카인 학교 급식 지원을 끊은 것이었습니다. 상당수의 아프리카 인 어린이들은 끼니를 해결하기 위해 학교에 다니고 있었 습니다. 이는 잔인한 법이었습니다.

The present Government has always sought to hamper Africans in their search for education. One of their early acts, after coming into power, was to stop subsidies for African school feeding. Many African children who attended schools depended on this supplement to their diet. This was a cruel act.

부모의 재산과 관계없이 모든 백인 어린이에게 무상

의무교육이 제공됩니다. 일부 지원을 받는 이들도 있지만 아프리카인 어린이들에게 그러한 시설은 제공되지 않습니다. 아프리카 어린이들은 일반적으로 백인들보다 더 비싼 학비를 냅니다. 1963년 남아프리카 인종 관계 연구소가 발표한 저널에 따르면 7세에서 14세 사이의 아프리카 어린이 중 40% 정도는 학교에 다니지 않습니다. 학교에 다니는 학생들의 교육 수준은 백인 어린이들과 현격한 차이가 있습니다. 1960-61년 정부 지원 학교에 지원된 예산은 인구 한 명당 12.46랜드였습니다. 같은 해, 케이프 프로빈스의 백인 어린이에게 지원된 예산은 인당 144.57 랜드였습니다. 이것이 제가 알고 있는 유일한 수치입니다. 정확한 수치는 제게 없지만 백인 어린이에게 지원된 144.57랜드 전액은 아프리카인 어린이에게 지원된 12.47 랜드와 달리 모두 부유한 가정에서 나왔을 것입니다.

There is compulsory education for all white children at virtually no cost to their parents, be they rich or poor. Similar facilities are not provided for the African children, though there are some who receive such assistance. African children, however, generally have to pay more for their schooling than whites. According to figures quoted by the South African Institute of Race Relations in its 1963 journal, approximately 40 per cent of African children in the age group between seven to fourteen do not attend school. For those who do attend school, the standards are vastly different from those afforded to white children. In 1960-61 the per capita Government spending on African students at State-aided schools was estimated at R12.46. In the same years, the per capita spending on white children in the Cape Province which are the only figures available to me was R144.57. Although there are no figures available to me, it can be stated, without doubt, that the white children on whom R144.57 per head was being spent all came from wealthier homes than African children on whom R12.46 per head was being spent.

교육의 질도 다릅니다. 반투교육저널에 의하면 1962 년 아프리카인 어린이 5,660명만이 고등학교를 수료했고, 그중 362명만이 졸업시험을 통과했다고 합니다. 이는 1953년 반투교육법 토론회에서 현 총리가 밝힌 반투 교육정책과 일관성이 있어 보입니다 :

The quality of education is also different. According to the Bantu Educational Journal, only 5,660 African children in the whole of South Africa passed their Junior Certificate in 1962, and in that year only 362 passed matric. This is presumably consistent with the policy of Bantu education about which the present Prime Minister said, during the debate on the Bantu Education Bill in 1953:

"원주민 교육을 지휘할 권한이 있다면 저는 원주민들이 어렸을 때부터 유럽인들과 평등하지 않다는 것을 가르치도록 개정할 것입니다... 평등을 믿는 자들은 원주민들의 교사로 부적합합니다. 제가 이끄는 원주민 교육 담당 부서에서 원주민은 자신에게 적합한 고등교육 수준과 자신이 그 지식을 인생에서 활용할 기회가 있을지에 대해서 알게 될 것입니다."

"When I have control of Native education I will reform it so that Natives will be taught from childhood to realize that equality with Europeans is not for them... People who believe in equality are not desirable teachers for Natives.

When my Department controls Native education it
will know for what class of higher education a Native is
fitted, and whether he will have a chance in life to use his
knowledge."

아프리카인들의 경제적 발전을 가로막는 다른 주 장애
물은 산업에서 더 좋은 일자리를 백인 전용으로 두는 산
업 인종 분리 정책입니다. 더욱이 자신에게 열려있는 미
숙련 혹은 반숙련 직종을 얻은 아프리카인들은 산업조정
법에서 인정하는 노동조합을 구성할 수 없습니다. 이는
아프리카인들의 파업은 불법이며 소득이 높은 백인 노동
자들에게 허용된 단체교섭권이 없다는 것입니다. 계속된
남아프리카 정부들의 아프리카인 노동자들을 향한 정책
적 차별은 '문화적 노동 정책'에서 드러납니다. 이 정책에
따르면 미숙련 정부 일자리는 산업에서 일자리를 찾지 못
하는 이들을 위해 제공되며 임금은 아프리카인들의 산업
평균을 훨씬 웃돕니다.

The other main obstacle to the economic advancement
of the African is the industrial colour-bar under which all
the better jobs of industry are reserved for Whites only.

Moreover, Africans who do obtain employment in the unskilled and semi-skilled occupations which are open to them are not allowed to form trade unions which have recognition under the Industrial Conciliation Act. This means that strikes of African workers are illegal, and that they are denied the right of collective bargaining which is permitted to the better-paid White workers. The discrimination in the policy of successive South African Governments towards African workers is demonstrated by the so-called 'civilized labour policy' under which sheltered, unskilled Government jobs are found for those white workers who cannot make the grade in industry, at wages which far exceed the earnings of the average African employee in industry.

정부는 종종 자신에 향한 비판에 대해 남아프리카의 아프리카인들이 경제적으로 다른 아프리카 국가들의 주민들보다 더 잘 산다고 답을 합니다. 저는 그 나라들의 생활비 인덱스를 고려하지 않고 비교가 가능한 것인지 의심스럽기 때문에 그것이 사실인지 알지 못합니다. 그것이 사실이라 하더라도 아프리카인들에게 그것은 무의미합니다. 우리의 불만은 다른 나라에 사는 사람들보다 가난하다는 것이 아니라 같은 나라에 사는 백인들과 비교해서 가난하다는 것이고 우리가 이런 불균형을 수정하는 것이 법적으로 금지되어있다는 점입니다.

The Government often answers its critics by saying that Africans in South Africa are economically better off than the inhabitants of the other countries in Africa. I do not know whether this statement is true and doubt whether any comparison can be made without having regard to the cost-of-living index in such countries. But even if it is true, as far as the African people are concerned it is irrelevant. Our complaint is not that we are poor by comparison with people in other countries, but that we are poor by comparison with the white people in our own country, and that we are prevented by legislation from altering this imbalance.

아프리카인에 대한 인간 존엄 부족은 백인 우월주의 정책의 직접적 결과입니다. 백인 우월주의는 흑인 열등주의를 의미합니다. 백인 우월주의를 보존하기 위한 법체계는 이를 더욱 견고히 합니다. 남아프리카의 하찮은 일들은 아프리카인들이 수행합니다. 어떤 일을 하거나 청소를 해야 할 때 백인은 주변에 그것을 해줄 아프리카인을 찾아 주변을 둘러봅니다. 그 아프리카인이 자신에게 고용이 되어있든 아니든 상관없습니다. 이러한 태도 때문에 백인들은 아프리카인들을 별개의 종으로 여깁니다. 그들은 아프리카인들을 가정이 있는 사람으로 보지 않습니다. 그들은 아프리카인들이 감정이 있다고 생각하지 않습니다. 아프리카인들도 백인처럼 사랑에 빠집니다. 아프리카인들도 백인들과 마찬가지로 자신의 아내와 자녀들과 함께하고 싶어 합니다. 아프리카인들도 자신의 가정을 제대로 부양할 수 있고, 밥을 먹이고, 옷을 입히고, 학교에 보낼 수 있을 만큼 충분한 돈을 벌고 싶어 합니다. 그 어떤 '하우스보이', '가든 보이' 혹은 노동자가 이를 감히 원할 수 있겠습니까?

The lack of human dignity experienced by Africans is the direct result of the policy of white supremacy. White supremacy implies black inferiority. Legislation designed to preserve white supremacy entrenches this notion. Menial tasks in South Africa are invariably performed by Africans.

When anything has to be carried or cleaned the white man will look around for an African to do it for him, whether the African is employed by him or not. Because of this sort of attitude, whites tend to regard Africans as a separate breed. They do not look upon them as people with families of their own; they do not realize that they have emotions – that they fall in love like white people do; that they want to be with their wives and children like white people want to be with theirs; that they want to earn enough money to support their families properly, to feed and clothe them and send them to school. And what 'house-boy' or 'garden-boy' or labourer can ever hope to do this?

아프리카인들이 남아프리카에서 가장 혐오하는 통행법으로 인해 아프리카인들은 항상 경찰의 감시를 받습니다. 통행증 때문에 경찰에 붙들려보지 않은 아프리카인이 한 명이라도 있을지 모르겠습니다. 매년 수백 수천 명의 아프리카인들이 통행법으로 인해 투옥됩니다. 이보다 더 안 좋은 것은 통행법이 남편과 아내를 갈라놓음으로써 가정을 파괴한다는 것입니다.

Pass laws, which to the Africans are among the most hated bits of legislation in South Africa, render any African liable to police surveillance at any time. I doubt whether there is a single African male in South Africa who has not at some stage had a brush with the police over his pass. Hundreds and thousands of Africans are thrown into jail each year under pass laws. Even worse than this is the fact that pass laws keep husband and wife apart and lead to the breakdown of family life.

가난과 가정의 파괴는 이차적 영향이 있습니다. 아이들은 갈 수 있는 학교가 없거나, 학교에 갈 돈이 없거나, 학교에 가는 것을 볼 부모가 없어서 길거리를 떠돕니다. 가족의 생계를 유지하기 위해서 부모가 둘 다 있다면 모두가 일을 해야 하기 때문이지요. 이는 도덕적 기준을 붕괴시켜 문맹률의 가파른 상승과 정치적일 뿐 아니라 모든 분야에서 폭력 사태를 증가시킵니다. 매일 누군가가 칼에 찔리거나 폭행당합니다. 그리고 폭력은 백인이 사는 동네 밖에서 행해집니다. 사형을 당할 수 있음에도 주거침입과 강도 범죄가 증가하고 있습니다. 사형은 곪아 터진 상처를 치유해주지 못합니다.

Poverty and the breakdown of family life have secondary effects. Children wander about the streets of the townships because they have no schools to go to, or no money to enable them to go to school, or no parents at home to see that they go to school, because both parents if there be two have to work to keep the family alive. This leads to a breakdown in moral standards, to an alarming rise in illegitimacy, and to growing violence which erupts not only politically, but everywhere. Life in the townships is dangerous. There is not a day that goes by without somebody being stabbed or assaulted. And violence is carried out of the townships in the white living areas. People are afraid to walk alone in the streets after dark. Housebreakings and robberies are increasing, despite the fact that the death sentence can now be imposed for such offences. Death sentences cannot cure the festering sore.

아프리카인들은 생계유지가 가능한 임금을 원합니다. 아프리카인들은 정부가 할 수 있다고 지정해준 일이 아니라 자신들이 할 수 있는 일을 하고 싶어 합니다. 아프리카인들은 자신들이 일하는 곳에 살 수 있기를 바라고 자신이 그곳에서 태어나지 않았다는 이유로 쫓겨나고 싶어 하지 않습니다. 아프리카인들은 자신들이 일하는 곳의 땅을 소유할 수 있기를 바라고, 자신들이 절대 소유할 수 없는 집을 강제로 렌트하고 싶어 하지 않습니다. 아프리카인들은 자신의 게토에 갇히는 것이 아니라 일반 대중과 함께 살아가기를 바랍니다. 아프리카인 남자들은 아내와 자식과 함께 자신들이 일하는 지역에서 살기를 바라고, 자연스럽지도 않은 남성 호스텔에 강제로 살고 싶어 하지 않습니다. 아프리카 여성들은 남성들과 함께 살아가길 바라고, 수용지에서 영원히 과부로 살아가고 싶어 하지 않습니다. 아프리카인들은 밤 11시 이후에 밖에 돌아다닐 수 있기를 바라고, 어린아이처럼 자신의 방에 갇혀 살고 싶어 하지 않습니다. 아프리카인들은 노동부가 지정한 곳에만 머무르는 것이 아니라 자신의 나라를 자유롭게 여행하기를 바랍니다. 아프리카인들은 그저 남아프리카 전체를 같이 나누고 싶어 합니다. 그들은 사회의 주인으로 참여하고 안전을 보장받기를 바랍니다.

Africans want to be paid a living wage. Africans want to perform work which they are capable of doing, and not work which the Government declares them to be capable.

Africans want to be allowed to live where they obtain work, and not be endorsed out of an area because they were not born there. Africans want to be allowed to own land in places where they work, and not to be obliged to live in rented houses which they can never call their own. Africans want to be part of the general population, and not confined to living in their own ghettoes. African men want to have their wives and children to live with them where they work, and not be forced into an unnatural existence in men's hostels. African women want to be with their menfolk and not be left permanently widowed in the Reserves. Africans want to be allowed out after eleven o' clock at night and not to be confined to their rooms like little children. Africans want to be allowed to travel in their own country and to seek work where they want to and not where the Labour Bureau tells them to. Africans want a just share in the whole of South Africa; they want security and a stake in society.

무엇보다도 우리는 평등한 정치적 권리를 원합니다. 그것 없이는 우리의 장애가 영원할 것이니까요. 이것이

이 나라의 백인들에게는 혁명적으로 들릴 수 있다는 것을 알지만, 유권자의 다수는 아프리카인이 될 것입니다. 이것이 백인들이 민주주의를 두려워하게 합니다.

Above all, we want equal political rights, because without them our disabilities will be permanent. I know this sounds revolutionary to the whites in this country, because the majority of voters will be Africans. This makes the white man fear democracy.

하지만 이러한 두려움이 모두의 자유와 인종적 조화를 보장할 수 있는 유일한 해결책을 가로막아서는 안 됩니다. 모두에게 참정권을 부여하는 것이 인종 지배로 이어지리라는 것은 사실이 아닙니다. 피부색에 의한 정치적 분열은 모두 인위적이기 때문에 그것이 사라지면 한 인종에 의한 다른 인종의 지배도 함께 사라질 것입니다. 민족회의는 반세기 동안 인종주의에 맞서 싸웠습니다. 싸움에서 승리한다고 해서 그 방침을 바꾸지 않을 것입니다.

But this fear cannot be allowed to stand in the way of the only solution which will guarantee racial harmony and freedom for all. It is not true that the enfranchisement of all will result in racial domination. Political division, based on colour, is entirely artificial and, when it disappears, so will the domination of one colour group by another. The ANC has spent half a century fighting against racialism. When it triumphs it will not change that policy.

그것이 민족 회의가 싸우는 이유입니다. 그들의 투쟁은 철저히 민족적인 것입니다. 자신들이 직접 받은 경험과 고통으로부터 영감을 받은 아프리카인들의 투쟁입니다. 삶을 살아가기 위한 투쟁입니다.

This then is what the ANC is fighting. Their struggle is a truly national one. It is a struggle of the African people, inspired by their own suffering and their own experience. It is a struggle for the right to live.

저는 제 인생을 아프리카인들의 투쟁에 바쳐왔습니다. 저는 백인의 지배에 맞서 싸웠고, 흑인의 지배에도 맞서 싸웠습니다. 저는 모든 사람이 동등한 기회와 함께 조화를 이루며 함께 살아갈 수 있는 민주적이고 자유로운 사회의 이상을 소중히 여기고 있습니다. 이 이상을 달성하기 위해 살아갈 것입니다. 그리고 필요하다면 그 이상을 위해 저는 죽을 준비가 되어있습니다.

During my lifetime I have dedicated myself to this struggle of the African people. I have fought against white domination, and I have fought against black domination. I have cherished the ideal of a democratic and free society in which all persons live together in harmony and with equal opportunities. It is an ideal which I hope to live for and to achieve. But if needs be, it is an ideal for which I am prepared to die.

CHAPTER 6

Inaugural Speech

존 F. 케네디

John Fitzgerald Kennedy
1917. 5. 29 ~ 1963. 11. 22

존 F. 케네디. 대통령 취임연설
INAUGURAL SPEECH
국민에, 동맹에, 적대세력에 손을 내밀 줄 아는 용기

1961년 1월 20일. 미국의 대통령 취임식이 열렸다. 연단에 오른 젊은 남자는 자신이 건국의 아버지들이 세운 자유와 평등의 국가이념을 계승할 첫 20세기 태생 대통령. 냉전이 자유를 위협하는 상황에서 자유를 수호할 막중한 책임을 회피하지 않을 것을 약속하며 국민들에게 마음으로 함께 해달라고 호소한다. "친애하는 미국 국민 여러분, 조국이 여러분을 위해 무엇을 할 수 있는지를 묻지 마시고, 여러분이 조국을 위해 무엇을 할 수 있는지를 자문해 보십시오."

미남 대통령의 상징. 마릴린 먼로의 정인. 지금까지 암살의 미스터리가 풀리지 않고 있는 시대의 상징. 개혁을 꿈꾸던 비운의 대통령. 쿠바사태를 성공적으로 해결해 핵전쟁을 막은 대통령. 가문의 이름 자체가 민주당을 상징했던 대통령. 컬러TV가 만들어낸 최초의 스타 중 하나. 이렇게 수식어가 많은 만큼 너무나도 잘 알려진 인물이기도 하고, 연설의 문구 또한 많이 알려졌지만 정작 이 연설의 배경이나 전문을 아는 이는 그렇게 많지 않다.

1917년 5월 29일 매사추세츠주에서 아일랜드 출신 정치가 집안에서 태어난 케네디는 어려서부터 공부는 잘했지만, 반항적이고 장난기 있는 성격 때문에 사고뭉치로 유명했다대표적인 장난으로는 학교 변기를 폭파한 사건이 있다. 어려서 운동을 좋아해 선수로도 많이 활약했지만, 기본적으로 건강이 좋지 못했다. 만성적인 허리부상과 폐렴으로 병원 신세를 자주 졌는데, 처음에 들어간 런던정경대London School of Economics에서 건강 문제로 돌아와야 했고, 하버드 졸업 후 지원한 육군사관학교에 건강 문제로 진학하지 못했다. 그럼에도 불구하고 제2차 세계대전에 참전하고자 하는 의지가 강하여 미군 해군에 자원한 케네디는 입대에 성공해 제2차 세계대전에 태평양 함대에 파견되었다.

태평양함대에서 어뢰정 장교로 활약하던 케네디가 이 끄는 어뢰정 PT-109가 1943년 일본 전함 아마기리호와 충돌하는 사건이 발생하였다. 일본군의 포획을 피해 척추 부상에도 불구하고 다른 부상당한 병사들을 이끌고 인근 의 작은 섬으로 약 5km를 헤엄쳤는데, 이때 화상이 심한 병사의 구명조끼를 이빨로 물고 헤엄쳤다고 한다. 이러한 영웅적 행동으로 군은 그에게 훈장을 수여했고, 훗날 어 떻게 전쟁영웅이 되었냐는 질문에 '그냥 저들이 우리 배 를 반파시켜서'라는 겸손과 여유를 보이기도 했다. 하지 만, 이 사건으로 부상이 심해져 이듬해 치료를 계속하기 위해 전역을 해야만 했다.

케네디의 아버지는 자신의 아들들을 반드시 미국의 대 통령으로 만들겠다는 야망을 갖고 있었고, 어려서부터 자 식들에게 정치인이 되라고 교육했다. 특히, 장남 조지프 케네디 주니어Joseph Kennedy Jr.에게 거는 기대가 컸었는 데, 불행하게도 1944년 전쟁터에서 조지프가 사망하면서 그 임무는 차남인 존에게 부여되었다. 1946년 선거에서 아버지의 요구로 강한 민주당 성향을 나타내던 매사추세 츠주에서 하원의원에 출마해 당선된다.

6년간의 하원의원직을 수행하고 1952년 상원의원에 출마해 당선된 케네디는 허리부상이 악화 되어 여러 차례에 걸쳐 척추 수술을 받게 되었다. 입원해 있는 동안 집필한 저서 〈용기 있는 사람들Profiles in Courage〉이 1956년 출판되었고, 이 책은 1957년 퓰리처상을 수상하게 되었다. 좋은 책이니 꼭 한번 읽어보길 권한다.

케네디의 상원의원 시절 업적이라고는 거의 없었다고 봐도 무방하다. 자신의 지역 매사추세츠주의 산업과 관련된 법안을 제정하는데 주로 힘썼고, 딱히 미국 전체의 국익이나 자신의 정치철학을 드러낼 만한 법안을 만들어내진 못했다. 하지만 젊고, 매력적이고, 부유하고, 똑똑한 정치인 이미지로 민주당 전당대회에서 대통령 후보 아들라이 스티븐슨 2세Adlai Setevenson II의 찬조 연설 발표자로 선정되고, 그 자리에서 진행된 부통령 후보 선거에서 2등을 차지하는 기염을 토하며 전국구 정치인으로 떠올랐다. 이를 기반으로 1958년 총선에서 매사추세츠주 역사상 가장 많은 표 차로 재선에 성공한 케네디는 본격적으로 1960년 대선 출마를 준비하게 된다.

하지만, 대선 출마의 길은 험난했다. 우선, 지지기반

이 없었다. 하고 싶은 정치가 무엇인지 애매했기 때문에 주목받는 것에 비해 따르는 이가 없었다. 나이는 젊었으나 진보적인 모습은 찾아볼 수 없었고, 오히려 공민권 운동가들의 요구를 묵살하거나 아이젠하워 대통령의 공민권법안에 반대표를 던지는 등 보수적인 입장을 종종 취했다. 나아가 매카시즘으로도 불리는 반공 색깔론 정치의 아버지, 조셉 매카시Joseph McCarthy 상원의원과 친하게 지내며 루스벨트 전 대통령의 영부인 엘리노어 루스벨트 등 당내 진보 인사들이 등을 돌리게 했다.

당 지도부도 회의적이었다. 해리 트루먼Harry S. Truman 전 대통령은 케네디의 경험이 부족한 점을 들어 반대했고, 민주당 지지기반의 한 축이었던 노동계는 케네디를 노동의 적으로 규정했다. 케네디가 가톨릭 신자라는 점도 케네디 불가론에 한몫했다. 미국 사회에서는 가톨릭 신자는 정치와 종교를 분리시키지 못할 것이라는 정서가 강했기 때문에 이에 대한 분명한 입장 표명 없이는 후보가 되기 힘들었다. 아직까지 미국 역사에서 케네디가 유일한 가톨릭 대통령인 것을 보면 이 정서가 얼마나 짙은지 짐작할 수 있다.

하지만 당원들의 생각은 달랐다. 케네디는 경선 초반부터 지도부가 밀던 전 대선후보 스티븐슨과 상원 원내대표 린든 존슨Lyndon B. Johnson, 휴버트 험프리Hubert Humphrey를 제치고 1위를 차지했다. 당내 지지기반이 약하고, 자신에게 부족한 경험과 안정감이 필요하다고 판단한 케네디는 노동계 인사를 영입하자는 캠프의 의견과 다르게 린든 존슨을 부통령 후보로 선택하였다.

본선 상대는 당시 부통령이던 리처드 닉슨Richard Nixon. 인지도 면에서 압도적이었고, 승리를 위해서는 무엇이든 할 수 있는 인물이었다. 케네디는 일단 차별화를 위해서 젊고 신선한 이미지를 부각하는 새로운 지평이라는 의미의 '뉴 프론티어New Frontier'를 슬로건으로 내걸었다. 시민의 적극적 참여를 통해 새로운 시대로 나아가자는 것을 테마로 경제를 성장시키고, 가난을 없애며, 인종 차별을 폐지하고, 사회복지를 구현한다는 정책을 내건 것이다. 그럼에도 불구하고 닉슨에게 지지율이 많이 뒤지고 있었는데 이를 반전시키는 사건이 발생한다. 바로 최초로 TV에서 생방송으로 진행된 대통령 토론이다.

케네디의 젊은 이미지와 잘생긴 외모는 빛을 발했다.

그러나 닉슨은 부상당한 다리를 이끌고 무대에 올랐고, 조금 지쳐 보였으며, 외모 자체가 탐욕스럽게 보이는 느낌도 있어서, 화면에 잘 나오기 위해서 메이크업까지 받은 케네디와 확실히 대조되었다. 토론을 라디오로 접한 사람들은 닉슨이 이겼거나 무승부라고 판단하였지만, TV 시청자들은 압도적으로 케네디의 손을 들어주었다.

결국, 미국 역사상 가장 치열한 접전 중 하나로 꼽히는 선거에서 국민투표 49.7% 대 49.5%로 케네디가 조금 앞섰고, 선거인단 303명을 확보하여 219명을 확보하는 데 그친 닉슨을 꺾었다. 이로써 케네디는 선출 대통령으로는 최연소인 43세의 나이에 대통령으로 당선되었다. 전체 표차는 112,827표밖에 나지 않았으니 정말 TV 토론만 아니었으면 케네디의 패배가 확실했을 것이라 예상해볼 수 있다.

이번 챕터에서 다루는 연설은 그의 대통령 취임식 연설이다. 이 연설은 그가 내건 '뉴 프론티어'를 재차 강조한다. 그의 과거 이력을 보면 위선이 아니냐고 비판할 수 있겠지만, 대통령이 되어서는 이를 실현하기 위해서 최선을 다했다. 교육에 대한 연방 예산과 노인들을 위한 의료보장을 늘리고, 농가에 대한 경제적 지원과 경기침체를 해결하기 위한 연방정부의 적극적인 개입, 인종차별 철폐 등을 약속했고 이를 이행하기 위한 입법을 적극적으로 추진했다. 다만 굵직한 개혁 법안들은 번번이 의회에서 제동을 걸었기 때문에 생전에 이룬 것이 많지 않은 몽상가 대통령이란 평가를 받기도 한다.

하지만 이러한 평가는 가혹한 측면이 있다. 숫자만 놓고 보면 취임 첫해인 1961년에 53개 법안을 제출해 33개를, 1962년에 54개 중 40개를, 1963년에는 58개 중 35개를 통과시켰다. 이 정도로 효율적으로 법을 통과시킨 대통령도 드물다. 다만 사회보장제도의 확대나 민권 문제와 관련된 혁신법안이 좌절되었기에 저평가를 받는 것인데, 이마저도 서거 후, 취임한 존슨 대통령 임기 내에 모두 통과가 되었다. 결국 케네디는 자신이 국민 앞에 내건 '뉴 프론티어'의 비전을 10년 내에 달성한 것이다.

당시의 정치지형도 고려해야 한다. 앞서 언급한 대로 케네디는 당내 지지기반 없이 대중여론의 힘으로 당선된 대통령이었다. 더욱이 당시 민주당이 남부 민주당과 북부 민주당으로 갈려있는데, 남부 민주당은 케네디의 사회혁신 법안을 받아들일 수 없다며 거부했다. 미국 남부는 미국 건국부터 지금까지 보수적 입장을 취하고 있는 점을 생각해보면 당시에 정서적 괴리가 얼마나 더 컸을지 상상해볼 수 있다. 이런 난관을 헤쳐 가며 성과를 낸 지도자가 몇이나 있는지 생각해보면 케네디를 실패한 대통령이라 낙인찍는 것은 무리가 있다.

케네디가 보여준 리더십은 참여를 강조한 리더십이라 할 수 있다. 백악관에 들어가서도 전임 대통령인 아이젠하워의 수직적 보고체계를 탈피해 원탁회의 방식을 채택했고, 자유로운 의견 개진을 장려했다. 본 연설에서 가장 잘 알려진 문구인 "조국이 여러분을 위해 무엇을 할 수 있는지를 묻지 마시고, 여러분이 조국을 위해 무엇을 할 수 있는지를 자문해 보십시오"도 이와 일맥상통한다. 어쩌면 당내 지지기반이 약한 것을 대중여론과 협치의 힘으로 뚫어내려는 전략도 포함되어있는지 모른다.

이런 참여의 강조는 연설의 대부분을 차지하는 국제사회에서 미국의 역할과 리더십에 관한 내용에서도 일관되게 드러난다. 케네디는 일명 '자유 진영'에 함께하고 있는 동맹국들에 대한 변함없는 우정과 식민 통치에서 벗어난 신생국가들이 평화와 자유를 누릴 수 있는 충분한 원조를 약속했다. 그러면서 "미국이 여러분을 위해 무엇을 할 수 있는지를 묻지 마시고, 우리가 인류의 자유를 위해 함께 할 수 있는 것이 무엇인지를 자문해 보십시오."라고 말했다.

협력의 메시지는 자유 진영에만 향하는 것이 아니었다. 평화라는 대의를 위해 공산 진영에도 손을 내밀었다. 대립을 통해 힘의 균형을 맞추는 것이 아니라, 협력을 통해 평화적으로 새로운 세계 질서를 만들어 나가자고 제안했다.

이런 선택은 큰 용기가 필요하다. 이해관계를 놓고 생각했을 때, 과연 평화를 이야기하는 것이 케네디에게 유리한 선택이었을까? 정치인이 인기를 얻는 방식으로 쉽게 택하는 방식이 거악에 맞서 싸우는 이미지로 결집을 꾀하는 것이다. 정치적 기반이 없을수록 더욱 그러하다. 케네디는 충분히 냉전의 분위기를 자신에게 유리하게 가져갈 수 있었다. 소련의 입장에서도 미국과 적대적 공생 관계를 유지하는 것이 편할 수도 있었을지 모른다.

하지만, 케네디는 대의를 택했다. 그리고 그 약속을 이행하기 위해 '평화봉사단'과 '진보를 위한 동맹'을 창설해 개발도상국을 지원했고, 소련과 부분적인 핵 실험 금지 조약도 체결했다. 자칫 핵전쟁으로도 이어질 수 있었던 쿠바 사태를 성공적으로 해결했고 이를 계기로 냉전 시대 해빙기는 물론, 베트남전에 개입한 것에 대해서는 역사적 평가가 갈리겠지만, 케네디의 외교정책은 국민의 절대적인 지지를 받았다.

케네디는 협력의 힘을 믿었고, 그 힘이 발휘되었을 때 낼 수 있는 성과를 인류에게 보여주었다. 국민을 믿었고, 동맹국들을 믿었고, 심지어 적대 세력도 믿었다. 인류애와 가능성을 믿은 것이다. 믿음은 용기가 필요하다. 어쩌면 적과 싸우는 것보다 적을 믿어주는 것이 더 큰 용기가 필요하다. 핵전쟁으로 이어질 수 있는 일촉즉발의 사태도 케네디는 적국과의 협력을 통해 풀어내려는 용기를 발휘했기에 가능한 것이다. 케네디는 용기 있는 사람이었고, 케네디의 용기는 그렇게 인류사의 한 획을 그었다.

이 연설은 그 용기의 집합체다. 우리에게 가장 잘 알려진 문구 '조국이 여러분을 위해 무엇을 할 수 있는지를 묻지 마시고, 여러분이 조국을 위해 무엇을 할 수 있는지를 자문해 보십시오.'는 국민의 의무를 강조한 것이 아니다. 대통령 혼자서는 평화와 번영을 이룰 수 없다는 것을 인정할 줄 아는 케네디의 용기다. 대통령이 그런 믿음을 먼저 보이지 않는데, 어떻게 국민들에게 의무를 다할 것을 요청할 수 있겠는가.

다양한 리더십의 형태가 있겠지만, 훌륭한 리더들은 모두 이런 용기를 갖춘 이들이었다. 이 연설을 통해, 앞으로 사람들이 케네디를 떠올릴 때, 그를 둘러싼 다양한 스캔들이 아니라, 그의 용기가 바꾸어 놓은 세상을 떠올렸으면 한다.

INAUGURAL SPEECH

연설

존슨 부통령님, 하원의장님, 대법원장님, 아이젠하워 대통령님, 닉슨 부통령님, 트루먼 대통령님, 성직자님, 그리고 시민 동지 여러분. 오늘 우리는 한 정당의 승리가 아닌 하나의 시작과 끝을, 그리고 변화와 혁신을 상징하는 자유의 축제에 와 있습니다. 저는 우리 선조들이 175년 전에 제정한 선서를 전능하신 하나님과 여러분 앞에 서약했기 때문입니다.

Vice President Johnson, Mr. Speaker, Mr. Chief Justice, President Eisenhower, Vice President Nixon, President Truman, reverend clergy, fellow citizens, we observe today not a victory of party, but a celebration of freedom symbolizing an end, as well as a beginning; signifying renewal, as well as change. For I have sworn before you and Almighty God the same solemn oath our forebears prescribed nearly a century and three quarters ago.

세계는 엄청난 변화를 겪고 있습니다. 인류에게는 모든 형태의 빈곤도, 모든 형태의 삶도 사라지게 할 수 있는 힘이 수중에 있습니다. 그러나 인간의 권리는 국가가 내리는 시혜로 부여되는 것이 아니라 하나님에게서 온다는 신념, 우리 조상들이 목숨 걸고 지켜온 그 혁명적 신념이 지구상에서 여전히 쟁점이 되고 있습니다.

The world is very different now. For man holds in his mortal hands the power to abolish all forms of human poverty and all forms of human life. And yet the same revolutionary beliefs for which our forebears fought are still at issue around the globe; the belief that the rights of man come not from the generosity of the state, but from the hand of God.

오늘 우리가 그 최초 혁명의 후손임을 절대 잊어서는 안 됩니다. 우리는 20세기에 태어나 전쟁을 겪으면서 힘

겹고 고된 시련을 통해 얻은 평화 속에서 단련되고, 우리의 오랜 유산에 대한 자부심을 느끼며, 이 나라가 국내뿐 아니라 해외에서 언제나 증진하고자 했던 인권이 점차 침해되고 있는 것을 좌시하거나 용납하지 않을 것임을 우리의 우방과 적대 세력 모두에게 알립시다.

We dare not forget today that we are the heirs of that first revolution. Let the word go forth from this time and place, to friend and foe alike, that the torch has been passed to a new generation of Americans; born in this century, tempered by war, disciplined by a hard and bitter peace, proud of our ancient heritage, and unwilling to witness or permit the slow undoing of those human rights to which this Nation has always been committed, and to which we are committed today at home and around the world.

우리는 어떤 대가를 치르든, 어떤 시련을 겪든, 자유의 생존과 성공을 위해 모든 우방을 지원하고 모든 적대 세력과 맞서 싸울 것임을 우리의 성공을 기원하는지 여부와 관계없이 전 세계가 알게 합시다.

Let every nation know, whether it wishes us well or ill, that we shall pay any price, bear any burden, meet any hardship, support any friend, oppose any foe, in order to assure the survival and the success of liberty.

우리는 바로 이점을 거듭 다짐합니다.

This much we pledge; and more.

우리와 정신문화적 뿌리를 공유하는 오랜 동맹국들에게, 우리는 우방으로서의 신의를 지킬 것을 다짐합니다. 우리가 단결해서 이루지 못할 것은 없습니다. 하지만 분열해서는 이룰 수 있는 게 없을뿐더러, 뿔뿔이 흩어지고 분열한 상태에서 마주할 강력한 도전에 대응할 수 없습니다.

To those old allies whose cultural and spiritual origins we share, we pledge the loyalty of faithful friends. United, there is little we cannot do in a host of cooperative ventures. Divided, there is little we can do; or we dare not meet a powerful challenge at odds and split asunder.

자유 진영에 합류한 신생 국가들을 환영하며, 그들이 식민 통치로부터 벗어남이 훨씬 더 억압적인 독재로 이어지지 않도록 할 것을 약속합니다. 그들이 언제나 우리의 입장을 지지할 것을 기대할 수는 없습니다. 하지만 그들이 스스로의 자유를 강력하게 지키려 할 것과, 호랑이 등에 올라탐으로 권력을 얻으려 한 어리석은 자들은 결국 호랑이 밥이 되고 말았다는 속담을 기억하기를 언제나 희망합니다.

To those new States whom we welcome to the ranks of the free, we pledge our word that one form of colonial control shall not have passed away merely to be replaced by a far more iron tyranny. We shall not always expect to find them supporting our view. But we shall always hope to find them strongly supporting their own freedom; and to remember that, in the past, those who foolishly sought power by riding the back of the tiger ended up inside.

지구 건너편의 오두막들과 마을에서 집단적 고통의 족쇄에서 벗어나려 하는 사람들에게 우리는 그것이 얼마나 오래 걸릴지라도 그들이 스스로 도울 수 있도록 도울 것을 다짐합니다. 이는 공산주의 진영이 그렇게 하고 있기 때문이라던가, 우리가 그들의 표를 얻고자 해서도 아니고, 다만 그것이 옳은 일이기 때문입니다. 자유로운 사회가 다수의 빈민을 돕지 못하면 소수의 부자도 지킬 수 없습니다.

To those peoples in the huts and villages across the globe struggling to break the bonds of mass misery, we pledge our best efforts to help them help themselves, for whatever period is required; not because the Communists may be doing it, not because we seek their votes, but because it is right. If a free society cannot help the many who are poor, it cannot save the few who are rich.

우리 국경 남쪽의 자매 국가들에게 우리는 특별히 서약합니다. 우리는 진보를 위한 새로운 동맹 속에서 자유로운 국민과 정부가 빈곤의 족쇄를 벗어버릴 수 있도록 지원하겠다는 약속을 실천으로 옮길 것입니다. 하지만 이런 희망찬 혁명이 적대 세력의 먹잇감이 되어서는 안 됩니다. 우리가 미국대륙 모든 지역에서 발생하는 침략이나 전복 행위에 대해 맞서 싸울 것임을 이웃 국가들에 알립시다. 그리고 이 서반구는 스스로의 주인으로 남을 것임을 모든 국가에 알립시다.

To our sister republics south of our border, we offer a special pledge; to convert our good words into good deeds; in a new alliance for progress; to assist free men and free governments in casting off the chains of poverty. But this peaceful revolution of hope cannot become the prey of hostile powers. Let all our neighbors know that we shall join with them to oppose aggression or subversion anywhere in the Americas. And let every other power know that this Hemisphere intends to remain the master of its own house.

전쟁의 수단이 평화의 수단을 훨씬 압도해버린 시대에 마지막 희망의 보루이자 세계 주권국들의 모임인 국제연합이 욕설의 장으로 전락하는 것을 막고, 신생 국가와 약소국가들을 보호하는 방패 역할을 강화하고, 그 권한이 미치는 영역이 확대될 수 있도록 지원할 것을 거듭 약속드립니다.

존 F. 케네디

To that world assembly of sovereign states, the United Nations, our last best hope in an age where the instruments of war have far outpaced the instruments of peace, we renew our pledge of support; to prevent it from becoming merely a forum for invective, to strengthen its shield of the new and the weak, and to enlarge the area in which its writ may run.

마지막으로 우리를 적대시하는 국가들에게 우리는 서약이 아니라 요청을 드립니다. 과학에 의해 고삐가 풀린 암울한 파괴력이 의도와는 무관하게 인류 전체를 집어삼키기 전에 양쪽 진영이 평화를 위한 새로운 노력을 시작합시다.

Finally, to those nations who would make themselves our adversary, we offer not a pledge but a request: that both sides begin anew the quest for peace, before the dark powers of destruction unleashed by science engulf all humanity in planned or accidental self-destruction.

우리는 절대 그들에게 약한 모습을 보이지 않을 것입

니다. 우리가 한 치 의심의 여지가 없을 정도로 무장이 되어있을 때만 그들이 무력을 사용하지 못할 거라 확신할 수 있습니다.

We dare not tempt them with weakness. For only when our arms are sufficient beyond doubt can we be certain beyond doubt that they will never be employed.

하지만 막강한 양대 진영 모두 우리의 현재 상황에 대해 안심할 수 없습니다. 양쪽 모두 현대적 무기를 제조하는데 과도한 비용을 지불하고 있고, 치명적인 핵무기가 서서히 확산함에 정당한 두려움을 느끼고 있음에도 인류의 멸망을 초래할 최후의 전쟁에 대비하여 불확실한 힘의 균형을 자신에게 유리하게 만들기 위해 경쟁하고 있습니다.

But neither can two great and powerful groups of nations take comfort from our present course; both sides overburdened by the cost of modern weapons, both rightly alarmed by the steady spread of the deadly atom, yet both racing to alter that uncertain balance of terror that stays the hand of mankind's final war.

다시 시작해봅시다. 양쪽 진영의 정중함이 나약함을 의미하지 않고, 진정성은 언제나 입증되어야 함을 기억합시다. 두려움 때문에 협상하지 맙시다. 그리고 협상하기를 두려워하지 맙시다.

So let us begin anew; remembering on both sides that civility is not a sign of weakness, and sincerity is always subject to proof. Let us never negotiate out of fear. But let us never fear to negotiate.

우리를 분열시키는 문제들을 논하기보단, 우리를 뭉치게 할 수 있는 문제들을 찾아봅시다.

Let both sides explore what problems unite us instead of belaboring those problems which divide us.

처음으로 두 진영이 무기의 사찰과 통제를 위한 진지하고 구체적인 방안을 만들고, 다른 국가를 파괴할 수 있는 절대적인 힘을 모든 국가의 통제에 두어야 합니다.

Let both sides, for the first time, formulate serious and precise proposals for the inspection and control of arms and bring the absolute power to destroy other nations under the absolute control of all nations.

과학의 발전이 공포가 아닌 기적으로 이어질 수 있도록 양쪽 진영이 노력합시다. 함께 별을 탐사하고, 사막을 개척하고, 질병을 퇴치하고, 대양의 심해를 개발하고, 예술과 교역을 증진합시다.

Let both sides seek to invoke the wonders of science instead of its terrors. Together let us explore the stars, conquer the deserts, eradicate disease, tap the ocean depths, and encourage the arts and commerce.

양쪽 진영이 함께 세계 곳곳의 목소리와 "무거운 짐을 덜어주고, 억압당하는 자를 자유롭게 하라"는 이사야 Isaiah 의 가르침에 귀를 기울입시다.

Let both sides unite to heed in all corners of the earth the command of Isaiah: to "undo the heavy burdens ⋯ and to let the oppressed go free."

존 F. 케네디

그리고 협력의 교두보가 불신의 정글을 밀어내면, 양쪽 진영이 새로운 힘의 균형이 아니라 강자가 정의롭고 약자가 안전하며 평화가 유지되는 새로운 세계질서를 창조하는 데 힘을 합칩시다.

And if a beachhead of cooperation may push back the jungle of suspicion, let both sides join in creating a new endeavor, not a new balance of power, but a new world of law, where the strong are just and the weak secure and the peace preserved.

이 모든 과제가 지금으로부터 100일 이내에 완성되지 못할 것입니다. 지금으로부터 1,000일이 지나도, 이 정부의 임기가 끝나기 전에도, 우리가 지구상에 살아있는 동안에도 실현되지 못할 수 있습니다. 하지만 시작합시다.

All this will not be finished in the first 100 days. Nor will it be finished in the first 1,000 days, nor in the life of this Administration, nor even perhaps in our lifetime on this planet. But let us begin.

국민 여러분, 우리 노선의 최종 성공과 실패는 제가 아닌 여러분의 손에 달려 있습니다. 이 나라가 건국되고 미국인들은 전 세대에 걸쳐 국가의 부름에 응답해왔습니다. 그 부름에 응답한 미국 젊은이들의 묘지가 세계 곳곳에 흩어져있습니다.

In your hands, my fellow citizens, more than in mine, will rest the final success or failure of our course. Since this country was founded, each generation of Americans has been summoned to give testimony to its national loyalty. The graves of young Americans who answered the call to service surround the globe.

우리를 부르는 나팔 소리가 다시 울려 퍼지고 있습니다. 우리에게 무기가 필요하지만 무장을 하라는 요청도 아니고, 언제든 전투태세를 취하고 있지만 전투에 나서라는 요청도 아닙니다. 그것은 인류 공동의 적인 독재, 빈곤, 질병, 그리고 전쟁 그 자체에 맞설 책임을 함께 짊어지고 해마다 "소망 속에 인내하고, 환난 속에 인내하는" 긴 황혼의 투쟁에 함께 해달라는 요청입니다.

Now the trumpet summons us again; not as a call to bear arms, though arms we need; not as a call to battle, though embattled we are; but a call to bear the burden of a long twilight struggle, year in and year out, "rejoicing in hope, patient in tribulation"; a struggle against the common enemies of man: tyranny, poverty, disease, and war itself.

인류 전체에 풍요로운 삶을 보장하기 위해 남과 북, 동과 서의 국제 동맹을 맺고 이 적들에 맞서 싸울 수 있겠습니까? 이 역사적 노력에 여러분도 함께하시겠습니까?

Can we forge against these enemies a grand and global alliance, North and South, East and West, that can assure a more fruitful life for all mankind? Will you join in that historic effort?

세계의 유구한 역사 속에서 최악의 위기 국면에서 자유를 수호할 역할을 부여받은 세대는 몇 없습니다. 저는 이러한 책임을 회피하지 않습니다. 기꺼이 받아들이겠습니다. 그 어떤 세대나 국민과 처지를 바꾸고자 하는 사람은 없을 것이라 믿습니다. 우리가 이 노력에 들이는 열정과 신념, 헌신은 우리나라와 조국을 위해 봉사하는 모든 이들을 밝게 비추어줄 것입니다. 그리고 그 불꽃에서 퍼지는 빛은 진정으로 전 세계를 밝게 비출 것입니다.

In the long history of the world, only a few generations have been granted the role of defending freedom in its hour of maximum danger. I do not shrink from this responsibility; I welcome it. I do not believe that any of us would exchange places with any other people or any other generation. The energy, the faith, the devotion which we bring to this endeavor will light our country and all who serve it; and the glow from that fire can truly light the world.

친애하는 미국 국민 여러분. 조국이 여러분을 위해 무엇을 할 수 있는지를 묻지 마시고, 여러분이 조국을 위해 무엇을 할 수 있는지를 자문해 보십시오.

And so, my fellow Americans: ask not what your country can do for you; ask what you can do for your country.

친애하는 세계 시민 여러분, 미국이 여러분을 위해 무엇을 할 수 있는지를 묻지 마시고, 우리가 인류의 자유를 위해 함께 할 수 있는 것이 무엇인지를 자문해 보십시오.

My fellow citizens of the world: ask not what America will do for you, but what together we can do for the freedom of man.

끝으로 여러분이 미국 시민이든, 세계 시민이든 우리가 여러분에게 요구하는 높은 수준의 역량과 희생을 우리에게 똑같이 요구하십시오. 훌륭한 양심이야말로 우리가 확실하게 누릴 수 있는 유일한 보상이며, 역사야말로 우리의 행동에 대한 최후의 심판자일 것입니다. 이제 우리가 하느님의 축복과 도움을 받더라도 우리 스스로를 도와야 한다는 것을 명심하면서 우리가 사랑하는 이 땅을 이끌어나갑시다.

Finally, whether you are citizens of America or citizens of the world, ask of us the same high standards of strength and sacrifice which we ask of you. With a good conscience our only sure reward, with history the final judge of our deeds, let us go forth to lead the land we love, asking His blessing and His help, but knowing that here on earth God's work must truly be our own.

CHAPTER 7

Remarks At The Brandenburg Gate

로널드 레이건

Ronald Wilson Reagan

1911. 2. 6 ~ 2004. 6. 5

로널드 레이건

REMARKS AT THE BRANDENBURG GATE

자유를 향한 신념, 냉전의 벽을 허물다

1987년 6월 12일. 폐쇄된 동베를린과 서베를린 사이의 관문인 브란덴부르크 게이트에 인파가 모였다. 전날 5만여 명이 참여한 반미집회의 영향 때문인지 경계가 삼엄했고, 연단 앞에는 방탄유리가 두 겹으로 설치되어 있었다. 장벽의 반대편에서는 동독의 경찰들이 동독 시민들이 연설을 듣지 못하도록 장벽으로의 접근을 차단하고 있다. 연단에 한 남자가 올라오고 연설을 통해 소련의 지도자 고르바초프에게 도발적으로 외친다. "고르바초프 씨, 이 장벽을 허무세요!"

공화당의 뿌리가 에이브러햄 링컨이라면 현대 공화당의 심장은 로널드 레이건이라 할 수 있다. 80년대 줄.푸.세.로 대변되는 경제 회복정책, '레이거노믹스'를 통해 영국의 마가렛 대처와 함께 '신자유주의' 정책을 전세계 보수주의의 이념으로 확산시킨 장본인이기도 하다. 또한, 미국의 강력한 군사력을 앞세워 소련을 고립/붕괴시키고 평화를 수호한다는 '레이건 독트린'을 통해 미국을 냉전의 승자이자 세계 유일의 패권국으로 우뚝 서게 했다. 이러한 성과들 때문에 미국 보수주의자들은 그가 대통령이었던 시절 미국과 공화당을 그리워한다. 그러한 열망이 가장 잘 드러나는 것이 도널드 트럼프를 2016년 대선 승리로 이끈 슬로건 '다시 위대한 미국으로Make America Great Again'이다.

1911년 2월 6일 일리노이주 탐피고에서 태어난 레이건은 고등학교 재학시절부터 방과 후 활동으로 연극 동아리에 들어갔다. 유레카 대학Eureka College 에 들어가 경제와 사회학을 전공하였는데, 공부에는 그다지 흥미가 없었지만, 학교 학생회, 스포츠, 연극 활동에 매진했다. 학교 대표 미식축구 선수이기도 했고, 수영부 주장을 맡았으며, 학교 총학생회장에 당선되어 학교 인력감축에 반대하는 시위를 주도하기도 했다. 기본적으로 사회성과 카리스마를 겸비한 리더였다는 점을 알 수 있다.

대학을 졸업하고 여러 방송국에서 아나운서로 활약한 레이건은 시카고 컵스 구단의 아나운서로 들어가게 되었다. 1932년 컵스의 캘리포니아 원정에 따라나선 레이건은 그곳에서 대형 기획사 워너 브라더스Warner Brothers 의 스크린 테스트를 받게 되었고 7년 전속계약을 맺게 되었다. 1937년 영화 〈Love is on the Air〉의 주연으로 데뷔한 레이건은 2년간 19개의 작품에 출연할 정도로 다작하였다. 1941년 청년들이 좋아하는 할리우드 스타 5위에 오를 정도로 명성을 쌓았고, 1942년에는 〈Kings Row〉라는 영화를 통해 전국적 슈퍼스타 반열에 오를 수 있었지만, 개봉된 기간에 전쟁의 여파로 군복무를 하게 되면서 그렇게 성공하지 못했다. 그럼에도 불구하고 레이건은 이 영화가 자신을 스타로 만들어준 작품이라고 공공연하게 말하고 다녔다고 한다.

군복무 기간 동안 그의 임무는 미국 내에서 전쟁채권 홍보를 통해 군자금을 마련하는 것이었다. 전쟁을 수행할 자금을 마련하기 위해 정부는 채권을 마련하였는데, 국민들에게 애국심을 고취시켜 채권의 구매를 독려하는 홍보 작업이 필요했다. 영화 〈퍼스트 어벤저〉에서 캡틴 아메리카가 첫 임무로 전국을 돌며 무대에 서서 전쟁채권을 홍보하는데 그것과 같은 맥락이라 생각하면 된다. 여기에는 영화작업도 포함되었는데, 레이건은 1945년 12월 9일 전역할 때까지 400여 편의 작품에 참여하였다.

사회활동과 정치에 관심이 많았던 레이건은 1941년 처음으로 영화배우협회 이사로 선출되었는데, 군에서 제대한 1946년에는 협회 부회장에, 1959년에는 회장에 선출되었다. 영화계에 몸담으면서 FBI 요원으로도 활동했는데, 부여받은 임무는 공산주의자로 의심되는 사람들을 보고하는 것이다. 한 마디로 '프락치' 역할을 한 것이다. 냉전의 공포가 이념이라는 이름으로 국민들을 서로 반목시키는 안타까운 시대에 레이건도 참여한 것인데 시키는 것을 안 할 수도 없으니 꼭 그를 탓할 수만은 없을 것 같다.

지금은 공화당의 상징과 같은 인물이 되었지만, 원래는 민주당 당적을 갖고 있었고 프랭클린 루스벨트를 영웅으로 여겼다. 배우로서의 성공보다는 정치에 더 관심이 많았던 레이건은 이를 못마땅하게 여기던 부인 제인 와이

만Jane Wyman과의 1949년 결혼생활을 마무리하고 1952년 낸시 데이비스Nancy Davis라는 배우와 결혼하는데, 그 유명한 영부인 낸시 레이건이다. 낸시는 남편의 정치활동의 든든한 동반자가 되어주었고, 부인의 설득으로 민주당에서 공화당으로 당적을 옮기게 된다.

1954년 인기 TV 드라마 〈General Electric Theater〉에 출연하게 된 레이건은 General Electric GE 사로부터 전국의 GE 업체를 돌며 직원들을 위한 강연을 제안받게 되었다. 강연을 준비하고, 실제 현장을 누비며 자유시장, 반공주의, 낮은 세금, 작은 정부에 대한 자신만의 철학을 정립하게 되었다. 1964년 대선에 공화당 대통령 후보 배리 골드워터Barry M. Goldwater를 지지하며 '선택의 시간The Time for Choosing'이라는 제목의 연설을 통해 정부의 축소를 통한 자유의 확대를 주장했는데, 이를 계기로 공화당 지도부의 눈에 들게 되었다.

지도부의 권유로 1966년 캘리포니아 주지사 선거에 출마한 레이건은 민주당의 거물 에드먼드 브라운Edmund G. Brown을 꺾고 성공적으로 정계에 진출했다. 자신이 늘 주장했던 큰 정부의 비효율성을 해결하고자 했던 레이건은 취임과 동시에 주 정부의 신규 공무원 채용을 동결시켰다. 동시에 강한 법치주의의 확립을 위해 학생들의 시위에도 강경하게 대응했다. 1969년 5월 15일 버클리 대학U.C. Berkley에서 벌어진 시위에 경찰을 투입해 강경 진압을 시도했고, 이 과정에서 학생 제임스 렉터James Rector가 사망하고 111명의 경찰이 부상을 당했다한 경찰은 가슴에 칼을 맞기도 했다. 레이건은 여기에 그치지 않고, 2,200명의 주 군을 17일간 버클리 시내에 주둔시키며 주 정부에 대한 폭력에 양보는 없음을 분명히 하였다. 여기에 수정헌법 2조, 총기 소지의 자유를 확대해석하여 공공장소에서도 장전된 총을 소지할 수 있도록 하였는데, 이러한 정책적 선명성은 강한 반대에도 직면하였지만, 많은 이들로 하여금 레이건의 깃발 아래 결집할 명분도 동시에 제공했다.

'작지만 강한 정부'의 맛을 현대 미국 사회에 처음 보여준 레이건은 '복지 낭인들을 일자리에 복귀시킨다.'라는 슬로건으로 재선에도 성공했고, 공화당의 새로운 희망으로 떠올랐다. 범죄율 증가와 인종 대립, 경기침체 등으로 사회 혼란이 가중되고 국민들은 지쳐가고 있었다. 민주당이든 공화당이든 속도의 차이만 있을 뿐 진보적 사회 변화에 발을 맞추었고, 이 과정에서 발생하는 부작용에 대해서는 대안을 내놓지 못하고 있었다. 이는 정부의 역할과 효용에 대한 사회적 불신을 야기하였고, 빠른 사회 변화에 발맞추지 못하는 이들의 불안은 커졌다. 어느 사회나 불안이 커질수록 강력한 지도자를 원하기 마련이고 레이건은 여기에 정확히 부합했다. 정부의 기능을 축소하고, 자유를 확대하며, 범죄와 공산 진영에 강하게 대응하는 것을 주저하지 않는 지도자. 성경과 헌법을 신봉하는 강한 원칙주의자. 여기에 훌륭한 언변과 친근한 이미지까지 갖춘 그는 미국인들의 마음을 사로잡았다.

1980년 대선에서 오늘날까지도 '무능함'의 상징으로 대변되는 지미 카터Jimmy Cater 대통령을 상대로 손쉽게 당선된 레이건은 취임과 동시에 위기를 맞는다. 취임한 69일 만인 1981년 3월 30일, 저격범 존 힝클리John Hinckley Jr.가 쏜 총에 피격당한 것이다. 치명상을 입은 데다 70이 넘은 나이에 취임했기에 모두가 최악을 대비해야만 했다. 하지만 수술은 성공적이었고, 그는 기적처럼 4월 11일에 퇴원해 집무에 복귀했다.

암살 시도로 인해 70%가 넘는 지지율을 기록한 레이건은 이를 기반으로 과감하게 자신이 약속한 정책을 펼쳐

나갔다. 세출과 세금을 줄이고, 기업에 대한 규제를 풀고, 원칙을 바로 세운다는 이른바 줄.푸.세. 정책을 앞세웠다. 자신이 영웅으로 삼던 루스벨트의 케인스학파 정책[11]에서 벗어나 시카고학파의 자유 시장 경제를 통해 수요와 공급을 맞춘다는 이론을 받아들여 '레이거노믹스Reaganomics' 라는 이름으로 내놓았다. 세금을 줄이면 사람들은 돈을 쓰게 될 것이고, 사람들이 돈을 쓰면 물건을 생산하는 사람들이 돈을 더 벌게 되니까 더 많은 사람을 고용하게 되고 시장이 활성화되어 오히려 세수가 증가하는 선순환 구조가 발생한다는 논리다. 이른바, 낙수효과Trickle-down Effect에 기대 경제 활성화를 꾀한다는 것인데, 경제 이론으로는 상당히 복잡하지만 러프하게는 대충 이렇다.

또한 '마약과의 전쟁War on Drugs'을 통해 60~70년대 흑인사회를 중심으로 광범위하게 퍼진 마약 거래를 소탕하였다. 17억 불의 연방 예산을 편성하고 연방군과 경찰 인력을 동원한 대대적인 소탕 작전을 펼쳤는데, 영부인

---

11) 20세기 영국의 경제학자 존 메이너드 케인스(John Maynard Keynes)의 사상에 기초한 경제학 이론으로 높은 실업률과 디플레이션에 대해 거시적인 규모에서 대처하기 위해 정부가 정책적으로 소비를 유도해야 한다고 주장함으로써 루스벨트의 뉴딜 정책과 현대 거시경제학의 기본이 되었다.

낸시 레이건이 직접 총대를 메고 마약 소굴로 의심되는 집들을 무장 경찰 인력과 크레인을 동원해 파괴하고 들어가는 퍼포먼스를 보였다. 낸시 레이건은 이 외에도 33개주, 65개 도시를 돌며 청소년과 어린이들에 대한 마약 및 알코올 중독 예방 교육 캠페인을 벌였다.

외교/안보 정책으로는 강력한 군사력으로 평화를 이룩한다는 '레이건 독트린Reagan Doctrine'을 발표했다. 베트남 전쟁의 뼈아픈 패배를 경험한 미국은 소련과의 냉전 기간 동안 소극적 군사정책을 펼쳐왔는데, 레이건은 이를 뒤집고 적극적 군사개입과 공산 진영에 대한 대대적 도전을 실천해나간 것이다. 니카라과와 엘살바도르 반군을 공산 진영이 군사적으로 지원하고 있다며 군을 파견했고, 그라나다를 침공해 좌익정부를 무너뜨리는 데 성공했다. 이러한 조치들은 베트남전 패배로 절망에 빠진 미국 시민들의 자긍심을 북돋아 주었다. 전국적 반전 여론으로 베트남전에서 군을 철수하게 한 민심은 오간 데 없고 이름도 생소한 지구 반대편의 작은 나라에서 승리하는 모습에 열광하는 것을 보면 인간이란 존재의 간사함에 대해서 다시 생각해보게 된다.

1984년 손쉽게 재선에 성공한 레이건은 소련으로 눈을 돌렸다. 군비경쟁을 통해 소련을 압박하였고, 공산 진영의 지원을 받거나 받는 것으로 의심되는 국가들에 대한 국가 조치를 이어 나간 것이다. 또한, 핵전쟁에 대비한 미사일 방어체계를 구축하기 위한 전략적 방어 조치를 도입하기로 선언하고 군비를 더욱 증강하였다. 이는 정치적 결정인 동시에 소련의 상황을 고려한 전략적 선택이기도 했다. 경제적으로나 군사적으로 미국과 경쟁할 수 없는 상태에 놓인 소련은 무리해서라도 미국과 군비경쟁을 이어가거나 불리한 상황에서 협상테이블에 앉을 수밖에 없었다. 미국도 소련과의 군비경쟁에 부담을 느꼈지만, 레이건은 자신 있었다. 결국, 1985년 당시 소련 공산당 서기장 고르바초프와의 정상회담을 통해 협상을 통한 냉전 종식의 실마리를 마련할 수 있었다.

　　이번 챕터에서 다루는 연설은 소련이 협상테이블로 돌아온 이후인 1987년 6월 12일, 레이건이 독일 베를린 장벽이 위치한 브란덴부르크 게이트에서 한 연설이다. 이미 협상테이블에 앉아 핵무기를 줄이고 군비경쟁을 멈추자고 이야기하는 고르바초프 서기장에 대해 평화에 대한 진정성이 있다면 베를린 장벽부터 무너뜨리자고 도발을 한 것이다.

레이건이 베를린 장벽을 언급한 것은 이번이 처음이 아니었다. 1982년 6월 서베를린 방문에서도 소련 지도자들에게 저 장벽이 왜 저기 있는 것인지 묻고 싶다고 했고, 장벽이 세워진 지 25주년이 되던 1986년에는 장벽이 언제쯤 없어질 것 같냐는 서독 언론사의 질문에 책임자들이 당장이라도 장벽을 철거해야 한다고 답하기도 했다.

본 연설의 배경이 되는 레이건의 방문 전날, 서베를린에서는 5만 명 여명의 인파가 레이건 방문을 반대하는 시위를 펼쳤다. 그 때문에 제2차 세계대전 이후 가장 많은 경찰이 동원되었고, 도시 곳곳이 통제된 상태에서 방문이 이루어졌다. 연설은 삼엄한 경비 속에 방탄유리 앞에서 이루어졌고, 공산 진영과 자유 진영을 갈라놓은 상징적인 장벽 앞에서 긴장감은 어느 때보다 높았다. 이런 상황에서 레이건은 강한 어조로 다소 도발적인 연설을 발표한 것이다.

연설이 발표된 직후의 반응은 좋지 않았다. 겨우 협상이 진행되면서 냉전 종식의 희망이 보이던 와중에 뜬금없는 도발로 초 친 것이라는 평가가 주류를 이루었다. 연설 보좌관들조차도 "Tear down this wall"이라는 표현이 지나치다며 반대하였고, 미국 언론은 레이건이 다시 냉전으로 돌아가려 한다고 조소를 보냈다. 예상되는 반대와 비판에도 불구하고, 레이건은 그 문구를 반드시 넣겠다며 고집을 굽히지 않았다. 결국, 이 연설은 레이건의 단순한 외교적 실수로 취급되어 주목받지 못하다 2년이 지난 1989년 거짓말처럼 베를린 장벽이 무너지며 재조명되었다.

그렇다면 이 연설이 명연설로 꼽히는 이유가 결과론적인 측면만 존재하는 것일까? 꼭 그렇지만은 않다. 고르바초프가 미국에 먼저 손을 내밀고 협상테이블에 앉았던 그 순간 미국은 이미 승기를 잡았다. 공산 진영의 경제 상황이 어렵다는 것을 모르는 것도 아니고, 소련의 무기체계보다 미국의 무기체계가 월등하다는 것도 이미 알고 있었다. 소련이 먼저 협상을 제안했을 때 이것이 사실상 항복선언의 의미를 갖는다는 것을 알기에 레이건도 처음에는 그 의도를 의심했다고 한다. 하지만, 실제로 협상이 진행되고 성과가 나타나기 시작하면서 승리를 확신하게 되었고, 베를린 장벽이 무너질 수밖에 없다는 것도 예상할 수 있던 것이다. 레이건은 승기를 잡은 순간 고삐를 더 강하게 움켜쥐었고 그것이 본 연설을 통해 발현된 것이다.

레이건은 힘으로 밀어붙여야 할 때 주저하지 않는 리더십을 보여주었다. 이를 기반으로 냉전을 종식시키고, 국가를 안정 속에서 번영을 이룬 대통령으로 많은 이들이 기억하고 있다. 소련이 이미 붕괴되어 가던 와중이었다는 것, 전임 대통령이 우유부단과 무능한 이미지의 카터였다는 점 등 시대를 잘 타고난 덕에 향수를 자극하는 것도 있을 것이다.

　　아이러니하게도 이러한 향수가 도널드 트럼프 Donald Trump 라는 시대 역행적 인물의 탄생으로 이어졌다는 것도 생각해봐야 한다. '레이건의 강력한 리더십과 강한 미국'에 대한 환상은 미국 공화당을 과거의 유령에 사로잡혀 아무것도 하지 못하는 집단으로 전락시켜 버렸다고 해도 과언이 아니다. 이런 행태가 꼭 미국에서만 발생하는 것은 아닐 것이다. 가령 일본은 극우의 망령에 갇혀있고, 국내에서도 정치집단들이 과거에 서거한 리더들에 대한 그리움을 팔면서 호의호식하고 있는 것을 확인할 수 있다. 그 때문에 리더십은 언제나 시대적 상황과 함께 평가받아야 하고, 과거를 강조하는 리더들을 거를 줄 아는 지혜도 우리가 가질 수 있어야 한다. 그것이야말로 로널드 레이건이 오늘날을 살아가는 우리에게 던지는 교훈이 아닐까 싶다.

REMARKS AT THE BRANDENBURG GATE

연설

대단히 감사합니다. 콜 수상님, 디프겐 시장님, 그리고 시민 여러분. 24년 전, 존 F. 케네디 대통령이 베를린을 방문하여 시청에서 베를린과 전 세계 시민들에게 연설을 한 바 있습니다. 이후 두 명의 대통령이 이곳을 찾았고, 오늘은 제가 두 번째로 여러분의 도시를 찾았습니다.

Chancellor Kohl, Governing Mayor Diepgen, ladies and gentlemen: Twenty-four years ago, President John F. Kennedy visited Berlin, speaking to the people of this city and the world at the City Hall. Well, since then two other presidents have come, each in his turn, to Berlin. And today I, myself, make my second visit to your city.

미국 대통령들이 베를린을 찾는 이유는 바로 이 자리에서 자유를 이야기해야 할 의무가 우리에게 있기 때문입니다. 하지만 우리로 하여금 오게 만드는 다른 요인들도 있다는 것을 고백합니다. 미국보다 500년 이상 오래된 역사의 느낌, 그루네발트Grunewald 와 티어가르텐Tiergarten 의 아름다움, 그리고 무엇보다도 여러분의 용기와 의지 덕분입니다. 작곡가 폴 링케는 미국 대통령들을 잘 알았던 것 같습니다. 저 이전에 이곳을 방문한 수많은 대통령과 마찬가지로 제가 오늘 여기에 온 것은 제가 어디를 가든, 무엇을 하든 '베를린에 가방이 아직 있기 때문입니다 "Ich hab noch einen koffer in Berlin"[12)]

We come to Berlin, we American presidents, because it's our duty to speak, in this place, of freedom. But I must confess, we're drawn here by other things as well: by the feeling of history in this city, more than 500 years older than our own nation; by the beauty of the Grunewald and the Tiergarten; most of all, by your

---

12) 가수 마를렌 디트리히의 노래 제목. 베를린에 두고 온 여행 가방처럼, 베를린을 그리워하는 마음이 잊히질 않는다는 의미이다.

courage and determination. Perhaps the composer Paul
Lincke understood something about American presidents.
You see, like so many presidents before me, I come here
today because wherever I go, whatever I do: Ich hab noch
einen Koffer in Berlin. [I still have a suitcase in Berlin.]

오늘 우리의 모임은 서유럽과 북미에 중계되고 있습니
다. 그리고 동구권에서도 보고 듣고 있는 것으로 알고 있
습니다. 동유럽에서 이를 듣고 있는 이들에게 특별히 이
말을 전하고 싶습니다. 제가 여러분과 함께하지 못하더라
도 지금 제 앞에 있는 모든 분들과 마찬가지로 분명히 말
씀드립니다. 서부의 동포들과 마찬가지로 여러분과도 견
고하고 불변의 신념으로 함께 합니다 : 바로 하나의 베를
린만이 존재한다는 것입니다 "Es gibt nur ein Berlin"

Our gathering today is being broadcast throughout
Western Europe and North America. I understand that
it is being seen and heard as well in the East. To those
listening throughout Eastern Europe, a special word:
Although I cannot be with you, I address my remarks to
you just as surely as to those standing here before me. For

I join you, as I join your fellow countrymen in the West, in this firm, this unalterable belief: Es gibt nur ein Berlin. [There is only one Berlin.]

제 뒤로는 이 도시의 자유로운 부분을 둘러싼 장벽이 서 있으며, 이는 유럽대륙 전체를 둘로 나누는 거대한 장벽의 일부입니다. 이 장벽은 발트해에서부터 남쪽으로 내려와 가시철조망, 콘크리트, 순찰견, 초소 등으로 독일을 가로지르고 있습니다. 더 남쪽으로는 눈에 보이는 장벽은 없습니다. 하지만 이동의 권리를 제한하고, 전체주의 국가의 뜻을 시민에게 강제하는 무장 초병과 검문소들이 남아있지요. 그럼에도 불구하고 가장 두드러진 장벽이 여러분의 도시 베를린을 가로지르고 있으며 이는 전 세계인에게 참혹한 대륙 분단의 모습을 뉴스 사진과 TV 화면을 통해 각인시켰습니다. 브란덴부르크 문 앞에서는 모두가 동포와 분열된 독일인이 됩니다. 모든 이들은 상처를 돌아보아야 하는 베를린 시민인 것입니다.

Behind me stands a wall that encircles the free sectors of this city, part of a vast system of barriers that divides the entire continent of Europe. From the Baltic, south, those barriers cut across Germany in a gash of barbed wire, concrete, dog runs, and guard towers. Farther south, there may be no visible, no obvious wall. But there remain armed guards and checkpoints all the same--still a restriction on the right to travel, still an instrument to impose upon ordinary men and women the will of a totalitarian state. Yet it is here in Berlin where the wall emerges most clearly; here, cutting across your city, where the news photo and the television screen have imprinted this brutal division of a continent upon the mind of the world. Standing before the Brandenburg Gate, every man is a German, separated from his fellow men. Every man is a Berliner, forced to look upon a scar.

폰 바이체커 대통령은 이렇게 말했습니다. "브란덴부르크 문이 닫혀 있는 한 독일의 문제는 해결되지 않은 것이다." 오늘 저는 이렇게 말씀드리고자 합니다. 이 문이 닫혀있는 한, 이 상처의 장벽이 계속해 서 있는 한, 해결되지 않은 것은 독일의 문제만이 아니며 전 인류의 자유의 문제라는 것입니다. 그렇다고 제가 한탄하기 위해 이 자리에 온 것은 아닙니다. 저는 희망의 메시지를 발견하고 있으며, 이 장벽의 그림자 속에서조차도 승리의 메시지를 발견하고 있습니다.

President von Weizsacker has said, "The German question is open as long as the Brandenburg Gate is closed." Today I say: As long as the gate is closed, as long as this scar of a wall is permitted to stand, it is not the German question alone that remains open, but the question of freedom for all mankind. Yet I do not come here to lament. For I find in Berlin a message of hope, even in the shadow of this wall, a message of triumph.

1945년 봄, 베를린 시민들은 방공호에서 나와 폐허가 된 도시를 발견했습니다. 수천 마일 떨어진 곳의 미국 시민들이 돕기 위해 나섰습니다. 1947년에는 조지 마셜 국무장관이 '마셜 플랜'으로 알려진 계획을 발표했습니다. 정확하게 40년 전 이달에 그는 말했습니다. "우리의 정책은 특정 국가나 독트린에 반대하는 것이 아니라, 기아와 가난, 절망과 혼돈에 반대하는 것입니다."

In this season of spring in 1945, the people of Berlin

emerged from their air-raid shelters to find devastation. Thousands of miles away, the people of the United States reached out to help. And in 1947 Secretary of State-- as you've been told--George Marshall announced the creation of what would become known as the Marshall Plan. Speaking precisely 40 years ago this month, he said: "Our policy is directed not against any country or doctrine, but against hunger, poverty, desperation, and chaos."

조금 전, 베를린 국회의사당에서 마셜 플랜 40주년을 기념하는 표지판을 보았습니다. 불에 타서 뼈대만 남아 무너진 것을 재건하고 있는 건물에 걸린 표지판을 보고 감명을 받았습니다. 저와 같은 세대의 베를린 시민들이라면 베를린 서부 전역에 이런 표지판이 흩어져 있던 모습을 기억할 것입니다. 표지판은 '마셜 플랜은 자유세계의 강화를 위해 지원하고 있다'라는 단순한 내용을 담고 있었습니다. 서방의 강하고 자유로운 세계라는 꿈은 이미 실현되었습니다. 일본은 전쟁의 폐허에서 경제 대국으로 일어났습니다. 이탈리아, 프랑스, 벨기에 등 서유럽의 거의 모든 국가가 정치, 경제적 재건을 이루었으며, 유럽공동체가 창립되었습니다.

In the Reichstag a few moments ago, I saw a display commemorating this 40th anniversary of the Marshall Plan. I was struck by the sign on a burnt-out, gutted structure that was being rebuilt. I understand that Berliners of my own generation can remember seeing signs like it dotted throughout the western sectors of the city. The sign read simply: "The Marshall Plan is helping here to strengthen the free world." A strong, free world in the West, that dream became real. Japan rose from ruin to become an economic giant. Italy, France, Belgium--virtually every nation in Western Europe saw political and economic rebirth; the European Community was founded.

서독과 이곳 베를린에서는 경제 기적Wirtschaftswunder 이 일어났습니다. 아데나워, 에르하르트, 로이터 등의 지도자들은 자유의 실용적 중요성을 이해했습니다. 언론인에게 표현의 자유가 있어야만 진실의 번영을 이룰 수 있듯, 농부와 기업가에게 경제적 자유가 있어야만 경제적 번영이 찾아올 수 있음을 안 것입니다. 독일의 지도자들은 관세를 낮추고, 자유무역을 확대하고, 세율을 낮추었습니다. 1950년에서 1960년 사이에만 서독과 베를린의 생활 수준이 두 배 증진되었습니다.

In West Germany and here in Berlin, there took place an economic miracle, the Wirtschaftswunder. Adenauer, Erhard, Reuter, and other leaders understood the practical importance of liberty--that just as truth can flourish only when the journalist is given freedom of speech, so prosperity can come about only when the farmer and businessman enjoy economic freedom. The German leaders reduced tariffs, expanded free trade, lowered taxes. From 1950 to 1960 alone, the standard of living in West Germany and Berlin doubled.

40년 전만 하더라도 폐허였던 서베를린은 오늘날 독일의 도시 중 최고의 산업생산을 기록하고 있습니다. 분주한 업무지구와 고급 주택과 아파트, 멋진 거리와 넓게 펼쳐진 정원과 잔디가 있지요. 도시의 문화가 파괴된 것으로 보인 곳에 두 개의 훌륭한 대학과 오케스트라, 오페라 하우스, 셀 수 없을 정도로 많은 극장과 박물관이 있습니다. 물자가 부족했던 곳에 쿠담Ku'damm 가의 식료품, 의복, 자동차와 같은 상품들이 풍족합니다. 폐허와 황폐함에서 베를린 시민 여러분은 자유 속에서 지구상에서 가장 위대한 도시 중 하나를 재건해냈습니다. 소련의 계획은 달랐습니다. 하지만 여러분, 소련은 몇 가지를 간과했습니다. 베를린 시민의 마음과 베를린 시민의 유머, 그리고 물론 베를린 시민의 입이 그것입니다. "Berliner herz, Berliner humor, ja, und Berliner schnauzer"

Where four decades ago there was rubble, today in West Berlin there is the greatest industrial output of any city in Germany--busy office blocks, fine homes and apartments, proud avenues, and the spreading lawns of parkland. Where a city's culture seemed to have been destroyed, today there are two great universities, orchestras and an opera, countless theaters, and museums. Where there was want, today there's abundance--food, clothing, automobiles--the wonderful goods of the Ku'damm. From devastation, from utter ruin, you Berliners have, in freedom, rebuilt a city that once again ranks as one of the greatest on earth. The Soviets may have had other plans. But my friends, there were a few things the Soviets didn't count on--Berliner Herz, Berliner Humor, ja, und Berliner Schnauze. [Berliner heart, Berliner humor, yes, and a Berliner Schnauze.]

1950년대에 흐루쇼프는 '너희를 묻어 주겠다'"We will bury you"라고 예측한 바 있습니다. 하지만, 우리는 오늘날 서방에서 인류 역사상 유례없는 번영과 복지를 이룩한 자유세계를 발견합니다. 반면 공산 진영에서는 실패와 기술의 낙후, 보건의료의 퇴보뿐 아니라 가장 기본적인 물자인 식료품 부족마저도 목격하고 있습니다. 50년이 지난 지금 전 세계는 한 가지 중요하고 반박이 불가한 결론에 도달했습니다. 바로 자유를 통해 번영은 나온다. 자유는 국가 간의 해묵은 증오를 호의와 평화로 대체한다. 결국, 자유가 승자라는 점입니다.

In the 1950s, Khrushchev predicted: "We will bury you." But in the West today, we see a free world that has achieved a level of prosperity and well-being unprecedented in all human history. In the Communist world, we see failure, technological backwardness, declining standards of health, even want of the most basic kind--too little food. Even today, the Soviet Union still cannot feed itself. After these four decades, then, there stands before the entire world one great and inescapable conclusion: Freedom leads to prosperity. Freedom replaces the ancient hatreds among the nations with comity and peace. Freedom is the victor.

그리고 지금 소련은 제한적으로나마 자유의 중요성을 깨달아가고 있는 듯합니다. 우리는 모스크바에서 새로운 개혁과 개방 정책을 이야기하는 것을 듣고 있습니다. 일부 정치범들이 석방되었습니다. 일부 해외 뉴스 방송에 대한 금지가 해제되었습니다. 일부 기업은 정부의 통제에서 더 자유롭게 운영될 수 있게 되었습니다. 소련에 근본적인 변화가 시작된 것일까요? 아니면 의도적으로 서방이 헛된 희망을 품도록 하거나 소련의 체제를 변화시키지 않으면서도 강화하고자 하는 형식적인 제스처에 불과한 것일까요? 우리는 열린 변화와 개방을 환영합니다. 우리는 자유와 안보가 함께 가는 것이며, 인류의 자유를 증진하는 것은 세계평화를 증진할 수밖에 없다고 믿기 때문입니다.

And now the Soviets themselves may, in a limited way, be coming to understand the importance of freedom. We hear much from Moscow about a new policy of reform and openness. Some political prisoners have been released. Certain foreign news broadcasts are no longer being jammed. Some economic enterprises have been permitted to operate with greater freedom from state control. Are these the beginnings of profound changes in the Soviet state? Or are they token gestures, intended to raise false hopes in the West, or to strengthen the Soviet system without changing it? We welcome change and openness; for we believe that freedom and security go together, that the advance of human liberty can only strengthen the cause of world peace.

소련이 확실하게 자유와 평화를 극적으로 증진하고자 한다면 취할 수 있는 행동이 하나 있습니다. 고르바초프 서기장님, 진정으로 평화를 원한다면, 소련과 동유럽의 번영을 원한다면, 그리고 자유화를 원한다면 이 문으로 오십시오! 고르바초프 서기장님, 이 문을 여십시오! 고르바초프 서기장님, 이 장벽을 허무십시오!

There is one sign the Soviets can make that would be unmistakable, that would advance dramatically the cause of freedom and peace. General Secretary Gorbachev, if you seek peace, if you seek prosperity for the Soviet Union and Eastern Europe, if you seek liberalization: Come here to this gate! Mr. Gorbachev, open this gate! Mr. Gorbachev, tear down this wall!

이 대륙을 피폐하게 만드는 전쟁의 공포와 분단의 아픔을 이해합니다. 그리고 여러분들이 이런 부담을 극복할 수 있도록 미국이 노력할 것을 여러분께 약속합니다. 우리 서방세계가 소련의 확장을 저지해야 함은 분명합니다. 그 때문에 우리는 난공불락의 방위력을 유지해야 합니다. 하지만 동시에 평화를 추구해야 하기에 우리는 양측의 군비축소를 위해 노력해야 합니다.

I understand the fear of war and the pain of division that afflict this continent-- and I pledge to you my country's efforts to help overcome these burdens. To be sure, we in the West must resist Soviet expansion. So we must maintain defenses of unassailable strength. Yet we seek peace; so we must strive to reduce arms on both sides.

10년 전부터 소련은 유럽의 수도 모두를 타격할 수 있고 기존 핵무기보다 더 치명적인 SS-20 핵미사일 수 백기로 신형 서방 연합에 새로운 위협을 가해왔습니다. 서방 연합은 소련이 협상을 통해 더 나은 해결책, 즉, 양측의 핵미사일 감축에 동의하지 않는다면 대항 배치를 진행하겠다고 대응했습니다. 수개월간 소련은 진지하게 협상에 응하지 않았습니다. 서방 연합은 이에 따라 대항 배치에 나설 준비를 진행했고, 제가 1982년 이 도시를 방문했을 때의 시위라던가 소련이 협상테이블을 떠나는 등의 힘겨운 나날을 맞이해야 했습니다.

Beginning 10 years ago, the Soviets challenged the Western alliance with a grave new threat, hundreds of new and more deadly SS-20 nuclear missiles, capable of striking every capital in Europe. The Western alliance responded by committing itself to a counter-deployment unless the Soviets agreed to negotiate a better solution; namely, the elimination of such weapons on both sides.

For many months, the Soviets refused to bargain in earnestness. As the alliance, in turn, prepared to go forward with its counter-deployment, there were difficult days--days of protests like those during my 1982 visit to this city--and the Soviets later walked away from the table.

하지만 이 모든 어려움 속에서도 서방 연합은 굳건했습니다. 당시에 시위에 참여했던 분들, 오늘 시위를 하고 계신 분들 모두 이 사실을 분명히 아셨으면 합니다. 우리가 굳건했기에 소련이 다시 협상테이블로 돌아온 것입니다. 우리가 굳건했기에 우리는 단순히 군비증강을 제한하는 것에 그치지 않고 사상 최초로 지구상에서 모든 종류의 핵무기를 제거할 가능성이 손에 닿는 곳까지 온 것입니다. 이 말씀을 드리는 와중에도 NATO의 장관들은 아이슬란드에서 이 무기들을 제거하자는 우리의 제안이 얼마나 진전이 있었는지 검토하고 있습니다. 우리는 제네바의 협상에서는 전략공격무기의 상당한 감축을 제안하기도 했습니다. 서방 연합은 화학무기의 사용을 완전히 금지하고 재래식 전쟁의 위험을 감축하는 장기적 제안도 내놓은 바 있습니다.

But through it all, the alliance held firm. And I invite those who protested then-- I invite those who protest today--to mark this fact: Because we remained strong, the Soviets came back to the table. And because we remained strong, today we have within reach the possibility, not merely of limiting the growth of arms, but of eliminating, for the first time, an entire class of nuclear weapons from the face of the earth. As I speak, NATO ministers are meeting in Iceland to review the progress of our proposals for eliminating these weapons. At the talks in Geneva, we have also proposed deep cuts in strategic offensive weapons. And the Western allies have likewise made far-reaching proposals to reduce the danger of conventional war and to place a total ban on chemical weapons.

우리가 군축을 추진하면서도 소련의 그 어떤 공격도 억제할 능력을 유지할 것을 약속드립니다. 또한, 미국은 다수의 우방국과 협력하여 전략방위계획에 관한 연구를 진행하고 있습니다. 이는 보복 공격을 통해 사상자를 발생시키는 것이 아니라 진정으로 방어를 위한 방어를 통해 인구를 보호하는 시스템을 기반으로 합니다. 이를 통해 우리는 유럽과 전 세계의 안전을 증진하고자 합니다. 하지만 우리는 한 가지 중요한 사실을 기억해야 합니다. 동과 서는 서로 무장했기 때문에 불신하는 것이 아닙니다. 서로 불신하기 때문에 무장한 것입니다. 우리의 차이는 무기에 있는 것이 아니라 자유에 있습니다. 24년 전, 케네디 대통령이 시청에서 연설했을 때 자유는 베를린 안에 포위되어 있었습니다. 오늘날, 이 도시에 가해지는 수많은 압력에도 불구하고 베를린은 자유가 확고하게 뿌리내리고 있습니다. 그리고 자유의 물결은 세계를 변화시키고 있습니다.

While we pursue these arms reductions, I pledge to you that we will maintain the capacity to deter Soviet aggression at any level at which it might occur. And in cooperation with many of our allies, the United States is pursuing the Strategic Defense Initiative--research to base deterrence not on the threat of offensive retaliation, but on defenses that truly defend; on systems, in short, that will not target populations, but shield them. By these means we seek to increase the safety of Europe and all the world. But we must remember a crucial fact: East and

West do not mistrust each other because we are armed; we are armed because we mistrust each other. And our differences are not about weapons but about liberty. When President Kennedy spoke at the City Hall those 24 years ago, freedom was encircled, Berlin was under siege. And today, despite all the pressures upon this city, Berlin stands secure in its liberty. And freedom itself is transforming the globe.

필리핀에서, 남아메리카와 중앙아메리카에서, 민주주의가 부활했습니다. 태평양 전역에서 자유시장은 경제성장의 기적을 계속 일구고 있습니다. 선진국에서는 컴퓨터와 통신의 빠르고 극적인 발전으로 대표되는 기술혁명이 일어나고 있습니다.

In the Philippines, in South and Central America, democracy has been given a rebirth. Throughout the Pacific, free markets are working miracle after miracle of economic growth. In the industrialized nations, a technological revolution is taking place--a revolution marked by rapid, dramatic advances in computers and telecommunications.

유럽에서는 오직 한 국가와 그 국가가 통제하는 국가들만이 자유의 공동체에 들어오기를 거부하고 있습니다. 그러나 정보와 혁신으로 배가된 경제 성장의 시대에 소련은 선택을 피할 수 없습니다. 근본적으로 변화하든지, 의미 없는 존재가 되든지.

In Europe, only one nation and those it controls refuse to join the community of freedom. Yet in this age of redoubled economic growth, of information and innovation, the Soviet Union faces a choice: It must make fundamental changes, or it will become obsolete.

따라서 오늘은 희망의 순간입니다. 우리 서방은 진정한 개방을 증진하고, 사람을 갈라놓은 장벽을 무너뜨리며, 더 안전하고 자유로운 세상을 만들어 가는데 동구권과 협력할 준비가 되어 있습니다. 동과 서가 만나는 베를린이야말로 이를 시작하기에 최고의 장소입니다. 베를린의 자유 시민 여러분. 미국은 과거와 마찬가지로 1971년 4대국 협정의 모든 조항에 대한 엄격한 준수와 충실한 이

행을 지지합니다. 이 도시의 750주년을 기회 삼아 베를린
의 미래가 더 풍요롭고 충만할 수 있도록 새로운 시대를
엽시다. 아울러, 1971년 협정이 허용하는 독일연방 공화
국과 서베를린 간의 유대를 유지하고 발전시킵시다.

Today thus represents a moment of hope. We in the West stand ready to cooperate with the East to promote true openness, to break down barriers that separate people, to create a safe, freer world. And surely there is no better place than Berlin, the meeting place of East and West, to make a start. Free people of Berlin: Today, as in the past, the United States stands for the strict observance and full implementation of all parts of the Four Power Agreement of 1971. Let us use this occasion, the 750th anniversary of this city, to usher in a new era, to seek a still fuller, richer life for the Berlin of the future. Together, let us maintain and develop the ties between the Federal Republic and the Western sectors of Berlin, which is permitted by the 1971 agreement.

고르바초프 서기장에게 촉구합니다. 우리 힘을 합쳐

베를린 동쪽과 서쪽을 더 가까워지게 함으로써 베를린의 모든 시민이 세계에서 가장 위대한 도시 중 하나에 살아 가는 혜택을 누릴 수 있도록 합시다.

And I invite Mr. Gorbachev: Let us work to bring the Eastern and Western parts of the city closer together, so that all the inhabitants of all Berlin can enjoy the benefits that come with life in one of the great cities of the world.

베를린을 동과 서를 막론하고 전 유럽에 더 개방하기 위해 베를린을 향하는 핵심 항공노선을 더욱 확대함으로 써 더 쉽고 편리하고 경제적인 상업 항공 서비스가 제공 되도록 합시다. 우리는 서베를린이 중부 유럽 전역의 항 공 거점 중 하나가 되는 날을 고대합니다.

To open Berlin still further to all Europe, East and West, let us expand the vital air access to this city, finding ways of making commercial air service to Berlin more convenient, more comfortable, and more economical. We look to the day when West Berlin can become one of the chief aviation hubs in all central Europe.

미국은 프랑스, 영국과 더불어 베를린에 국제회의 유치를 지원할 준비가 되어있습니다. UN 회의, 인권, 군축뿐 아니라 국제 협력이 필요한 기타 이슈의 회의 장소로 베를린만큼 적합한 곳이 없을 것입니다. 미래의 희망을 심는데 젊은이를 계몽하는 것보다 더 좋은 방법이 없기에 우리는 기꺼이 하계 청소년 교환 프로그램, 문화행사, 동베를린 청소년들을 위한 프로그램들을 후원할 것입니다. 프랑스와 영국도 마찬가지일 것이라 확신합니다. 그리고 동베를린에서도 서베를린 청소년들의 방문을 후원할 기관을 찾을 수 있기를 바랍니다.

With our French and British partners, the United States is prepared to help bring international meetings to Berlin. It would be only fitting for Berlin to serve as the site of United Nations meetings, or world conferences on human rights and arms control or other issues that call for international cooperation. There is no better way to establish hope for the future than to enlighten young minds, and we would be honored to sponsor summer youth exchanges, cultural events, and other programs for young Berliners from the East. Our French and British friends, I'm certain, will do the same. And it's my hope that an authority can be found in East Berlin to sponsor visits from young people of the Western sectors.

마지막으로 제 마음속에서 우러나오는 제안을 하나 하겠습니다. 스포츠는 즐거움과 숭고함의 원천이 되는 활동입니다. 한국이 1988년 올림픽 행사의 일부를 북한에서 열 수 있도록 한 것을 기억할 것입니다. 모든 종류의 스포츠 경기가 베를린 양쪽에서 열릴 수 있을 것입니다. 수년 내에 동과 서베를린에서 올림픽이 열리는 것만큼 베를린의 개방성을 전 세계에 더 잘 알릴 방법이 있을까요?

One final proposal, one close to my heart: Sport represents a source of enjoyment and ennoblement, and you may have noted that the Republic of Korea--South Korea--has offered to permit certain events of the 1988 Olympics to take place in the North. International sports competitions of all kinds could take place in both parts of this city. And what better way to demonstrate to the world the openness of this city than to offer in some future year to hold the Olympic games here in Berlin,

East and West?

앞서 말씀드린 바와 같이 지난 40년 동안 베를린 시민들은 위대한 도시를 건설했습니다. 여러분은 소련이 동독 마르크, 봉쇄 등을 강제하려는 위협에도 불구하고 해냈습니다. 이 장벽의 존재 자체가 내포하는 문제에도 불구하고 베를린은 오늘날 번창하고 있습니다. 여러분은 여기에 왜 남아계십니까? 물론, 여러분의 인내와 담대한 용기에 대해서도 이야기할 게 많을 것입니다. 하지만 저는 베를린의 정서뿐 아니라 베를린 전체의 모습, 느낌, 삶의 방식을 포함해 조금 더 깊은 무언가가 있다고 생각합니다. 누구든 환상을 완전히 제거하지 않고서는 베를린에 오래 살 수 없습니다. 베를린에서 살아가는 어려움을 보고도 받아들이기로 한 그 무언가, 인간의 에너지나 소망을 표출하는 것을 거부하는 전체주의적 환경에서도 이 훌륭하고 자랑스러운 도시를 건설해가기로 한 그 무언가가 있습니다. 이 도시에 대해서, 미래에 대해서, 자유에 대해서 긍정의 목소리를 강하게 외치는 그 무언가가 있습니다. 한마디로 표현하자면, 여러분이 베를린에 계신 이유는 깊고 변함없는 사랑 때문입니다.

In these four decades, as I have said, you Berliners have built a great city. You've done so in spite of threats--the Soviet attempts to impose the East-mark, the blockade. Today the city thrives in spite of the challenges implicit in the very presence of this wall. What keeps you here? Certainly there's a great deal to be said for your fortitude, for your defiant courage. But I believe there's something deeper, something that involves Berlin's whole look and feel and way of life--not mere sentiment. No one could live long in Berlin without being completely disabused of illusions. Something instead, that has seen the difficulties of life in Berlin but chose to accept them, that continues to build this good and proud city in contrast to a surrounding totalitarian presence that refuses to release human energies or aspirations. Something that speaks with a powerful voice of affirmation, that says yes to this city, yes to the future, yes to freedom. In a word, I would submit that what keeps you in Berlin is love--love both profound and abiding.

어쩌면 이것이 문제의 근원, 즉, 동서의 가장 근본적

차이를 드러내는지 모릅니다. 전체주의 세계는 정신에 폭력을 가하고, 인간이 창조하고, 즐기며, 숭배하고자 하는 욕구를 좌절시키기 때문에 퇴행을 초래합니다. 전체주의 세계는 심지어 사랑과 숭배의 상징들조차 모욕으로 여깁니다. 몇 년 전, 동독인들이 기존 교회들에 대한 재건작업을 시작하기 전에 이들은 알렉산더 광장에 비종교적 구조물인 TV 송출탑을 세웠습니다. 당국은 이후 꼭대기에 설치된 구형의 유리 구조물을 지속적으로 중요한 문제로 여겨 결국 다양한 페인트와 화학물질로 처리했습니다. 그럼에도 불구하고 지금까지도 빛이 이 조형물에 비추면 십자가의 형상이 나타나고 있습니다. 베를린 자체를 억압할 수 없는 것처럼 사랑과 숭배의 상징을 억압할 수 없던 것입니다. 제가 조금 전 독일 통일의 상징인 국회의사당에서 밖을 내다보았을 때, 아마도 젊은 베를린 시민이 적은 듯 보이는 조악한 스프레이 페인트 문구를 발견했습니다. "이 벽은 무너질 것이다. 믿음은 현실이 된다." 그렇습니다. 유럽 전역에서 이 장벽은 무너질 것입니다. 믿음을 이길 수 없고, 진실을 이길 수 없고, 자유를 이길 수 없습니다.

Perhaps this gets to the root of the matter, to the most fundamental distinction of all between East and West. The totalitarian world produces backwardness because it does such violence to the spirit, thwarting the human impulse to create, to enjoy, to worship. The totalitarian world finds even symbols of love and of worship an affront. Years ago, before the East Germans began rebuilding their churches, they erected a secular structure: the television tower at Alexander Platz. Virtually ever since, the authorities have been working to correct what they view as the tower's one major flaw, treating the glass sphere at the top with paints and chemicals of every kind. Yet even today when the sun strikes that sphere--that sphere that towers over all Berlin--the light makes the sign of the cross. There in Berlin, like the city itself, symbols of love, symbols of worship, cannot be suppressed.

As I looked out a moment ago from the Reichstag, that embodiment of German unity, I noticed words crudely spray-painted upon the wall, perhaps by a young Berliner: "This wall will fall. Beliefs become reality." Yes, across Europe, this wall will fall. For it cannot withstand faith; it cannot withstand truth. The wall cannot withstand freedom.

끝으로 한 말씀만 더 드리겠습니다. 저의 방문에 반대하는 몇몇 시위에 대해 읽기도 했고, 이와 관련한 질문도 받고 있습니다. 시위에 참여하고 계신 분들에게 한마디만 말씀드리겠습니다. 만약 그들이 추구하는 정부를 실제로 갖게 된다면 그 누구도 지금 그들처럼 시위를 하게 되지 못하게 된다는 것을 알기는 하는지 말입니다.

And I would like, before I close, to say one word. I have read, and I have been questioned since I've been here about certain demonstrations against my coming. And I would like to say just one thing, and to those who demonstrate so. I wonder if they have ever asked themselves that if they should have the kind of government they apparently seek, no one would ever be able to do what they're doing again.

감사합니다. 하나님의 축복이 여러분과 함께할 것입니다.

Thank you and God bless you all.

레이건의 위대한 미국. 정말 위대했을까?

레이거노믹스는 확실히 효과가 있었다. 경제는 성장했고, 인플레이션 과 금리가 감소했으며, 생산성이 증대되었고, 중산층의 수입이 증가했 다. 또한, 고용이 늘어남에 따라 실업률도 낮아졌다. 하지만 이러한 경 제성장은 극심한 빈부격차로 이어졌고, 복지혜택을 더 이상 받지 못 하게 된 하층민들의 삶은 피폐해져 갔다. 또한, 이론과 달리 세수가 줄 어들어 국가재정이 악화되었고, 미국 사회는 아시아의 신흥 강국들에 시장을 빼앗기며 무역적자도 쌓여갔다. 이른바 쌍둥이 적자_{무역적자와} _{재정적자}에 발목을 잡힌 것이다. 참고로 이후 조지 W. 부시 대통령도 레이거노믹스를 부활시키며 비슷한 정책을 펼쳤지만, 대공황 이후 최 악의 경제위기라 불리는 미국발 금융위기의 수렁에 국민들을 빠뜨리 는 결과만 낳았다.

마약과의 전쟁 또한 심각한 문제를 초래하였다. 마약이 나쁘다는 것 을 모르는 사람은 잘 없다. 하지만, 마약사범을 소탕한다는 명목으로 흑인들이 주로 사는 슬럼가를 돌며 수많은 삶의 터전을 마약 소굴이 라고 의심된다며 무차별적으로 때려 부수고 다닌 것은 흑인사회에 큰 충격과 공포를 안겨주었다. 레이건 정부는 잘못된 정보로 무고한 이 들의 집을 부수고도 '아님 말고' 식으로 일관하며 보상을 거부했다. 또 한, 흑인이라는 이유로 불심검문하고, 조금이라도 저항하면 무차별적 인 폭력을 행사하는 백인 경찰들의 이미지는 중산층 백인들에게 쾌감을 안겨주었을지는 모르지만, 흑인사회가 공화당에 등을 돌리는 계기를 마련했다. 레이건 덕분에 공화당은 노예를 해방한 링컨의 정당에서 인종차별 정책으로 흑인사회를 괴롭히는 정당이 된 것이다.

레이건 독트린은 이러한 내치의 어려움을 외치로 극복하고자 하는 의지가 반영되었다. 냉전 승리를 앞당기고자 추진한 군비경쟁은 미국의 재정적자를 심화시키는 한편, 과거 아이젠하워 대통령이 퇴임 연설에서 경고했던 군산복합체가 거대한 권력으로 성장하는 계기가 되었다. 베트남전의 오명을 씻고자 이슬람 세계와 제3세계를 공격한 것은 그 지역의 불안정성만 확대시켰고, 궁극적으로 미국에 대한 테러의 위협을 크게 높였다. 미국이 평화라는 이름으로 휘두른 칼이 결국 다시 미국을 향해 위협을 가하게 된 것이다. 조지 W. 부시의 '테러와의 전쟁'이 결국 실패로 돌아가고 IS의 탄생으로 이어진 것과 같은 맥락이다.

결국, 많은 이들이 회상하는 '위대한 미국'은 당시에 존재했던 너무나도 많은 문제를 억지로 아름답게 포장한 것일 뿐이다. 과거에 건강했다고 생각하는 자신의 모습이 실은 스테로이드 투여를 통해 억지로 근육을 키운 것에 불과한데도 그때로 돌아가야 한다고 자기최면을 걸고 있는 것이다. 설령 과거가 정말 아름다웠다 하더라도 문제다. 세상은 끊임없이 변화하고 있고, 시간은 돌릴 수 없다. 이러나저러나 현실부정일 뿐인 것이다.

과거의 영광은 마약과도 같아서 현실 부정을 원하는 이들을 중독시켜 나의 추종 세력으로 만들기 좋다. 앞서 연설에 대한 설명에서도 이야기했듯 전 세계적으로 이런 리더들이 더 늘어나고 각광 받는 추세다. 시간을 돌릴 수 있다는 환상. 그리고 비슷하게라도 돌려놓으면 모든 것이 해결될 것이라는 환상. 이러한 환상에서 깨어나야 앞으로 나아갈 수 있다. 역사는 우리에게 과거의 실수를 반복하지 말라고 이야기하는 것이지 시계를 과거로 돌리라 하는 것이 아니다.

CHAPTER 8

2004 DNC Keynote Speech

버락 오바마

Barack Hussein Obama

1961. 8. 4 –

버락 오바마

2004 DNC Keynote Speech

모두를 위한 국가, 담대한 희망

2004년 미국 민주당 전당대회. 민주당의 미래와 행사의 시작을 알리는 기조연설에 모두의 관심이 쏠린 가운데, 젊은 흑인 남자가 무대에 오른다. 4년마다 열리는 중요한 행사의 시작을 알리는 무대이자 민주당의 미래가 어떤 방향으로 갈 것인지를 살펴볼 수 있는 중요한 무대. 다소 생소한 남자가 무대에 오르자 청중들은 웅성댄다. '누구?' 당황한 기색 없이 자신감에 찬 표정으로 연설을 시작한 남자는 사람들의 우려를 곧 환호로 바꾸어낸다. 그리고 4년 뒤, 그는 미합중국의 첫 흑인 대통령이 된다.

버락 후세인 오바마. 미국 최초의 흑인 대통령. 달변가. 쿨가이. 우리나라를 포함한 전 세계적으로 팬이 많고, 그의 연설을 통해 영어 공부를 한 사람들도 꽤 많아서 그의 연설을 소개하는 것이 식상하지 않을까 걱정도 되는 인물이다.

1961년 8월 4일 하와이 호놀룰루에서 케냐 출신 유학생 아버지와 위치토 출신의 백인 어머니 사이에서 태어났다. 3살이 되던 해인 1964년, 오바마의 부모는 이혼하였고 아버지는 케냐로 돌아가 버렸다. 이후 어머니가 인도네시아 출신 유학생과 재혼하면서 인도네시아에 살다가 10살이 되던 해에 돌아오기도 했다. 오바마의 친척들은 다양한 문화적 배경을 갖고 있었는데, 그는 자신의 가족이 작은 UN 같다고 하면서 자기 친척 중에 흑인 코미디언 버니 맥Bernie Mac 닮은 친척도 있고, 마가렛 대처 Margaret Thatcher 전 영국 총리 닮은 친척도 있다고 할 정도였다. 오바마는 이러한 자신의 가정환경이 세상을 바라보는 시선에 큰 영향을 미쳤다고 회고했다.

청소년기에는 정체성의 혼란 때문에 방황을 심하게 했는데, 이때 마약에 자주 손을 댔다. 당시 미국 젊은이들

사이에서 마약과 히피 문화가 유행이었고 오바마도 여기에 심취했는데, 자연스럽게 히피 문화가 강조하는 세계평화와 사회 진보에도 큰 관심을 보였다. 공식 석상에서 첫 연설은 남아프리카공화국의 아파르트헤이트에 반대하는 남아공 투자철회 운동을 촉구하는 자리에서 펼쳤다. 마약도 하고, 다양한 운동을 하면서도 좋은 성적을 유지한 오바마는 컬럼비아 대학교에 편입해 정치학 전공으로 졸업했다.

졸업 후에는 시카고에서 지역 발전프로젝트DCP : Developing Communities Project에 참여했는데, 빈민층을 대상으로 직업교육, 청소년 무료교육, 세입자 권리보호 등의 활동을 통해 지역민들의 자립을 돕는 프로젝트였다. 이때부터 정치에 눈을 뜨게 된 오바마는 자신이 법을 알아야 더 큰 일을 할 수 있다는 생각을 가지게 되었다. 그래서 1988년 하버드 법학전문대학원에 진학하게 되는데, 그곳에서 법률 학습지 〈Harvard Law Review〉의 편집장을 맡게 되었다. 학술지 창간 이래 최초의 흑인 편집장이었다. 이로 인해 전국적으로 이름을 알리게 되는데, 이러한 이력은 그가 정치를 하는데 큰 자산이 되어주었다.

시카고에서 시민 활동을 하면서 그곳을 정치 기반으로 삼고자 했던 오바마는 시카고의 로펌에서 인턴 활동을 하게 되었다. 그곳에서 자신의 감독을 담당했던 변호사 미셸 로빈슨Michelle Robinson을 만나게 된다. 오바마의 적극적인 구애로 이들은 연애를 시작하게 되었고, 1992년에 결혼을 하게 되는데, 그가 바로 미셸 오바마다.

미셸 오바마는 시카고 출신으로 프린스턴 대학과 하버드 법학전문대학원을 나와 고향에서 활동하고 있던 지역사회의 유명 인물이었다. 하와이 출신으로 시카고에서 잠깐 활동한 기록 빼고는 아무것도 없던 버락에게 미셸은 탄탄한 기반을 마련해주었다. 흑인사회에서도 미셸이 없었다면 버락이 대통령이 되지 못했을 것이라는 이야기를 정설로 받아들일 정도다.

법학전문대학원을 졸업하고 변호사가 된 오바마는 1991년부터 시카고대학 법학전문대학원에서 법학을 가르치며 시민운동을 병행하였다. 특히 흑인들의 유권자 등록을 돕는 활동을 중점적으로 진행하였는데, 일리노이주에서 유권자 등록이 안 되어있던 40만 명의 흑인 중 15만 명을 등록시키는 성과를 냈다. 이러한 성과로 그는 지역에서 이름을 떨치게 되었을 뿐 아니라, 어떻게 보면 15만 표를 사실상 자신의 것으로 만들어내게 되었고, 이를 기반으로 1996년 일리노이주 상원의원에 출마해 당선되었다.

주 상원에 진출한 오바마는 빈민층에 도움이 되는 법안들을 통과시키기 위해 초당적 노력을 기울였다. 저소득층이나 서민에 도움이 되는 정책이라면 공화당 주지사의 정책이라도 적극적으로 지지했고, 그 대가로 공화당 의원들로부터 자신이 추진하는 아동수당이나 의료보험 등의 복지정책의 지지를 받아냈다. 중간에 연방 하원의원으로 출마하려다 경선에서 패배하며 좌절을 맛보기도 했지만, 일리노이 주민들은 그를 2004년까지 주 상원의원으로 연임시켜 주었고, 2004년에는 70%의 압도적인 지지로 연방 상원의원에 당선시켜주었다.

오바마는 실용주의와 통합의 노선을 택하기도 했지만, 선명성을 보일 때는 누구보다 선명했다. 2002년부터 이라크 전쟁 반대운동을 펼친 것이 대표적이다. 당시 당의 주류 정치인이던 힐러리 클린턴Hillary Clinton, 존 케리John Kerry, 앨 고어Al Gore 등이 지지하는 전쟁에 연방도 아니고 주 상원의원이 지도부와 대립각을 세운 것이다. 운동은 실패에 그쳤지만, 이라크 전쟁이 잘못된 전쟁이라는 것이 자명해지고 나서 미국 국민들은 다시 그를 돌아보게 되었고, 당 지도부도 그를 주목하게 되었다.

연방 상원의원 선거를 준비하던 2004년 그의 인생의 터닝포인트가 되는 사건이 하나 더 발생한다. 당 지도부가 그에게 2004년 전당대회의 기조연설을 맡을 것을 제안한 것이다. 전당대회의 문을 여는 중요한 연설이고 전국적으로 생방송 되는 무대이기 때문에 누가 어떤 연설을 하는지가 컨벤션 효과를 끌어올리는 데 매우 중요했다. 이것이 일생일대의 기회임을 직감한 오바마는 자신이 후보로 고려된다는 사실을 안 순간부터 8분가량의 오디션 영상을 보내는 등 적극적인 로비를 진행했다. 존 케리 캠프에서는 오바마가 반전운동을 이끌었던 사실 때문에 꺼리는 분위기가 있었지만, 흑인 유권자들로부터 이렇다 할 지지를 받고 있지 못하는 상황을 타개해보고자 젊은 정치 신인에게 도박을 걸어보기로 했다. 그리고 그 도박은 성공적이었다.

오바마는 이 연설에 자신의 정치 인생이 걸려있다는 마음으로 준비에 심혈을 기울였다. 2주간 밤을 새워가며 준비한 연설에서 오바마는 자신이 상원의원 선거에서도 써먹을 수 있는 테마를 정하려고 했는데, 그 테마가 모두의 미국, 담대한 희망이었다. 자신이 자라온 환경을 통해 미국의 약속을 재확인시켜주었다. 링컨을 언급하며 흑인인 자신이 현재의 자리에 설 수 있게 해준 미국의 약속이 무엇인지를 확인시켜주었고, 케냐와 미국을 비교하며 미국의 위대함이 어디에서 오는지 설명했다. 또한, 미국의 독립선언문을 인용하며 미국의 가치를 재확인시켜주었다. 그리고 자신이 만난 사람들의 이야기를 통해 진영논리에 빠져있는 미국정치와는 달리 미국 국민들은 그저 미국의 약속과 가치가 지켜지기를 바라는 소박한 꿈을 안고 살아가고 있음을 보여주었다.

　연설 중간중간 사람들의 환호로 이어가기 힘든 순간들도 있었지만, 특유의 쿨하고 능숙함으로 연설을 잘 이어나갔다. 오바마 하면 떠오르는 일반적인 이미지와는 달리 그는 그렇게 달변가는 아니라고 한다. 늘 정치적으로 올바른 말을 사용하려고 해서 그런지 적절한 단어가 떠오를 때까지 말이 끊기기 일쑤고, 톤도 중저음으로 웅얼거리는 특성이 있었다. 하지만 연설을 할 때는 180도 달라졌는데, 자신이 준비한 글을 충분히 숙지하고 프롬프터를 사용했기 때문에 더욱 자신감을 갖고 자신의 메시지를 전달할 수 있기 때문이다. 청중의 반응에 따라 연설의 70% 이상을 즉흥적으로 만들어내는 연설의 달인 빌 클린턴Bill Clinton 과는 달리 철저하게 준비된 톤과 제스처를 구사했다. 우리가 최고의 연설가 중 하나로 알고 있는 사람이 달변가와는 거리가 멀다는 것이 아이러니하지만 그만큼 그의 신중함을 엿볼 수 있는 대목이다.

연설이 끝나고 우레와 같은 환호성 속에서 그는 무대를 내려왔고, 미디어는 폭발했다. 슈퍼스타의 탄생을 전 국민이 목격한 것이다. MSNBC의 크리스 매튜스Chris Matthews 는 연설을 중계하면서 시청자들에게 지금 미국의 첫 흑인 대통령을 목격하는 역사적인 순간을 함께 하고 있다고 말했다. 지미 카터Jimmy Carter 대통령의 연설보좌관 헨드릭 허츠버그Hendrik Hertzberg 는 이런 연설을 쓸 수 있는 사람은 대통령이 되어야 한다고 극찬했고, 일부 언론인들은 오바마가 미국 정치에서 불가능의 영역으로 여겨졌던 '클린턴보다 연설 잘하기'를 해냈다고까지 평가했다. 사실, 존 케리의 무대였어야 했던 전당대회에서 남은 것은 오바마밖에 없다고 여겨질 정도로 그는 그야말로 센세이션이었다.

진영논리를 타파하고 희망을 이야기한 연설을 통해 그는 변화와 희망의 아이콘이 되었고, 연방 상원의원 선거에서 70%의 압도적 득표로 당선되었다. 연방 상원에 입성한 그는 크게 눈에 띄는 업적은 없지만, 실용적인 법안들을 통과시켰다. 특히, 진영논리에서 비교적 자유로운 법안들에 있어서 공화당과도 협력했는데, 대표적인 것이 연방정부의 비용지출을 웹사이트를 통해 누구나 감시할 수 있도록 하는 투명성 관련 법안이나, 콩고민주공화국 구제법안 등이 그러했다.

2004년 연설로 전국적 스타가 된 오바마는 여세를 몰아 초선 임기 중에 대선을 준비했다. '우리가 믿을 수 있는 변화Change we can believe in'라는 슬로건을 내건 오바마는 역대 가장 선진적인 캠페인으로 꼽힐 정도로 철저한 준비를 통해 기존 선거운동 방식에서 벗어나지 못한 기성 정치인들을 압도해갔다. 힐러리 클린턴이라는 거물을 꺾고 열린 민주당 전당대회 후보 수락 연설은 전 세계에서 300만 명이 생방송으로 시청했을 정도로 오바마의 인기는 압도적이었다. 금융위기로 공화당의 인기가 바닥에 떨어진 상황에서 오바마는 손쉽게 공화당 후보 존 매케인John McCain을 꺾었고, 그렇게 미국은 역사상 첫 흑인이자

5번째로 젊은 대통령을 맞이하게 되었다.

오바마는 취임과 동시에 바쁘게 움직였다. 대공황 이후 최악의 경제위기라 꼽히는 금융위기를 해소하는 동시에 자신이 약속한 변화를 만들어 내야 했다. 일단, 자신이 약속한 대로 이라크에서 미군이 철수하도록 하는 프로세스를 수립하는 행정명령을 내렸고, 의료보험이 없는 400만 명의 아이들을 정부가 보호할 수 있도록 법을 제정했다. 오바마의 가장 큰 업적이라 한다면 이른바 '오바마케어'라 불리는 의료보장제도의 확대를 꼽을 수 있는데, 선진국이라 하기에 부끄러운 수준인 미국의 공적 의료시스템의 수준을 조금이나마 개선했다는 평가를 받는다. 이 외에도 동성혼을 인정하고, 총기 규제에도 적극적으로 나서는 한편, 각종 복지제도의 확대를 이끌었다.

다소 급진적인 정책들을 의회에서 효과적으로 통과시키며 오바마는 미국 사회에 큰 변화를 이끌었다. 문제는 이런 정책들이 진보와 보수 양쪽 극단에서 큰 반발을 사면서 결과적으로 2004년 연설에서 이야기한 모두의 미국과 정반대의 국가가 되었다는 것이다. 공화당과 보수언론은 그를 '사회주의자'라 부르며 비난하기 시작했고, 공화당이 오바마에게 끌려다닌다며 불만을 표출하는 보수주의자들은 극우적 행동을 주창하는 티파티 운동Tea Party Movement 을 전개해 공화당을 장악했다. 민주당의 급진주의자들은 오바마가 금융위기를 초래한 월스트리트에 면죄부를 주었다는 것과 더 급진적 의료정책을 펼치지 못했다며 그를 억만장자들과 결탁한 낡은 정치인이라 비난했다. 이렇게 이념 지형이 양극단으로 분열되면서 진보에서는 버니 샌더스Bernie Sanders, 보수에서는 도널드 트럼프Donald Trump 가 급부상했는데, 오바마의 진보적 정책들이 불러온 사회변화에 소외감을 느낀 저소득 저학력 백인들이 분개하여 후임 대통령으로 트럼프를 당선시키기에 이르렀다. 임기 내내 높은 지지율을 유지했음에도 불구하고 트럼프에 정권을 내준 것에 대해서 힐러리의 비호감, 트럼프의 힘, 당내 분열, 기술의 진보 등의 원인을 꼽지만, 오바마 또한 그 책임에서 벗어날 수 없다.

그럼에도 불구하고 오바마는 확실히 미국 사회에 큰 변화를 불러온 대통령이었다. 당선만으로도 '흑인은 절대로 미국 대통령이 될 수 없다.'라는 흑인 사회의 패배 의식을 깨뜨렸고, 세계인들에게 희망을 심어주었다. 이념의 극단화가 진행되는 와중에도 대통령으로 중심을 잡았고,

임기 내내 알차게 정책들을 추진했다. 퇴임까지 높은 국정 지지율을 유지했고, 세계인들이 가장 좋아하는 정치인으로 꾸준히 이름을 올렸을 정도로 국내외에서 인정받는 대통령이었다. 오죽하면 2020년 대선에 미셸 오바마가 출마해야 한다는 말도 있었고, 조 바이든Joe Biden 대통령이 별다른 비전 없이 단순히 오바마 때로 돌아간다는 식으로 선거운동을 펼쳐 당선되었을까.

그가 양극단의 비난 속에서도 별다른 실패 없이 임기를 마칠 수 있었던 것은 그가 이상이 아니라 현실주의적인 정치를 펼쳤기 때문이다. 위대한 연설가로 꼽히기 때문에 그가 뜨거운 가슴으로 정치했다고 생각할 수 있지만, 정반대로 그의 정치는 차가운 머리로 했다고 보는 것이 더 맞을 것이다. 역사학자들이나 정치학자들이 그를 역대 미국 대통령 중 상위권에 두는 이유도 그의 정치적 효율성이 큰 부분을 차지한다. 변화를 약속했고 자신이 약속한 정책을 임기 내에 대부분 이루어냈으니 대통령으로서 자신의 소임을 다 한 것이다.

더욱이 감정에 치우치지 않고, 냉정을 유지하며 중심을 잡았기에 미국이라는 나라가 국제사회에서도 강력한 리더십을 유지할 수 있었다. 이런 리더십의 중요성을 미국은 트럼프 정부의 탄생을 통해 비로소 깨닫게 된다. 희망에 투표했을 때의 대통령과 증오와 혐오에 투표했을 때의 대통령이 어떤 차이가 있는지 극단적인 사례를 통해 목격한 것이다.

미국뿐 아니라 우리 정치에서도 희망을 이야기하기보다는 증오나 복수를 이야기하는 정치인들이 점점 늘어가는 추세다. 증오와 혐오의 정치가 팽배해지며 희망을 이야기하고 현실적인 문제를 해결하는 데 집중하는 오바마 같은 리더가 점점 그리워진다. 이럴 때일수록 오바마의 2004년 연설을 더 많은 사람이 다시 읽어보고 우리 정치가 어때야 하는지를 다시 생각해보았으면 좋겠다.

미국교통의 요충지이자 링컨의 땅, 위대한 일리노이주를 대표하여 이번 전당대회에서 연설할 수 있는 특권을 얻은 것에 진심으로 감사의 말씀을 드립니다. 오늘은 저에게 특별히 영광스럽습니다. 솔직하게 제가 이 연단에 오른 것 자체가 매우 이례적이니까요. 제 아버지는 케냐의 작은 마을에서 나고 자란 유학생이었습니다. 아버지는 염소를 치고, 양철지붕이 세워진 학교에 다녔습니다. 아버지의 아버지 – 제 할아버지는 집안의 하인으로 요리를 하셨습니다.

On behalf of the great state of Illinois, crossroads of a nation, land of Lincoln, let me express my deep gratitude for the privilege of addressing this convention. Tonight is a particular honor for me because, let's face it, my presence on this stage is pretty unlikely. My father was a foreign student, born and raised in a small village in Kenya. He grew up herding goats, went to school in a tin-roof shack. His father, my grandfather, was a cook, a domestic servant.

하지만 제 할아버지는 아들을 위한 더 큰 꿈을 품고 있었습니다. 고된 노력과 인내 끝에 마법과 같은 곳에서 공부할 수 있는 장학금을 받았습니다. 그곳은 아버지 이전의 수많은 이민자에게 자유와 기회의 빛을 비추어준 등대와도 같은 곳, 미국이었습니다. 아버지는 이곳에서 공부하는 동안 어머니를 만났습니다. 어머니는 지구 반대편에 있는 캔자스의 한 마을에서 태어났습니다. 어머니의 아버지는 세계 대공황 가운데서 석유 굴착기와 농장 등에서 일하셨습니다. 진주만 습격 사건 다음 날, 외할아버지는 패튼 장군의 부대에 입대했고, 유럽으로 진군하셨습니다. 한편 집에 계시던 외할머니께서는 폭탄 제조공장에서 일하며 자식들을 키워냈습니다. 전쟁이 끝나고 제대군인보호법 G.I. Bill 의 지원을 받아 공부도 하고, 연방주택청 FHA 을 통해 집을 구매했으며, 기회를 찾아 서부로 이사했습니다.

But my grandfather had larger dreams for his son. Through hard work and perseverance my father got a scholarship to study in a magical place; America which stood as a beacon of freedom and opportunity to so many who had come before. While studying here, my father met my mother. She was born in a town on the other side of the world, in Kansas. Her father worked on oil rigs and farms through most of the Depression. The day after Pearl Harbor he signed up for duty, joined Patton's army and marched across Europe. Back home, my grandmother raised their baby and went to work on a bomber assembly line. After the war, they studied on the G.I. Bill, bought a house through FHA, and moved west in search of opportunity.

그분들 역시 딸에 대한 큰 꿈을 품었습니다. 두 대륙에서 같은 꿈이 탄생한 것입니다. 제 부모는 보기 드문 사랑뿐 아니라 이 나라의 가능성에 대해 변치 않는 믿음도 나누셨습니다. 그들은 '축복받은'을 의미하는 아프리카 이름 버락을 제게 지어주셨습니다. 관용의 나라 미국에서는 제 아프리카 이름이 성공의 장애물이 되지 않을 것이라는 믿음이 있었기 때문입니다. 그들은 부유하지 않았음에도 제가 이 땅의 최고의 학교에 진학하는 상상을 했습니다. 관용의 나라 미국에서는 자신의 잠재력을 발휘하기 위해서 꼭 부자여야 할 필요가 없다는 믿음이 있었기 때문입니다. 두 분 모두 지금은 돌아가셨습니다. 하지만, 오늘 밤 저를 자랑스럽게 내려다보고 계심을 저는 알고 있습니다.

And they, too, had big dreams for their daughter, a common dream, born of two continents. My parents shared not only an improbable love; they shared an abiding faith in the possibilities of this nation. They would give me an African name, Barack, or "blessed," believing that in a tolerant America your name is no barrier to success. They imagined me going to the best schools in the land, even though they weren't rich, because in a generous America you don't have to be rich to achieve your potential. They are both passed away now. Yet, I know that, on this night, they look down on me with pride.

오늘 저는 제 뿌리의 다양성에 감사하며 이 자리에 섰

습니다. 그리고 제 소중한 딸들의 삶에 제 부모님의 꿈
이 이어져 내려오고 있다는 것을 알고 있습니다. 그리
고 제 이야기는 저보다 이전에 살아온 모든 이들이 있
었기에 보다 큰 미국인들의 이야기 중 일부로라도 존재
할 수 있다는 것을 알고 있습니다. 지구상의 그 어떤 나
라에서도 저의 이야기가 존재할 수 없을 테니까요. 오
늘 밤, 우리는 미국의 위대함을 확인시키고자 이 자리
에 모였습니다. 그 위대함은 우리의 초고층 빌딩, 막
강한 군사력, 거대한 경제 규모에 있는 것이 아닙니
다. 우리의 자부심은 200년 전에 만들어진 선언의 매
우 단순한 전제에 기초하고 있습니다. "우리 모든 사람
은 평등하게 창조되었고, 천부적으로 부여된 절대 유
리될 수 없는 권리가 있으며, 그러한 권리는 생명, 자
유, 그리고 행복의 추구라는 자명한 진리를 받든다."

I stand here today, grateful for the diversity of my
heritage, aware that my parents' dreams live on in my
precious daughters. I stand here knowing that my story
is part of the larger American story, that I owe a debt to
all of those who came before me, and that, in no other
country on earth, is my story even possible. Tonight, we

gather to affirm the greatness of our nation, not because of the height of our skyscrapers, or the power of our military, or the size of our economy. Our pride is based on a very simple premise, summed up in a declaration made over two hundred years ago, "We hold these truths to be self-evident, that all men are created equal. That they are endowed by their Creator with certain inalienable rights. That among these are life, liberty and the pursuit of happiness."

미국의 특별함은 바로 여기 있습니다. 국민들의 단순한 소망에 대한 믿음, 작은 기적들에 대한 고집에 말이지요. 우리가 밤에 아이들에게 이불을 덮어줄 때, 아이들이 굶주리지 않고 헐벗지 않고 위협으로부터 안전하다고 확신할 수 있는 것. 우리의 생각을 가감 없이 말하고, 가감 없이 적더라도 누군가의 갑작스러운 방문을 두려워하지 않아도 된다는 것. 아이디어가 생겨서 사업을 시작할 때 뇌물을 바치거나 누군가의 자식을 고용하지 않아도 된다는 것. 우리가 정치적 의사결정 과정에 참여하는 데 보복을 두려워하지 않아도 된다는 것. 그리고 적어도 대부분의 경우에 우리가 행사하는 한 표가 선거 결과에 반영된다는 것.

That is the true genius of America, a faith in the simple dreams of its people, the insistence on small miracles. That we can tuck in our children at night and know they are fed and clothed and safe from harm. That we can say what we think, write what we think, without hearing a sudden knock on the door. That we can have an idea and start our own business without paying a bribe or hiring somebody's son. That we can participate in the political process without fear of retribution, and that our votes will be counted — or at least, most of the time.

올해, 이번 선거에서 우리는 우리의 가치와 서약을 우리의 어려운 현실과 대조해보고 그것이 우리 선조들의 유산과 후대를 위한 약속에 얼마나 부응하는지를 재차 확인해야 합니다. 민주당원, 공화당원, 무소속, 모든 미국 국민 여러분께 오늘 밤 이렇게 말씀드립니다. 우리는 아직 해야 할 일이 많이 남아있습니다. 제가 일리노이주 게일즈버그에서 만난 노동조합원들은 메이텍 공장이 멕시코로 이전하면서 직장을 잃는 바람에 한 시간에 7불짜리 직장을 두고 자신의 자식들과 경쟁해야 합니다. 그들을 위해서 우리는 할 일이 많이 있습니다. 제가 만난 한 아버지는 직장을 잃고 의료혜택을 받지 못하게 되어 한 달에 4,500불이 들어가는 아들의 약값을 어떻게 감당해야 할지 몰라 당황하며 눈물을 삼켰습니다. 그를 위해서 우리는 할 일이 많이 있습니다. 성적과 열정은 갖추었지만, 대학에 갈 돈이 없는 세인트루이스 동부의 어린 여성과 그녀와 같은 수천 명의 사람들을 위해서도 우리는 아직 할 일이 많이 있습니다.

This year, in this election, we are called to reaffirm our values and commitments, to hold them against a hard reality and see how we are measuring up, to the legacy of our forbearers, and the promise of future generations. And fellow Americans — Democrats, Republicans, Independents — I say to you tonight: we have more work to do. More to do for the workers I met in Galesburg, Illinois, who are losing their union jobs at the Maytag plant that's moving to Mexico, and now are having to compete with their own children for jobs that pay seven bucks an hour. More to do for the father I met who was losing his job and choking back tears, wondering how he would pay $4,500 a month for the drugs his son needs without the health benefits he counted on. More to do for the young woman in East St. Louis, and thousands more like her, who has the grades, has the drive, has the will, but doesn't have the money to go to college.

오해는 하지 마십시오. 제가 크고 작은 마을에서, 저녁 식탁과 빌딩 숲에서 만난 사람들은 정부가 자신들의 문제를 모두 해결해줄 것이라 기대하지 않습니다. 시카고 주위의 소도시에 가보시면 사람들이 복지 당국과 국방부에 자신들의 세금이 낭비되지 않기를 바란다고 이야기해줄 것입니다. 주위의 아무 도시에 가보시면 사람들은 정부가 자체 역량만으로는 아이들을 가르칠 수 없다고 이야기해줄 것입니다. 그들은 부모가 부모 역할을 해야 한다는 것을 압니다. 아이들이 자신에 대한 기대를 높이고, 텔레비전을 끄고, 책을 든 흑인 아이에게 백인처럼 군다는 비아냥을 근절하지 않는 이상 목표한 바를 성취해 낼 수 없다는 것을 그들은 알고 있습니다. 사람들은 정부가 그들의 모든 문제를 해결해줄 것이라 기대하지 않습니다. 절대 그렇지 않습니다. 하지만 그들은 우리의 우선순위를 바꾸는 것만으로도 미국의 모든 아이들이 인생을 삶에 있어 괜찮은 기회가 주어지고, 기회의 문이 모두에게 열려있도록 할 수 있다는 것을 뼛속 깊숙하게 인지하고 있습니다. 그들은 우리가 더 잘할 수 있다는 것을 압니다. 그리고 그들은 그런 선택의 기회를 원하고 있습니다.

Don't get me wrong. The people I meet in small towns and big cities, in diners and office parks, they don't expect government to solve all their problems. They know they have to work hard to get ahead and they want to. Go into the collar counties around Chicago, and people will tell you they don't want their tax money wasted by a welfare agency or the Pentagon. Go into any inner city neighborhood, and folks will tell you that government alone can't teach kids to learn. They know that parents have to parent, that children can't achieve unless we raise their expectations and turn off the television sets and eradicate the slander that says a black youth with a book is acting white. No, people don't expect government to solve all their problems. But they sense, deep in their bones, that with just a change in priorities, we can make sure that every child in America has a decent shot at life, and that the doors of opportunity remain open to all. They know we can do better. And they want that choice.

이번 선거에서 우리는 그 선택의 기회를 제공하고 있습니다. 우리 당은 우리를 이끌 사람으로서 미국 최고의 인물을 선택했습니다. 그 사람은 바로 존 케리입니다. 존 케리는 공동체, 신념, 희생의 가치를 이해합니다. 이것들이 그의 삶 자체를 정의하고 있기 때문입니다. 베트남에서의 영웅적 군복무 기간부터 검사, 부지사를 거쳐 20년간의 미국 상원의원 생활에 이르기까지 그는 국가를 위해 자신을 희생해왔습니다. 매번 쉬운 선택을 마다하고 어려운 결정을 내리는 그의 모습을 우리는 봐왔습니다. 그의 가치와 행적은 우리에게 무엇이 가장 최선인지를 확인시켜줍니다.

In this election, we offer that choice. Our party has chosen a man to lead us who embodies the best this country has to offer. That man is John Kerry. John Kerry understands the ideals of community, faith, and sacrifice, because they've defined his life. From his heroic service in Vietnam to his years as prosecutor and lieutenant governor, through two decades in the United States Senate, he has devoted himself to this country. Again and again, we've seen him make tough choices when easier ones were available. His values and his record affirm what is best in us.

존 케리는 성실함이 보상받는 미국을 믿습니다. 그래서 세제 혜택을 일자리를 해외로 옮기는 회사들이 아닌 국내에서 일자리를 창출하는 회사들에게 제공할 것입니다. 존 케리는 워싱턴의 정치인들이 받는 수준의 의료보험을 전 국민이 누릴 수 있는 미국을 믿습니다. 존 케리는 석유회사들의 이윤 혹은 해외 석유 보유국의 고의 생산중단에 더 이상 끌려다니지 않는 에너지 자립을 믿습니다. 존 케리는 전 세계가 부러워하는 우리 헌법에 보장된 자유를 믿습니다. 그는 절대로 우리의 기본적 자유를 희생하거나 신념을 이용하여 분열을 조장하지 않을 것입니다. 그리고 존 케리는 세계적 위협에 대응함에 있어 전쟁이 하나의 대안일 수는 있지만, 그것을 최우선으로 고려하지 않아야 한다고 믿습니다.

John Kerry believes in an America where hard work is rewarded. So instead of offering tax breaks to companies shipping jobs overseas, he'll offer them to companies creating jobs here at home. John Kerry believes in an America where all Americans can afford the same health coverage our politicians in Washington have for themselves. John Kerry believes in energy independence, so we aren't held hostage to the profits of oil companies or the sabotage of foreign oil fields. John Kerry believes in the constitutional freedoms that have made our country the envy of the world, and he will never sacrifice our basic liberties nor use faith as a wedge to divide us. And John Kerry believes that in a dangerous world, war must be an option, but it should never be the first option.

얼마 전에 저는 일리노이주 이스트 몰린에 위치한 해외 참전용사회관에서 쉐이머스라는 청년을 만났습니다. 그는 6피트 2인치 혹은 3인치의 키에 또렷한 눈, 편안한 미소를 가진 훤칠한 청년이었습니다. 그는 해병대에 지원했으며 그다음 주에 이라크에 파병된다고 말했습니다. 그가 지원한 이유, 그가 이 나라와 그 지도자들에게 가진 절대적 신뢰, 자신의 의무와 복무에 대한 헌신적 마음을 설명하는 동안 저는 이 청년이야말로 우리 모두가 자식을 키우면서 자라주기를 바라는 모습의 결정체라 생각했습니다. 하지만 그러고 저 자신에게 물었습니다. 우리는 과연 쉐이머스가 우리를 위해 헌신하는 만큼 우리도 쉐이머스를 위해 헌신하고 있는가? 고향으로 돌아오지 않을 900명의 남녀, 아들딸, 남편과 아내, 친구와 이웃들을 떠올렸습니다. 사랑하는 사람이 가져다주던 소득보다 적은 돈으로 살아가야 살아가느라 어려움을 겪는 가족들을 떠올렸습니다. 사랑하는 이의 신체의 일부가 절단되거나 신경이 손상되어 돌아왔지만, 예비역이라는 이유로 장기 의료보험 혜택을 보장받지 못하는 이들의 가족들을 떠올렸습니다. 우리의 젊은이들을 위험지역에 보낼 때는 적어도 통계를 조작하거나 참전하는 이유에 대한 진실을 가리지 말아야 하며, 그들이 떠나 있는 동안 그들의 가족들을 돌보아주고, 그들이 돌아왔을 때 보살펴주어야 할 신성한 의무가 있습니다. 그리고 우리가 전쟁에서 승리하고, 평화를 확보하며 세계로부터 존중을 얻을 만큼의 병력이 없다면 절대 참전해서는 안 됩니다.

A while back, I met a young man named Shamus at

the VFW Hall in East Moline, Illinois. He was a good-looking kid, 6'2" or 6'3", clear eyed, with an easy smile. He told me he'd joined the Marines and was heading to Iraq the following week. As I listened to him explain why he'd enlisted, his absolute faith in our country and its leaders, his devotion to duty and service, I thought this young man was all any of us might hope for in a child. But then I asked myself: Are we serving Shamus as well as he was serving us? I thought of more than 900 service men and women, sons and daughters, husbands and wives, friends and neighbors, who will not be returning to their hometowns. I thought of families I had met who were struggling to get by without a loved one's full income, or whose loved ones had returned with a limb missing or with nerves shattered, but who still lacked long-term health benefits because they were reservists. When we send our young men and women into harm's way, we have a solemn obligation not to fudge the numbers or shade the truth about why they're going, to care for their families while they're gone, to tend to the soldiers upon their return, and to never ever go to war without enough troops to win the war, secure the peace, and earn the respect of the world.

분명히 말씀드립니다. 지구상에는 우리의 적들이 실제로 존재합니다. 이들은 추적, 색출, 그리고 응징되어야 합니다. 존 케리는 이를 알고 있습니다. 케리 중위가 베트남에서 함께 복무한 이들을 보호하기 위해 목숨을 아끼지 않았던 것처럼, 케리 대통령은 미국을 안전하게 지키기 위해서라면 우리의 군사력을 사용하는데 한순간도 지체하지 않을 것입니다. 존 케리는 미국을 믿습니다. 오직 소수만이 잘 사는 것으로는 충분치 않다는 것을 알고 있습니다. 우리의 유명한 개인주의 외에도 미국이라는 나라의 위대한 여정에는 또 하나의 요소가 있습니다.

Now let me be clear. We have real enemies in the world. These enemies must be found. They must be pursued and they must be defeated. John Kerry knows this. And just as Lieutenant Kerry did not hesitate to risk his life to protect the men who served with him in Vietnam, President Kerry will not hesitate one moment to use our military might to keep America safe and secure.

John Kerry believes in America. And he knows it's not enough for just some of us to prosper. For alongside our famous individualism, there's another ingredient in the American saga.

바로 우리가 하나로 연결되어 있다는 믿음입니다. 시카고 남부에 한 아이가 글을 읽지 못한다면 그 아이가 제 아이가 아니더라도 그것은 저의 문제입니다. 어딘가에서 노인이 돈이 없어 약과 집세 사이에서 선택을 해야 한다면 그게 제 할머니가 아니더라도 그것은 저의 삶을 빈곤하게 만듭니다. 아랍계 미국인 가정이 법정 대리인이나 적법한 법적 절차를 보장받지 못해 구속된다면 그것은 저의 인권에 대한 위협입니다. 이러한 근본적인 믿음. 형제자매가 서로를 지켜주어야 한다는 믿음. 그것이 이 나라를 돌아가게 합니다. 그 믿음이 있기에 우리는 개인의 꿈을 좇으면서도 미국이라는 한 가정의 구성원일 수 있는 것입니다. "E pluribus unum." 여럿으로 구성된 하나.

A belief that we are connected as one people. If there's a child on the south side of Chicago who can't read, that matters to me, even if it's not my child. If there's a senior citizen somewhere who can't pay for her prescription and has to choose between medicine and the rent, that makes my life poorer, even if it's not my grandmother. If there's an Arab American family being rounded up without benefit of an attorney or due process, that threatens my civil liberties. It's that fundamental belief — I am my brother's keeper, I am my sisters' keeper — that makes this country work. It's what allows us to pursue our individual dreams, yet still come together as a single American family. "E pluribus unum." Out of many, one.

이렇게 말하고 있는 순간에도 우리를 분열시키기 위해 준비하는 사람들이 있습니다. 여론을 호도하고, 흑색선전을 퍼뜨리고, 승리를 위해 무엇이든 하는 이들 말입니다. 오늘 밤 그들에게 전합니다. 진보의 미국이나 보수의 미국이 있는 것이 아닙니다. 오로지 미합중국이 있을 뿐입니다. 흑인의 미국, 백인의 미국, 라틴계의 미국, 아시아계의 미국은 없습니다. 오로지 미합중국이 있을 뿐입니다. 정치평론가들은 우리를 붉은 주와 푸른 주로 잘게 썰고 나누기기를 좋아합니다. 붉은 주는 공화당, 푸른 주는 민주당이지요. 하지만 그들에게도 전합니다. 푸른 주

의 사람들도 위대한 하나님을 경배하고, 붉은 주의 사람
들도 연방 요원들이 도서관을 기웃거리면서 참견하는 것
을 싫어합니다. 푸른 주의 사람들도 어린이 야구단 코치
로 활동하고, 붉은 주에 사는 사람들도 게이 친구들이 있
습니다. 이라크전쟁에 반대하는 애국자도 있고, 찬성하는
애국자도 있습니다. 우리 모두는 성조기에 충성을 맹세하
고 미합중국을 지키는 한 사람입니다.

Yet even as we speak, there are those who are preparing
to divide us, the spin masters and negative ad peddlers
who embrace the politics of anything goes. Well, I say
to them tonight, there's not a liberal America and a
conservative America — there's the United States of
America. There's not a black America and white America
and Latino America and Asian America; there's the United
States of America. The pundits like to slice-and-dice our
country into Red States and Blue States; Red States for
Republicans, Blue States for Democrats. But I've got news
for them, too. We worship an awesome God in the Blue
States, and we don't like federal agents poking around our
libraries in the Red States. We coach Little League in the

Blue States and have gay friends in the Red States. There are patriots who opposed the war in Iraq and patriots who supported it. We are one people, all of us pledging allegiance to the stars and stripes, all of us defending the United States of America.

결국, 이번 선거의 의미가 여기에 있습니다. 우리가 냉소의 정치에 참여할 것인가, 아니면 희망의 정치에 참여할 것인가? 존 케리는 희망에 참여하라 요청합니다. 존 에드워즈는 희망에 참여하라 요청합니다. 지금 맹목적 낙관주의를 이야기하는 것이 아닙니다. 마치 실업 문제를 이야기하지 않으면 그것이 없어질 것이라 생각하거나, 의료보험 사태를 무시하면 알아서 해결될 것처럼 말입니다. 저는 보다 본질적인 이야기를 하는 것입니다. 노예들이 모닥불 앞에 둘러앉아 자유의 노래를 불렀을 때의 희망. 젊은 해군 중위가 메콩강 삼각주를 순찰할 때의 희망. 불가능에 도전하는 공장노동자 아들의 희망. 미국에 자신을 위한 자리도 있을 것이라 믿는 깡마르고 우스꽝스러운 이름을 가진 한 아이의 희망을 이야기하는 것입니다. 담대한 희망!

In the end, that's what this election is about. Do we participate in a politics of cynicism or a politics of hope? John Kerry calls on us to hope. John Edwards calls on us to hope. I'm not talking about blind optimism here — the almost willful ignorance that thinks unemployment will go away if we just don't talk about it, or the health care crisis will solve itself if we just ignore it. No, I'm talking about something more substantial. It's the hope of slaves sitting around a fire singing freedom songs; the hope of immigrants setting out for distant shores; the hope of a young naval lieutenant bravely patrolling the Mekong Delta; the hope of a mill worker's son who dares to defy the odds; the hope of a skinny kid with a funny name who believes that America has a place for him, too. The audacity of hope!

결국에는 이것이 신이 우리에게 주신 가장 위대한 선물이자, 이 나라의 기반입니다. 보이지 않는 것에 대한 믿음. 더 나은 날이 올 것이라는 믿음. 저는 우리가 우리 중산층의 짐을 덜어주고 노동자들의 가정에 기회를 열어줄 수 있다고 믿습니다. 저는 실업자들에게 일자리를 제공하고, 노숙자들에게 집을 제공하고, 미국 전역의 젊은이들을 폭력과 절망으로부터 구해낼 수 있다고 믿습니다. 지금 우리가 서 있는 역사의 갈림길에서 옳은 선택을 내리고 우리가 마주한 도전에 대응할 수 있을 것이라 믿습니다. 국민 여러분!

In the end, that is God's greatest gift to us, the bedrock of this nation; the belief in things not seen; the belief that there are better days ahead. I believe we can give our middle class relief and provide working families with a road to opportunity. I believe we can provide jobs to the jobless, homes to the homeless, and reclaim young people in cities across America from violence and despair. I believe that as we stand on the crossroads of history, we can make the right choices, and meet the challenges that face us. America!

오늘 밤 제가 느끼는 이 에너지가 느껴지신다면, 이 절박함이 느껴지신다면, 이 열정이 느껴지신다면, 이 희망이 느껴지신다면, 플로리다에서 오리건까지, 워싱턴에서 메인까지, 전 국민이 11월에 들고 일어나 존 케리가 대통령으로, 존 에드워즈가 부통령으로 취임하고, 이 나라가 스스로 한 약속에 다시 매진함으로써 오랜 정치적 암흑기를 빠져나와 더 밝은 날을 맞이할 것이라 믿어 의심치 않습니다. 대단히 감사합니다. 신의 축복이 함께하기를 바랍니다.

Tonight, if you feel the same energy I do, the same urgency I do, the same passion I do, the same hopefulness I do — if we do what we must do, then I have no doubt that all across the country, from Florida to Oregon, from Washington to Maine, the people will rise up in November, and John Kerry will be sworn in as president, and John Edwards will be sworn in as vice president, and this country will reclaim its promise, and out of this long political darkness a brighter day will come. Thank you and God bless you.

세상을 바꾼 명연설 정치편

1판 1쇄   2023년 6월 12일
지은이   정인성
기 획   손현욱
펴낸이   손정욱
마케팅   이충우
디자인   이창욱
펴낸곳   도서출판 답
출판등록   2010년 12월 8일 제 312-2010-000055호
전화   02.324.8220
팩스   02.6944.9077

이 도서의 국립중앙도서관 출판예정도서목록(CIP)은 서지정보 유통지원시스템 홈페이지(http://seoji.nl.go.kr)과
국가자료 종합목록 시스템 (http://www.nl.go.kr/kolisnet)에서 이용하실 수 있습니다.

ISBN 979-11-87229-64-3
값 20,000원